나이 60,
내려놓고
또다시 도전하다

나이 60, 내려놓고 또다시 도전하다

미국 빅3 자동차 기업 첫 한국인 부사장의
리더십 이야기

초판 1쇄 인쇄	2024년 6월 28일
초판 1쇄 발행	2024년 7월 4일
지은이	안병기
펴낸이	최익성
편집	정대망
마케팅	임동건
마케팅 지원	안보라
경영 지원	임정혁, 이지원
펴낸 곳	플랜비디자인
디자인	페이퍼컷 장상호
출판 등록	제2016-000001호
주소	경기도 화성시 첨단산업1로 27 동탄IX타워
전화	031-805-0508
팩스	02-2179-8994
이메일	planbdesigncompany@gmail.com

ISBN 979-11-6832-105-2 03190

나이 60,
내려놓고
또다시 도전하다

미국 빅3 자동차 기업
첫 한국인 부사장의
리더십 Leadership 이야기

안병기 지음

plan b
DESIGN

리더가 떠나면서
남겨야 할 것들은 무엇인가?

이 책은 크게 두 가지 다른 이야기를 담고 있다. 독서나 글쓰기, 주변 인물들로부터 습득하고 체득한 리더십의 교훈이 하나의 큰 줄기이고, 늦은 나이에 미국으로 새로운 직장을 찾아가 도전하면서 겪은 '나만의 이야기'가 또 하나의 가지이다. 지난번 책《거인의 어깨》가 현대자동차 이야기를 담았던 것과 대비해, 이번에는 스텔란티스라는 글로벌 기업의 문화와 이곳에서 내가 추구하는 리더십의 작은 열매를 함께 소개한다. 비록 제한된 경험이지만, 내가 보고 배운 조직문화와 리더십의 모양들이 좀 더 나은 리더가 되고 싶은 후배들에게 조금이라도 도움이 되기를 바라는 마음이다.

불확실성이 증대해가는 사회 안에서 조직의 리더가 되기 위한 노하우를 체험적으로 깨닫기에는 우리가 속한 공간이 좁고 투자할만한 시간은 짧다. 이를 보완하고자 택할 수 있는 가장 손쉬운 방법이 독서임을 모르는 사람은 없지만, 그 중요성이나 효과를 직접 깨닫기 전까지는 선뜻 내키는 방법이 아니다. 두껍고 어려운 책을 고민하며 읽어야 하는 어려움을 덜어주는 '친절한' 동영상이 수도 없이 많은 세상이다. 핸드폰 안에서 온 세상의 정보를 찾을 수 있는 21세기에 어쩌면 독서는 이미 구시대의 유물이 되어버렸는지도 모른다.

하지만 책을 읽는 습관이 나에게 준 도움은 정말로 많다. 간접 경험을 통한 지식과 지혜가 더해지는 것뿐 아니라, 집중하는 능력과 생각을 정리하는 습관도 길러주었다. 수천 년을 전해 내려오는 고전의 위대함 앞에서 내 초라한 모습을 보는 것은 부끄럽기보다 감사한 일이다. 또한 감정을 추스르기 어려울 정도의 몰입감으로 공감하는 주인공의 비극은 삶의 깊이를 더해준다. 책은 그렇게 눈보다는 머리와 가슴으로 읽어야 한다. 그런 일체화가 있을 때 비로소 삶에 녹아들고 가치관이 된다. 책이 늘 명쾌한 답변을 주는 친절함은 없더라도, 물음표를 잔뜩 단 문장 한 줄을 일기장에 적을 때 삶은 그만큼 성숙해진다.

그래서 나는 후배들에게 늘 책을 읽으라고 권한다. 적어도 리더의 위치에 오르려는 사람이라면, 자신의 삶을 바꾸어 놓은 책이라고 할만한 서적이 몇 권은 있어야 한다는 생각이다. 책을 통해 얻는 많은 지혜들, 그 중에서도 위대한 사상가들의 가르침을 접하며 내가 얼마나 부족한 존재인가를 깨달으면서 체득하는 '겸손'은 누구에게나 큰 자산이 된다. 더 많은 것을 배우려는 출발점이기 때문이다. 《피터 팬》의 작가 제임스 베리가 말하듯이 인생은 긴 겸손 수업이다.

　책 읽기가 중요한만큼 글쓰기의 역할도 중요하다. 업무 메모가 아닌 글, 자기만의 생각을 자신의 언어로 적는 글쓰기는 복잡한 삶을 정리하는 효과가 있을 뿐 아니라 표현력을 늘리고 말을 조리 있게 하는데도 큰 도움이 된다. 말하는 것이 생각보다 느리고 글쓰기는 말에 비해 또 훨씬 더 늦다. 그러다 보니 글을 한 줄 쓰기 위해서는 머릿속에서 생각이 여러 번 교차하고, 또한 고도로 집중하게 된다. 되새김질하는 횟수가 늘어날수록 표현과 사상이 내 머리에 잔류할 확률은 커지며, 그런 동작의 되풀이가 내 생각뿐 아니라 행동을 제어하게 된다. 이처럼 글을 쓰는 작업은 어떤 단어로 내 생각을 표현할지 수없이 타협하는 과정이 쌓여서 진행된다.

　좋은 글은 여러 번을 다듬어서 만들어진다. 그 과정 속에서 내 생각이 다듬어지고 언어도 다듬어진다. 그래서 리더의 언어는 글을 통해 몇 번씩 정제되어 나올 때 기품이 있고 설득력이 있다. 남에게 보인다는, 혹은 그렇지 않더라도 내가 쓴 글줄이 어딘가에 남을 거라는 부담은 한 글자 한 글자에 책임을 다하게 만든다. 그 책임감이 글을 깊이 있게 만들고 그런 진지함이 내 입과 생각을 정제하는 것이다. 물론 이런 과정이 하루 아침에 완성될 수는 없다. 희망과 노력에 쏟는 시간이 포기와 좌절에 쏟았던 시간보다 많아지면 언젠가부터 조금씩 부드러워지고 동시에 날카로워진다.

그러나 내 부족한 깨달음과 경험을 통해 독자들에게 진정으로 전달하고 싶은 메시지는 단순히 독서나 글쓰기와 같은 방법론적인 교훈이 아니다. 모든 리더들이 마음 속에 품고 끊임없이 생각해야 하는 문제, 바로 '언제까지 이 자리를 지켜야 하는가'에 대한 고민이다. 리더는 사람을 발굴해서 키우고 중요한 위치에 앉히는 역할을 감당한다. 그러나 결국 그 자신도 언젠가는 물러나야 할 사람임을 잊거나 애써 무시한다면, 그 부작용은 적지 않다. 박수 칠 때 떠나는 일은 절대로 쉽지 않다.

리더십의 과정은 그런 의미에서, '어떻게 올라가는가' 이상으로 '언제 어떻게 내려올 것인가'가 중요하다. 그런 시간의 프레임을 인식할 때 리더십은 건장하게 발휘되고 이양된다. 이 글을 읽는 독자들이 책에 소개된 다양한 이야기들을 되새겨보며 리더십의 종착점이 결국은

'스테핑 다운(Stepping Down)' 즉 '내려놓음'이라는 사실을 부담스럽지 않게 받아들일 수 있기를 바란다. 리더십에 오르기까지 치열하게 경쟁하는 것 이상으로 내려놓음은 많은 준비를 필요로 한다. 최선을 다해 정상에 도달한 모습만이 멋진 리더의 모습이 아니다. 후배들에게 미래를 맡기고 당당하게 퇴장할 수 있는 선배의 발걸음이야말로 이 시대가 필요로 하는 거인의 모습이다. 도전의 기회는 얼마든지 다시 찾아온다.

2024년 봄
미국 미시간 주 로체스터 힐스에서
안병기

저자 안병기 박사가 평생 엔지니어 경영자로서 살아온 자신의 경험을 바탕으로 쓴 리더십에 관한 책이다. 특히 그의 경험은 한국, 미국, 유럽의 전통적인 대기업에서 전문적인 기계, 재료공학 지식을 바탕으로 다국적 기술자들을 이끌고 첨단 기술로 시장경쟁력을 성공적으로 달성한 것이기 때문에 매우 독창적이고 창조적이다. 그럼에도 불구하고 그는 경쟁이 심한 사회를 현명하게 살아가는데 가장 중요한 덕목은 전문적인 기술연구 능력이 아니라 인간의 본성인 박애정신임을 강조하고 있다. 세계로 진출하려는 젊은 과학기술 공학도뿐만 아니라 인문사회경영학도들의 필독 도서이다.

배순훈 · 전 KAIST 부총장 겸 경영대학장, 전 대우전자 회장

저자는 미국의 연료전지 전문기업인 UTC Fuel Cells에서 근무하던 중 현대자동차 그룹으로 영입되어 많은 업적을 쌓은 환경차 전문가이다. 완성차에서 부품에 이르는 다양한 영역에서 엔지니어로서 그룹에 기여한 바도 작지 않지만, 그는 여러 권의 저서를 통해 조직문화와 리더십에 대한 철학을 정리한 기술경영자이기도 하다.

이번 글을 읽으며, 한때 그의 상관이자 학교 선배로서 느끼는 감정을 정리하면 '고맙다'는 것이다. 자신의 리더십이 선배들로부터 물려받은 것이고, 이를 후배들에게 전하는 것이 역할이라고 강조하는 저자의 글에서 수십 년간 한국 자동차 산업의 최첨단에서 고군분투해왔던 1세대 기술경영인으로서 보람을 느낀다.

늦은 나이에 국내 기업을 넘어 자동차의 본산지인 미국 빅3에 도전한 저자의 열정에 응원의 메시지를 보내며, 그가 남기고자 하는 리더로서의 유산이 업계의 후배들과 리더를 꿈꾸는 많은 사람들에게 큰 '인사이트'로 남겨지기를 바란다.

이현순 · 전 현대자동차 부회장, 중앙대학교 이사장

저자와의 인연은 내가 현대자동차 인재개발원에서 부원장으로 근무할 당시 임원 대상 교육 프로그램을 주관하면서 시작되었다. 신입 임원 교육부터 사업부장 대상 교육까지 한결같은 열성과 호기심을 가지고 교육에 임하는 그를 보면서, 거칠다고 인식되는 그룹의 문화와는 결이 다르다는 느낌을 받았다. 많은 인사 담당자들이 원하는 '진성리더'로서의 자질이 보이는 인재였기에 각별히 신경을 썼던 기억이 지금도 생생하다.

리더로서 그의 장점은 자신보다 조직원들의 유익을 먼저 생각한다는 것이다. 리더의 역할이 직원들을 통해 업적을 이루어내는 것이라는 사실을 인지하는만큼, 어떻게 부하직원들의 역량을 극대화할까에 많은 시간을 쓰고 고민을 한다. 그 결과로 그는 그룹 내에서 후배들에게 인정받고 존경받는 대표적인 임원들 중 한 명이었다.

전달받은 원고를 읽으며, 미국으로 자리를 옮겨서도 직원들을 임파워(empower)하여 성과를 이루어 내려는 그의 노력에 작지 않은 감동을 받는다. 그의 미래가 어떻게 전개되든, '사람을 남기는 리더'가 되고자 하는 그의 비전은 멈추지 않는 진행형이길 기대해본다.

조미진 · 유니세프한국위원회 사무총장, 세종문화회관 이사장

안병기 박사는 과다한 업무에 시달리는 글로벌 기업의 고위 임원으로 재직하면서도 책을 늘 가까이 한다. 최신 비즈니스 서적에서부터 동서양 고전에 이르기까지 그의 독서량은 상상을 초월하는데, 놀라운 사실은 그가 공학을 전공한 엔지니어라는 것이다.

이번 저서에서 그는 광범위하게 섭렵한 명저들의 핵심을 아주 적절히 인용하며 가장 이상적인 조직의 리더상을 제시한다. 이 책을 읽고 나면 도서관에서 수십권의 책을 읽고 나오는 느낌을 준다. 마치 책 속의 도서관 같다.

이 책의 진정한 가치는, 그가 단순히 다른 사람의 생각을 요약하고 옮겨적은 것이 아니라 이를 실생활에 적용하려고 한 이야기들을 소개했다는 것이다. 국내외의 대기업에서 섬기는 리더십을 발휘해온 저자의 소중한 경험담이 조직의 모든 리더들에게 값진 교훈을 선사하기를 바란다.

윤몽현 · 광주글로벌모터스 대표이사

안병기 박사는 오랜 기간 숨 가쁘게 자동차 관련 기업에서 일하면서, 글쟁이 공학박사답게 그 바쁜 와중에도 본인이 겪어왔던 일들을 아름 다운 글로 녹여 주었습니다. 《나이 60, 내려놓고 또다시 도전하다》는 자신의 가치를 미처 깨닫지 못한 우리에게 스스로의 고귀함과 삶의 의 미를 느끼게 해줍니다. 특히 이 책은 엔지니어의 삶을 사는 이들에게 더 추천하고 싶습니다. 리더를 모시며 겪었던 일들과 느꼈던 감정, 그 리고 리더가 된 후 조직 구성원들과 소통했던 방식을 아주 현장감 있 게 표현했기 때문입니다. 실제 그 위치에 있는 사람들에겐 공감을, 조 직에서 리더로 성장하고 있는 이들에게는 어디에서도 들을 수 없는 진 짜 이야기를 전해주기에 더 의미가 있습니다. 40년 지기 대학 친구로 서 이 책을 쓴 안박사의 용기와 열정에 존경을 보냅니다.

김동환 · 서울과학기술대학교 총장

이 책을 나의 사랑하는 어머니이자 섬김과 희생의 리더이셨던
고(故) 남상숙 권사님께 바칩니다.

너희 중에 누구든지 크고자 하는 자는

너희를 섬기는 자가 되고

너희 중에 누구든지 으뜸이 되고자 하는 자는

너희 종이 되어야 하리라

마태복음 20장 26-27절

CONTENTS

CONTENTS

문학을 통해
배우는 교훈

린위탕의 《생활의 발견》과
독서의 즐거움

책을 좋아한다는 소문이 돌아서인지 지인들로부터 책 선물을 많이 받는 편이다. 책은 주는 사람이나 받는 사람 모두에게 큰 부담이 안된다. 그런데 그렇게 받아서 읽지도 못한 채 책장에 꽂아 둔 게 수십 권이다. 이런 책을 보며 미안한 마음이 들 때면, 한 번씩 꺼내 위치를 바꿔 주기도 한다. 오랫동안 내 눈에 띄지 않아 한 줄도 읽히지 않은 책에 대한 나름의 배려다. 그렇게 꺼내 든 책 가운데 가끔은 내가 왜 진작 읽지 않았을까 싶은 것들도 있는데, 최근에 펼친 책이 중국의 작가이자 언어학자인 린위탕林語堂이 쓴《생활의 발견》이다.

1895년에 중국 복건성에서 목회자의 아들로 태어나 1976년 홍콩에서 생을 마친 그는 20세기 중국을 대표하는 지성으로 알려져 있다. 영어에 관심이 많아 상해 세인트 존스 대학에서 공부한 뒤 미국의 하버드 대학교에서 유학을 했다. 1920년대에는 중국을 대표하는 문학가이자 사상가인《아Q정전》의 작가 루쉰魯迅을 만나 교제하면서 많은 영향을 받는다. 린위탕은 1930년대부터 중국어 외에 영어로 글을 쓰고 발표도 했으며, 이중 자신의 생활 철학을 수필로 담아낸 작품이 바로《생활의 발견》이다. 삶에 대한 그의 성찰과 인생의 지혜를 느낄 수 있는 이 책에는 독서에 대한 대가의 생각을 들여다볼 수 있는 구절이 있다.

'평소에 책을 읽지 않는 사람은 시간적으로나 공간적으로 자기만의 세계에 갇혀서 산다. 그 생활은 판에 박은 일상에 빠지고 만다. 그 사람이 접촉하고 한담하는 것은 극히 소수의 우인 지기 友人知己들뿐이고, 그 사람이 보고 듣고 하는 것은 거의 신변의 사소한 일에 한정되어 있다. 그 감옥에서 도망칠 길은 없다.'[1]

책을 읽지 않는 사람들에 대해 혹독한 평을 한 린위탕은 반대로 책을 즐겨 접하는 사람에 대해서는 후한 점수를 준다. '독서를 즐겨하는 사람은 늘 사색과 반성의 세계를 드나들 수가 있다.'라고 장점을 이야기하면서, 이와 더불어 중국 송나라 시인 황산곡黃山谷이 했던 말을 인용해 다시 한번 독서의 중요성을 강조한다.

'사대부가 3일간 독서를 하지 않으면 스스로 깨달은 언어가 무의미하고 거울에 자기 얼굴을 비춰보면 또한 가증스럽다.'[2]

---

1   린위탕, 김병철 역,《생활의 발견》, 범우사, 2015.
2   린위탕, 위의 책.

시대를 대표하는 지성이 여기까지만 말했다면 아마도 독서에 대해 즐거움보다는 부담감이 더했을 것이다. 우리 가운데 책을 읽는 것이 인생에 도움이 된다는 사실을 모르는 사람은 없다. 다만 어떤 책을 읽어야 하는지, 책은 어떻게 읽어야 하는지를 고민하다보니, 독서가 재미가 아닌 짐이 되어버린다. 그런데 고맙게도 린위탕은 '참다운 독서법'이라는 제목 하에 다음과 같은 글을 적어 놓았다.

> '그러면 참다운 독서법이란 무엇인가? 대답은 간단하다. 기분이 내키면 책을 손에 들고서 그것을 읽는다는 것, 그 뿐이다. 독서를 진정으로 즐기려면 어디까지나 기분 내키는 대로 하지 않으면 안 된다.[3]

이제 한결 마음이 편해진 나는 더 이상 먼지 쌓인 책들에게 미안한 마음을 갖지 않는다. 그리고 책의 유용함에 대해 말할 때 자주 듣는 질문인 '책은 어떻게 봐야 합니까?'라는 질문에 답할 준비가 항상 되어 있다.

어린 시절 일기를 썼던 것은 내 자의가 아니라 초등학교에서 준 과제이기 때문이었다. 이때의 습관으로 청소년기를 거치며 수첩이나 노트에 메모를 하기는 했지만, 꾸준히 일기를 다시 쓰기 시작한 것은

---

3 위의 책.

2011년부터이다. 지인으로부터 선물 받은 프랭클린 플래너에 하루 10분 정도를 투자해서 열 줄 남짓한 문장으로 일과를 정리했다. 일정표에는 그날 해야 할 일을 우선순위별로 기록해두고 이행여부를 체크한다. 보름에 한 번 정도는 지난 두어 주 동안 있었던 일들을 점검하고, 연말이 되면 1년치 기록을 보면서 한 해를 정리하고 이듬해를 계획하는 일을 벌써 14년째 하고 있다. 불과 몇 줄 쓰는 일기도 어린 시절 이후 오랜만에 하려니 처음에는 잘 안되었고, 한두 주 밀리기라도 하면 일기장은 공백으로 남기가 일쑤였다. 그래도 이렇게 몇 년을 되풀이하다 보니 언제부턴가 '루틴'이 되었다.

또한 틈틈이 책에서 본 내용이나, 신문, 뉴스에서 접한 소식들은 별도로 기록을 해 두었다. 정리한 내용들 중 어떤 것은 업무 회의 시간에 소개도 하고, 시간이 날 때는 한두 줄의 메모에 조금씩 살을 붙여가며 문장을 만들기도 했다. 다른 사람들이 이해할 수 있도록 내 가치관을 표현하는 작업은 재미있고도 긴장된다. 흐름이 매끄럽게 이어지는지, 부적합하거나 부정확한 내용은 없는지를 확인하면서 글이 점차 완성되어 간다. 내 머리를 떠나 활자화된 '생각'들을 다시 들여다볼 때는, 글의 모양새만을 보는 것이 아니고, 내 사고의 틀을 다시 한번 조율하고 점검할 수 있어서 좋다.

《생활의 발견》에서 린위탕은 '문체는 언어, 사상, 인격의 합성물'이라고 정리한다. '명료한 사상이 불명료한 말로 덮여 있는 예는 거의 없다.'라고 하는 그의 말을 빌리면, 글이나 말은 사상이 먼저 정리될 때 자연스레 모양새를 갖춘다. 그렇다면, 적어도 조직을 이끌어가겠다는 비전을 가진 리더들은 읽기와 더불어 글쓰기에도 관심을 갖는 것이 바람직하지 않을까? 독서를 통해 겸손하게 타인의 지혜를 습득하고, 글쓰기를 통해 자신의 소신을 명확하게 밝힐 수 있다면, 이 또한 리더로서의 바람직한 자세라 할 수 있을 것이다. ●

《행복의 충격》과
《무소유》가 주는 교훈

한꺼번에 여러 권을 펼쳐 놓고 책을 읽다 보니, 어떤 책은 잡으면 끝까지 독파를 하지만, 가끔은 생각날 때 펴서 눈 가는 대로 보기도 한다. 어떤 책은 한번을 읽어도 깊은 인상을 주는가 하면, 같은 문장을 읽어도 처음 읽을 때와 다시 음미할 때 맛이 다른 책이 있다. 그렇게 가끔씩 꺼내 보려고 애장하는 책 중 하나가 고려대학교 김화영 명예 교수의 《행복의 충격》이다. 1975년에 처음 출간되었으니 이제 50년이 지난 글인데, 문장 하나하나가 아직도 신선하다. 책 표지가 파란 색과 녹색의 중간쯤 되는 (아마도 책의 지리적 배경인 지중해 색깔쯤 되어 보이는) 특이한 컬러라 책장 어디에 꽂혀 있어도 쉽게 눈에 띄는 이 책을 꺼낼 때마다 읽게 되는 부분이 있다. 첫 번째 이야기인 〈지중해, 나의 사상〉을 시작하는 첫 문장이다.

"'다른 곳'은 공간에 있어서의 미래이다. '다른 곳'과 '내일' 속

에 담겨 있는 측정할 길 없는 잠재력은 모든 젊은 가슴들을 뛰게 한다.'[4]

장소를 시간의 개념으로 변환해 놓은 발상도, 미래라는 미지의 세계를 젊음과 엮어 놓은 작가의 시도도 나는 좋아한다. 이 글의 중간 부분에서 김화영 교수는 '새로움'에 대한 독특한 시각을 제시하는데 이 또한 되새기는 맛이 있다.

"'미지의 것' '다른 것' '다른 곳'이 감추고 있는 '새로움'은 우리들의 모든 유익하였던 경험들을 무용無用하게 하는데 그 힘이 있다.'[5]

새로운 일을 하거나 남이 가지 않은 길을 가다 보면 항상 두려움이 따른다. 이미 성공한 경험이 있다고 해도 그 열매를 맺기 위한 노정이 얼마나 고달팠는지 생생히 기억한다면 선뜻 또다른 도전을 하기가 쉽지 않다. 그런데 작가는 다른 곳과 내일이라는 미래가 젊은 심장을 깨우며, 이런 새로움은 과거의 모든 것을 '쓸모없게 하는데' 가치가 있다고 한다.

내가 이 글을 좋아하는 데는 몇 가지 이유가 있다. 아직도 항상 새로운 도전을 꿈꾸는 나 자신이 젊다는 착각을 할 수 있게 만들어주고, 과

---

4   김화영, 《행복의 충격》, 문학동네, 2012.
5   김화영, 위의 책.

거의 성공에 얽매여 교만하거나 혹은 반대로 이미 지난 실패를 염려하는 것들로부터의 해방감을 선사하기 때문이다. 저명한 미래학자 엘빈 토플러는 '생존하는 기업은 과거의 성공을 미래의 가장 위험한 요소로 파악해야 한다.'고 했다. 조직의 지속성이 보장되려면 젊어야 한다. 내일을 꿈꾸기에 바빠서, 그것이 성공이든 실패든, 과거 따위는 묻어둘 수 있는 마음 젊은 청년들이 가득해야 한다.

이렇게 가끔씩 뒤적이는 책 가운데 지금은 돌아가신 법정 스님의 《무소유》가 있다. 기독교 교파 중에서도 가장 보수적인 고신 교단 교회의 장로인 나와 스님 간에 종교적으로 공감대가 있기는 어려우나, 한 인간으로서 그분의 솔직하고 담백한 수필들을 읽으면서 삶의 여유와 묵상을 체험할 수 있어 좋아한다. 대부분 1970년대 초중반에 쓰여진 35편의 짧은 글들 중 하나가 책 제목과 같은 〈무소유〉다.

이 글 중반에 보면 '나는 하루 한 가지씩 버려야겠다고 스스로 다짐을 했다. 난蘭을 통해 무소유의 의미 같은 걸 터득하게 됐다고나 할까.'[6]라는 대목이 나온다. 마치 대단한 물건을 잔뜩 가지고 있다가 욕심을 버리며 함께 물건들도 처분하겠다는 결심같이 들리지만, 실제로 스님이 소유했다가 과한 욕심이라고 여겨 다른 분에게 준 재산은 난초 '두 분'이었다. 난초 화분 두 개조차도 집착의 대상이 되어 남에게 양도하고 나서야 해방감을 느꼈다고 하는 고백이 큰 깨달음을 준다.

불과 다섯 쪽의 길지 않은 《무소유》라는 글 가운데는 오늘날 국가를

---

6   법정, 《무소유》, 범우사, 2001.

운영하는 사람들이나 크고 작은 조직을 이끄는 사람들이 눈여겨볼 만한 내용들이 많다. 모든 욕심이 소유에서 비롯되고 이로부터 이해관계가 생긴다는 글을 통해 우리에게 절박한 리더십을 조명해 본다. 내가 이끄는 팀의 이해 관계를 따지는 것이 조직을 위한 더 큰 그림을 그려야 하는 비전 수립에 저해되는 요인은 혹시 아닌지, 이기적인 욕심으로 인해 오히려 조직에 해를 끼치는 것은 아닌지, 리더는 항상 스스로를 살피고 주변을 경계해야 한다. '아무것도 갖지 않을 때 비로소 온 세상을 갖게 된다는 것은 무소유의 또 다른 의미이다.'[7]로 맺은 법정 스님의 가르침을 어떻게 해석할 것인지는 각자의 몫이다.

이와 같은 무소유의 개념을 기독교에서는 '청지기 정신'이라고 한다. 우리가 태어날 때나 죽을 때 가지고 온 것도 가지고 갈 것도 없는 것은 근본적으로 우리의 소유가 없음을 의미하고, 이 세상을 사는 동안 누리는 모든 것은 창조주이신 하나님 소유라는 개념이다. 따라서 내 역할은 단지 주인의 소유를 잘 관리해서 많은 결과를 맺는 것이다. 이런 청지기 정신은 조직을 관리하는 리더의 자세로서도 큰 가치가 있다. 그 자리를 영원히 지킬 것이 아니라는 사실을 인식하고, 다음 리더에게 물려줄 때 어떤 모양으로 만들어서 넘겨주어야 하는지를 항상 고민하기 때문이다.

한 조직의 문화가 바뀌는 데는 최소 2년에서 3년이 걸린다고 한다.

---

7   법정, 위의 책.

그렇다면 한 명의 리더가 임기 내에 할 수 있는 일은 그다지 많지 않다. 여러 명의 리더가 같은 철학을 가지고 오랜 기간을 한 방향으로 추진해야 비로소 바뀐 문화가 정착되고 결실이 보인다. 조직문화를 바꾸려고 시도하는 1세대 리더, 그 문화를 정착시키는 2세대 리더에 이어 선배들의 수고로 열매를 거두는 3세대 리더에 이르기까지 같은 비전과 목적을 바라보며 행진하지 않으면 지속성은 보장하기 힘들다. 그중 어느 한명이라도 '내 임기동안의 내 성과'를 강조하다 보면 열차는 탈선한다. 강한 조직이란, 건강한 조직문화가 조직원들의 DNA에 유산으로 남아있는 조직이다. ●

3

《네안데르탈인의 그림자》와
불확실성 속의 리더십

우리에게도 잘 알려진 '동굴의 비유'는 플라톤의 《국가》 제7권에 나오는 예화로, 동굴 속에서 죄수들이 벽면을 향해 묶인 채 앉아 동굴 안을 비추는 빛으로 생긴 그림자를 실제라고 여기며 산다는 이야기다. 한 죄수가 탈출에 성공해 그동안 자신이 봤던 것들이 실제가 아님을 깨닫고 동굴 안의 동료 죄수들에게 이야기하지만 그들은 믿지 않는다. 여기서 플라톤이 말하고자 했던 내용은, 남아 있는 죄수로 표현된 무지한 대중과 탈출해서 세상을 본 사람으로 묘사된 철인哲人, 즉 철학자의 차별성이다. 국가는 바깥 세상을 보고 이해한 철학자들에 의해 통치되어야 한다는 그의 주장이 바로 '철인정치'다.

이 내용을 기초로 하여 재미있는 우화를 엮은 책으로 데이비드 허친스David Hutchins가 쓴 《네안데르탈인의 그림자》가 있다. 이 책에서는 플라톤이 생각하는 철인에 해당하는 주인공 '부기'가 선구자의 역할을 한다. 동굴 밖 세상을 경험한 부기는 친구들에게 돌아가 자신이 보고 배운 것을 전달하기로 마음먹지만, 만약 아무도 배우려 하지 않으면 다른 동굴로 찾아가겠다는 결심을 한다.[8]

이 이야기를 현대 사회의 조직과 관련하여 해석하면, 바깥 세상을 보고 변화를 주장해야 하는 (부기와 같은) 철학자들은 리더이다. 부기가 겪었듯이 다시 동굴로 돌아와 실제를 설명해도 오랜 기간동안 그림자를 진실로 알고 살아온 사람들을 설득하기는 쉽지 않다. 하지만 중요한 사실은 철학자가 다른 사람들과는 달리 동굴을 나올 용기가 있었다는 것이다. 그는 현재의 상황에 의문을 품고 막연히 상상만 하던 동굴 밖으로 나가본 '열린' 사람이었다.

이처럼 미지의 세계에 대한 탐구정신이나 호기심에 덧붙여 '내가 알고 있는 사실이 진실이 아닐 수 있음'을 인정하는 '개방성openness'은 리더의 자격에 필수적이다. 이와 더불어 동굴 바깥에서 리더의 눈이 무엇을 보는 가는 조직 전체의 성패를 가르는 중요한 요인이 된다. 아직도 동굴 안에 머물러 있는 사람들에게는 그가 보고 판단한 것이 곧 기준이기 때문이다. 변동성이 심하고 불확실성이 클수록 정확한 눈의 가치는 여실히 드러난다.

우리가 내리는 많은 결론은 우리의 추론과 경험에 기초한 것일 뿐 실제와 다른 경우가 많다. 어떤 신념을 받아들이면 이를 뒷받침하는 데이터만을 선택하게 되고, 따라서 그 신념은 점점 더 깊이 뿌리를 내린다. 크리스 아지리스Chris Argysris와 도널드 숀Donald Schon 교수가

---

8   데이비드 허친스, 김철인 역, 《네안데르탈인의 그림자》, 바다출판사, 2001.

'추론의 사다리ladder of inference'로 해석한 이런 현상에 대해 데이비드 허친스는 '사고모델mental model'의 개념으로 설명한다.

사고모델은 우리 자신과 세상, 조직에 대해, 그리고 그것들에 적응해가는 방식에 대해 가진 신념이라고 정의되는데, 이미 고착화되어 바꾸기 어려운 일종의 가치관이다. 누구나 이런 사고모델을 가지고 있지만, 정도가 심하면 사고모델 외의 것은 인식하지 못하는 부작용이 발생한다. 보고 싶은 것만 본다는 이야기다. 우리가 취하려는 행동의 폭을 제한하게 되고, 혹시라도 사고모델이 비판을 받으면 자신의 세계관을 옹호하려는 본능이 대단히 공격적으로 변한다고 저자는 지적한다.

이런 성향을 가진 사람을 요즘 유행하는 말로 간단히 표현하면 '꼰대'다. 꼰대의 성향은 단시간에 형성되지 않고 오랜 기간 주변으로부터 많은 영향을 받아 만들어진다. 그들의 관점도 과거에는 유효했을 것이다. 그런 관점과 성향이 그 사람을 현재 위치까지 끌어올렸을 수도 있고, 조직 발전의 원동력이 되었을 가능성도 있다. 그러나 세상이 빠르게 변화하고 사람들도 세대마다 달라진다는 현실을 부정하거나, 사고모델이 이미 옛것이 되었는데도 그 변화를 인식하지 못하는 것이 문제다. 리더는 시야를 넓게 가져야 한다. 이를 위해서는 끊임없이 식견을 넓히려는 노력을 게을리하지 않아야 한다.

코로나 19 사태는 모든 국가와 기업들의 생존 능력을 시험하는 무대였다. 2019년 겨울 중국 우한에서 첫 환자가 발생할 당시만 해도 이 바이러스가 90년 전인 1929년 대공황을 방불케 할 정도로 세계 경제를 흔들리라고는 아무도 생각하지 못했다. 경제뿐 아니라 정치와 문화

교류, 외교에까지 엄청난 여파를 끼친 이 '환란'을 미리 예측할 수 있었더라면 아마 많은 사람들이 큰 부자가 되었을 것이다. 2,200을 상회하던 코스피 지수가 연일 큰 폭으로 하락하며 1,400대까지 밀렸고, 패닉 상태의 투자자들은 뾰족한 수를 세울 수도 없었다. 하루 앞도 예측하기 어려운 상황에서 날개 없이 추락하는 주식 시장에 섣불리 모험을 감수하며 진입하기가 쉽지 않았기 때문이다.

이론적 모델 마저도 세우기 어려운 초유의 사태에 일반인 뿐 아니라 전문 투자자들조차도 답을 찾지 못하고 있었다. 그러나 이 혼란기에 만약 저점에서 '언텍트' 관련 종목인 네이버나 카카오, 혹은 저점을 지난 자동차 관련 종목을 매수했더라면 200% 이상의 수익도 어렵지 않았다. 극도의 공포심이 시장을 지배하던 시기의 말미인 2020년 3월 말이나 4월초에 주식을 매수했더라도 종목에 따라 몇 배의 큰 수익을 볼 수 있었을 것이다. 모험을 감수한 사람들이 성공사례를 쓸 수 있었던 흔치 않은 기회였고, 또 한편 정확한 예측과 과감함에 손 빠른 대응이 모두 요구되었던 시기다.

이와 같은 동향은 일반 기업에서도 마찬가지였다. 기업의 존속이나 성장을 위해서는 적절한 투자를 통한 선순환이 필수적인데, 예측을 불허하는 기간에는 소극적일 수밖에 없다. 이런 경우 기업은 리더의 예측력에 의존하여 사업을 확장하거나 축소하여야 하고, 예측만큼 대응도 중요하다. 또한 위기의 순간에는 평소와는 달리 중장기적인 안목 이상으로 단기 계획이 중요하다. 현금 유동성이 풍부한 대기업이라면 미래를 내다보는 투자를 과감히 하는 적기가 될 수도 있으나, 당장 부채 상환의 압박을 받는 중소기업이라면 하루하루를 넘기는 것이 여의치 않다.

이처럼 불확실성의 시기에 중요한 것은 발 빠른 결정이고 변화에 대처하는 능력이다. 세계적인 경제학자 존 케인즈John M. Keynes도 2030년이 되면 일주일에 15시간만 일하며 여가를 누리는 행복한 삶을 누릴 것이라고, 현실과 동떨어진 예측을 했다. 예상은 틀릴 수 있고, 계획도 때로 변경이 필요하다. 위기의 시기에 필요한 자세는 리더가 중장기적인 시각과 단기적인 시야를 함께 가져야 한다는 것이다. 이를 위해서는 과거에 문제없이 가동되던 방식이 지금도 유효한지를 늘 점검하여야 한다. 과거에 기반한 예측이 확신이 되고 더 나아가 신념이 되면, 조직 전체의 생존이 위협을 받는다. 리더가 늘 동굴 밖의 세상 변화에 관심을 갖고 또한 먼저 나가볼 수 있는 용기를 가져야 하는 이유이다. ●

4

생 떽쥐베리의 《인간의 대지》가 전하는
도전 정신

생 떽쥐베리Antoine Marie Roger De Saint Exupery는 《어린왕자》의 작가로 유명하지만, 또한 비행기 파일럿이었다. 조종사로서의 삶을 다룬 그의 책 《야간비행》과 《인간의 대지》는 나침반 하나에 의지해서 비행기를 몰며 항로를 개척하던 시절의 이야기들을 생생하게 묘사한다. 졸음과 싸우고 어둠이 주는 두려움을 이겨내면서, 또 간간히 동료 조종사들의 사망 소식을 들으면서도 의연히 비행을 기다리는 저자의 직접 경험은 《어린왕자》와는 확연하게 다른 느낌으로 독자에게 다가온다.

《인간의 대지》에는 그가 리비아에서 비행기 추락으로 죽을 고비를 넘긴 장면이 등장한다. 한계상황에 처한 인간의 의지력과 휴머니즘을 표현한 사막 한 가운데서의 생존 몸부림이다. 이는 저자의 동료이자 멘토인 기요메가 안데스 산맥을 횡단하다 추락해서 극적으로 생존한 장면과 더불어 극한 상황에 접한 인간의 강인함을 그려낸다. 이 자전적 소설에는 주인공 외에도 여러 실존 파일럿들이 등장한다. 레이더나

GPS가 없는 것은 물론이고 관제 시설이나 야간 조명마저 갖추어져 있지 않던 1920~30년대의 항공업계 종사자는 어떤 의미로 봐도 개척자요 모험가였다.

이런 선구자들로부터 불확실성의 시대를 사는 리더의 심정을 끄집어내는 일은 어렵지 않다. 앞이 보이지 않는 하늘을 날면서, 때로 추락한 비행기에서 살아나와 구조대가 오기를 기다리면서, 이들은 얼마나 외로웠을까? 함께 할 동료마저 없이 이미 여러 날이 지난 상황에서도, 1시간만 더 버티면 구조대가 올 것이라는 막연한 기대를 하며 영하의 추위나 뜨거운 사막에서 발걸음을 옮겼을 것이다. 무대와 등장인물은 다를지언정, 한 치 앞을 내다보기 힘든 현시대의 경영환경이나 리더의 고독감은 그들이 겪었던 것과 크게 다르지 않다.

책 내용 가운데, 안데스에서 불시착한 기요메는 자신이 살아날 가능성이 없다고 판단하면서도 오히려 조금이라도 더 살아야 하는 이유를 찾게 된다. 실종된 사람의 경우 법적 사망이 4년 후로 미루어지기 때문에 가족들 명의로 되어있는 사망 보험금을 그들이 빨리 받지 못하게 될 것이라는 염려였다. 그가 조금이라도 더 버티려는 목적은 자신을 위함이 아니었다. 가족들을 위해 자신의 시신을 발견하기 쉬운 곳에서 마지막을 맞이하려는 이유였다. 그 고통을 이겨내고 살아나와 생존기를 전하며 그가 마지막으로 전한 말은 처절하다

'내가 해낸 일은, 맹세컨데, 그 어떤 짐승도 하지 못했을 일

이야."[9]

이런 파이오니어pioneer들의 희생이 켜켜이 쌓여 인류는 반세기가 지난 후 지구의 위성인 달에 도달하는 쾌거를 이룩한다. 1969년 7월 20일, 미국의 아폴로Apollo 11호 달착륙선 이글Eagle이 역사상 처음으로 달 표면에 착륙하면서 선장 닐 암스트롱Neil Armstrong은 "That's one small step for a man, one giant leap for mankind(한 사람에게는 작은 발걸음이지만, 인류에게는 거대한 발자취이다)."라는 유명한 말을 남긴다.

이보다 훨씬 앞선 16세기 코페르니쿠스Nicolaus Copernicus가 지동설을 주장하고 다음 세기에 갈릴레이Galileo Galilei가 망원경으로 증거들을 관측하기까지 인류는 지구가 우주의 중심이고 하늘의 별이 그 주변을 움직인다고 믿었다. 이후 수많은 과학자들이 지구가 태양을 중심으로 회전하는 행성 중 하나이고, 자전과 공전을 하며, 우주의 별들은 인력으로 그 간격을 유지한다는 사실들을 알아냈다. 이렇듯 인류의 과학 발전은 기존의 질서나 상식을 파괴하면서 진전되어왔다.

이처럼 작은 질문이 호기심과 의심으로 확대되고 이를 규명하려는 노력이 학문으로 발전하면서 오늘날의 문명이 이루어져 왔다. 그러나 우리가 누리고 있는 이런 사치를 가능케 한 것은 극소수 개척자들의 수고이고 고난이다. 지동설을 주장

---

9   생텍쥐페리, 허희정 역, 《인간의 대지》, 펭귄클래식코리아, 2015.

하여 종교 재판을 받았던 갈릴레이가 "그래도 지구는 돈다."고 신념을 굽히지 않은 덕분에 천문학은 발전했고, IBM의 창업자 토머스 왓슨Thomas Watson이 "I think there is a world market for maybe five computers(내 생각에는 인류에게 필요한 컴퓨터는 다섯 대 정도면 충분해)."라고 한 말을 무시한 그 아들 토마스 왓슨 주니어 덕분에 우리의 일상이 편해졌다.

우리나라에도 이런 모험가가 많다. 대표적으로 과거 범현대그룹을 창립한 고 정주영 회장을 들 수 있다. 아무 자원도 자본도 없는 나라에서 경제개발계획이 수립되고 주요 기간산업 중 하나로 조선업이 선정되었다. 차관을 받기 위해 영국의 버클레이Barclays 은행 부총재와 만나기로 한 자리에서 거북선이 그려져 있는 500원짜리 지폐를 보여주면서 "16세기에 철갑선을 만든 게 대한민국이다. 이게 지금으로 보면 유조선은 비교도 안 되는 배다."고 주장하여 결국 차관을 끌어냈다는 일화는 유명하다.

정회장은 이후 현대전자(현재 SK하이닉스)를 설립하고 미국 GE와의 합작투자법인을 세울 당시에도 이런 대담함과 순발력을 발휘한다. 잭 웰치Jack Welch 회장과의 회담이 순조롭게 진행되지 않고 번번이 한국 기업의 자질에 대해 의구심을 품자, 그는 자리를 박차고 나갔다고 한다. 이후 다시 만난 자리에서 웰치 회장은 현대그룹의 건설이나 중공업 분야는 인정하지만 전자 분야는 잘 모르겠다는 언급을 하게 되는데, 이에 정회장은 이미 상당 수준에 오른 조선업과 자동차 산업을 얘기하면서 갑자기 팔씨름을 제안한다. 팔씨름을 이기면 현대전자를 사업파트너로 받아주겠냐는 제안에 그 자신이 스포츠맨이자 20세 연하인 웰치 회장은 수락을 했고, 그 팔씨름 대결은 정회장의 승리로 끝난다. 이렇게 뜬금없는 제안을 한 정주영 회장도 범인은 아니지만, 이를 수락해서 주변의 반대를 무릅쓰고 투자를 결정한 웰치 회장 역시 대단한 인물이다.

이렇듯 상식을 초월하고 다수의 의견을 넘어서는 지략과 판단이 리더에게는 필요하다. 이런 눈을 가진 리더가 이끄는 조직의 소속원은 보는 스케일이 다르다. '명장 밑에 약졸 없다.'는 말이 있다. 리더의 능력은 개인의 영광이나 포상으로 끝나는 것이 아니고, 조직과 조직원 전체를 바꾼다. 꿈꾸는 리더, 전략을 구상하는 리더가 필요한 이유이다. 중국 역사 최고의 모사인 제갈량은 이런 말로 우리의 모험심을 자극한다.

> "안되는 줄 알면서도 시도하는 사람이 돼라. 될만한 일만 골라서 하는 사람은 끝까지 남의 일을 돕는, 남의 밑에 머무는 사람으로 남아야 할 것이다." ●

5

《The Giver》와
Giver's Gain

물질이 만능이 되어버린 사회에서는 금전적 보상이든 사회적 지위든 받고 축적하는 것이 미덕처럼 여겨진다. 하지만 나를 위해 그런 것들을 쌓지 않으면서도 기쁨과 행복을 누리는 사람들이 있다. '사랑의열매 사회복지 공동모금회'가 2007년에 설립한 아너 소사이어티Honor Society는 기부금 1억 이상을 납부하거나 5년 이내에 1억 이상을 약정하는 사람에게 가입이 허용된다. 회원 중에는 유복한 가정에서 자라나 자산을 일군 사람들도 있지만, 의외로 상당수가 어렵게 평생 모은 돈을 기부하고 회원이 된 사람들이다.

이들이 기부를 통해 되돌려 받는 것은 그에 상당하는 금품이나 포상이 아니다. 다른 사람을 위해 중요한 일을 했다는 행복감, 나보다 더 필요한 사람을 위해 선한 일을 했다는 보람이다. 이처럼 줌으로써 얻어지는 '그 무엇'을 영어로는 'giver's gain'이라고 한다. 우리 말로 번역한다면 '주는 자의 소득'이라고 할까? 그리고 그 기쁨은 직접 경험해 본 사람이 아니면 짐작하기 힘들다.

조직 문화를 형성할 때도 giver's gain은 중요한 요소다. 가령 리더가 부하직원에게 격려와 칭찬의 말을 했다면 이는 사랑과 관심을 준 것이며, 이에 대한 우선적인 보답은 리더 자신이 스스로의 선한 영향력에 만족하고 행복을 느끼는 것이다. 부하직원은 그 감사의 표현을 말로 할 수도 있고, 업무성과에 녹여내거나 결정적 순간에 헌신하는 모습으로 갚는다. 리더의 경험이나 지식을 나누는 것도 마찬가지다. '낮아짐으로 높아지고, 줌으로써 받는다.'는 생각을 가진 리더가 많은 조직에서는 활발한 정보와 지식의 교류로 인한 성과 창출이 결과로 따라온다. 내가 가진 것을 나누는 일이 손해라고 생각하거나, 내 자리를 지키기 위해서는 가능한 한 길게 내 지식과 경험을 혼자 간직해야 한다고 생각하는 리더가 많으면 조직의 발전은 지체될 수밖에 없다.

로이스 로리Lois Lowry라는 작가가 쓴 《The Giver》라는 소설이 있다. 영화로도 만들어진 이 소설은 우리나라에서 《기억 전달자》라는 제목으로 번역되었는데, 모든 사람이 고통 없이 평등하면서도 행복하게 사는 이상향을 다룬다. 소설의 배경이 되는 사회에서는 각자의 역할이 정해져 있어서 일정 나이가 되면 적성에 따라 다양한 직종에 배치된다. 그러나 비밀리에 전수되는 한 가지 직책이 있다. 다른 모든 사람으로부터는 지워져 버린 과거의 기억이나 감정을 전수하는 역할을 맡은 '기억 전달자Giver'이다.[11]

소설의 주인공 조나스Jonas는 이 기억을 전수받아 다음 세대에게 전달하는 '기억 보유자Receiver'이다. '기버'와 '리시버'의 관계는 요즘 흔히들 얘기하는 멘토, 멘티와 같으며, 10대 소년인 조나스는 매일 방과 후에 기버의 숙소로 찾아가 기억을 전수받는다. 이 사회가 단 한 사람을 제외하고 모든 구성원의 과거 역사, 심지어는 색깔에 대한 기억마저 지워버린 데는 이유가 있었다. 전쟁과 같은 극한의 고통을 기억 속에 간직하고 있기보다 하루하루 평범한 일상 속에서 행복을 누리는 것이 좋겠다고 판단한 리더들의 결정 때문이다.

그러나 개인의 자유를 박탈하고 일정한 틀 안에서 누리는 행복이 진정한 행복인지에 대해 조나스는 많은 고민을 하게 된다. 게다가 나이가 많은 노인들이나 갓 태어난 쌍둥이들 중 열등한 존재, 사회 부적격자 등이 다른 곳으로 이동한다는 '임무해제release'라는 과정이 사실은 안락사임을 알게 된 이후로 사회의 모순을 바로 잡아야겠다는 그의 생각은 더욱 굳어진다.

기버와 리시버의 관계는 상호적이라, 기버가 기억이나 지식을 전수해주면 그만큼이 자신에게서는 사라진다. 시간이 지나면서 조나스의 지식은 풍부해지게 되었는데, 그는 비록 전쟁의 아픔과 같은 큰 고통일지라도 모든 사람들이 감당하며 공유하는 것이 옳다고 생각한다. 열성 인자로 인해 조만간 임무 해제될 운명에 처한 자기 동생을 데리고 도망할 것을 결심한 조나스는 결국 사회의 경계선을 넘어가는 데 성공

---

10   로이스 로리, 장은수 역, 《기억 전달자》, 비룡소, 2007.

한다. 그 뒤로 사람들의 기쁨에 찬 노래 소리가 들린다. 조나스는 본인의 기억을 모든 사람들에게 전달하여 과거의 모습을 찾아주고 그 지역을 벗어난 것이다.

이 소설은 내게 조직관리와 리더십에 대해서 많은 생각을 하게 해주었다. 우선 사회가 천편 일률적인 규칙과 통제로 관리될 때의 모순과 허점을 지적한다. '최대 다수의 최대 행복'이라는 제레미 벤담Jeramy Bantham의 공리주의를 표방한 작품 속의 사회는 일종의 유토피아지만, 사람들은 이렇게 인위적으로 채색되고 포장된 사회에서 언젠가는 문제점을 발견한다. 우리 사회 조직에서도 마치 모든 통제가 확실하게 이루어지면 아무런 문제가 없을 것이라는 생각을 하는 사람들이 있다. 하지만 우리가 갖춘 성품에는 '자유의지free will'라는 것이 있어서 자율적인 환경이 주어지지 않으면 인간으로서의 기능이 제대로 발휘되지 못한다. 열심히 일하려는 의지가 꺾이거나, 반대로 그런 모순에 항거하는 모습이 나타나기도 한다.

조직의 설계자가 염려하는 것과는 달리 구성원들에게 자율적으로 생각하고 행동할 수 있는 권한을 부여하는 것은 자연스럽고 효율적이다. 리더의 역할은 구성원들의 역량을 최대로 발휘하게 하는 것이지 그들을 통제하는 것이 아니기 때문이다. 미래학자 다니엘 핑크Daniel Pink의 책 《드라이브》에서 주장하듯이, 동기 부여와 자율성의 효과는 사회나 조직의 특색과 무관하게 어디에서나 찾아볼 수 있다.[12]

《The Giver》를 통해 얻은 또 하나의 교훈은 멘토의 역할이다. 기버는 리시버인 조나스에게 자신의 모든 것을 전수한다. 전하는 과정이 진행되면 자신은 점차 무용지물이 될 것을 알고 있고, 전수받는 사람의 고통이 얼마나 큰지를 겪어봤기 때문에 망설이기도 하지만, 자신의 역할이 '아낌없이 주는 나무'라는 것을 안다. 그리고 사회를 어떻게 바꾸어 놓을 것인가에 대해서는 전적으로 후계자에게 맡긴다. 리더십의 승계는 이처럼 깔끔하게 이루어져야 한다. 문제는 우리 조직이 조나스처럼 가능성과 용기를 가진 사람을 찾아낼만한 눈이 있는가이다. Giver's gain이 세대를 이어 지속되기 위해서는 후계자를 발굴하고 훈련시키는 데 많은 관심과 투자가 필요하다. ●

11　다니엘 핑크, 김주환 역,《드라이브》, 청림출판, 2011.

6

《모리와 함께 한 화요일》이 선사한
노교수의 지혜

직장에서의 인간관계는 아무래도 학교 선후배나 친구들만큼 끈끈하기가 어렵다. 성인이 된 후에 만나 사회 생활을 하면서 업무로 맺어진 인연이다보니 속내를 털어놓기가 쉽지 않고, 결국은 서로가 경쟁자라는 인식이 있어서 가까이하기에 한계가 있다. 퇴근 후에 같이 식사하며 인생살이를 얘기하는 동료라도 있으면 행복한 사람이고, 존경할만한 선배나 직장 상사가 있다면 금상첨화다. 신입 사원에게 선배 한 명이 달라붙어 사수와 조수 관계로 시시콜콜 업무에 대해 가르치고 잔소리를 해가면서 정을 쌓는 것도 옛날 이야기다. 신세대들은 혼자만의 시간을 즐기는 방법을 터득하는 것이 더 유용하다고 생각한다.

이런 중에도 코치나 멘토를 두고 지혜를 구하는 사람이 있기는 하다. 나도 그런 사람들 중 하나이다. 오래 전부터 가르침을 받는 멘토가 있고, 멘토링을 원하는 과거 내 부하직원들을 가끔씩 만나기도 한다. 때로 멘토로부터 받은 지혜를 멘티에게 전달하기도 하고, 내 어려움을 멘토에게 하소연하며 해답을 찾는다. 이런 관계는 직장 내에서 하기 어려운 개인적인 이야기까지 나눌 수 있다는 장점이 있을 뿐 아니라, 지혜로운 사람들의 가치관이나 철학을 전수받아 후배들에게 전달한다는 보람도 있다.

사람이 몸이 약해지거나 죽음을 앞두면 혼신의 힘을 다해서 자신이 가진 모든 것을 사랑하는 사람에게 전해주려고 한다. 어떤 사람에게는 물질일 수 있고 누군가에게는 삶의 지혜일 수도 있는 그 '유산'은 받아들이는 사람의 그릇만큼 저장이 되고 그가 소화하는 만큼 삶을 바꾼다. 1997년 출간된 이후 전세계 50개국에서 1,700만부 이상이 판매된 《모리와 함께한 화요일》은 미치 앨봄Mitch Albom이라는 작가가 실제로 대학교 시절의 노스승을 만나 삶의 지혜를 배우는 인생수업 교과서이다.

루게릭병을 앓으며 죽음을 앞두고 있는 저명한 사회학자 모리 슈워츠Morrie Schwartz 교수는 수십 년 만에 그를 찾아온 제자와 매주 화요일에 만나 자신의 삶을 전수한다. 첫번째 만남 이후 총 14번의 만남과 모리의 장례식이 있기까지의 실화를 바탕으로 한 이 책은 전하고자 하는 메시지가 단순명료하다. 바로 '사랑'이다. 삶 가운데 어떤 것을 하고 싶지만 다른 것을 해야 하거나, 받아들이면 안 되는 것을 알면서도 받아들이는 밀고 당김의 연속을 노교수는 '상반됨의 긴장'이라고 묘사한다. 또한 인생을 레슬링과 같다고 말한다. 제자는 묻는다. "어느 쪽이 이기나요?" 스승은 대답한다. "사랑이 이기지. 언제나 사랑이 이긴다네."[13]

책의 전반을 흐르는 메시지인 사랑과 헌신은 이렇게 앞부분부터 독자에게 큰 감동을 남긴다. 모리 교수는 조만간 마지막 때가 올 것이라는 사실을 알면서 하루하루를 정리하는 사람이었다. 그가 큰 병을 앓으며 배운 가장 큰 교훈이 무엇인지 제자에게 말해주는 대목이 있다.

> "사랑을 나눠주는 법과 사랑을 받아들이는 법을 배우는 것이 인생에서 가장 중요하다는 거야(The most important thing in life is to learn how to give out love and to let it come in)."[13]

그는 명상 철학자이자 시인인 레빈의 말을 인용하면서 다시 한번 이 사실을 강조한다. "사랑이야말로 유일하게 이성적인 행동이네(Love is the only rational act)." 조직문화나 리더십을 논할 때 사랑이란 단어는 때로 지나치게 감성적이거나 비논리적으로 들린다. 그러나 조직의 속성이 사람과 사람 사이의 관계 속에서 이루어진다는 점을 이해하면, 사랑을 바탕으로 하지 않는 리더십은 사실상 무의미하다. 사랑은 신뢰, 열린 마음과도 맥을 같이 한다.

1978년, 미치 앨봄이 다니던 브랜다이스 대학교Brandeis University의 사회학 강의실에서는 재미있는 실험이 진행된다. 둘씩 짝을 지은 후 한 사람이 돌아서서 다른 학생이 잡아 주리라 믿고 뒤로 넘어지는 실험이다. 대부분은 약간 넘어지다가 불안함에 멈춰버렸고 강의실에서

---

12 미치 앨봄, 공경희 역,《모리와 함께한 화요일》, 세종서적, 2007.
13 미치 앨봄, 위의 책

는 학생들의 어색한 웃음소리가 들렸다. 결국 여학생 한 명이 눈을 감은 채 뒤로 완전히 넘어갔는데, 주변 사람들의 우려와는 달리 그녀의 짝이 뒤에서 적절한 타이밍에 머리와 어깨를 잡아 일으켰다. 이때 모리 교수는 신뢰에 대해 이와 같이 강의한다.

> "눈에 보이는 것을 믿을 수 없을 때, 느껴지는 것을 믿어야 합니다. 그리고 다른 사람들이 여러분을 믿게 만들려면, 여러분 역시 그들을 믿고 있음을 느껴야 합니다. 여러분이 어둠 속에 있을 때조차도 말입니다. 여러분이 뒤로 넘어지고 있을 때에도…"[14]

조직원들 간의 신뢰, 혹은 리더와 조직원들 간의 신뢰는 일방적이 아니고 상호적이다. 서로가 서로를 믿고 의지할 때 조직은 원활하게 유지된다. 내가 이렇게 행동할 때 과연 저 사람도 같은 생각을 할지 염려하고 의심하기 시작하면 조직의 리듬은 깨진다. 모리 교수가 한 말을 읽으면서 '리더는 먼저 넘어지는 사람이 되어야 할까? 아니면 잡아주는 사람이 되어야 할까?'를 생각해 보았다. 두 사람 가운데 더 큰 믿음을 가져야 하는 사람은 아무래도 넘어지는 사람이다. 리더의 역할이다.

여덟 번째 화요일에 모리 교수는 돈에 대한 인생관을 설명하면서 물질의 진정한 가치가 소유에 있지 않고 타인에게 주는 데 있다고 가르

---

14 미치 앨봄, 위의 책

친다. 주는 것이 진정으로 만족을 준다고 강조한 그는 더 좋은 자동차, 더 큰 집을 추구하며 살아온 제자에게 이런 지혜를 전해준다.

> "만일 저 꼭대기에 있는 사람들에게 뽐내려고 애쓰는 중이라면 관두게. 어쨌든 그들은 자네를 멸시할 거야. 그리고 바닥에 있는 사람들에게 뽐내려 한다면 그것도 관두게. 그들은 자네를 질투하기만 할 테니까. 어느 계층에 속하느냐로는 해결이 되지 않아. 열린 마음만이 자네를 모든 사람 사이에서 동등하게 해줄 걸세."[15]

리더의 영향력은 조직의 크기와 상관없이 그 조직 내의 모든 사람에게 미친다. 열린 마음으로 소통하고 먼저 신뢰를 주는 리더와 사리사욕을 위해 권력을 이용하는 사람은 시간이 지나가면 명확하게 드러난다. 많은 조직장들이 스스로는 리더십에 문제가 없고 소통을 잘 하고 있으며 자신보다는 조직을 위해 일한다고 믿는다. 하지만 부하 직원들의 공감대와 신뢰를 얻는 것은 또다른 차원의 문제다.

리더가 남겨야 하는 것은 단지 업무에 필요한 지식이나 행복한 직장생활을 위한 노하우만이 아니다. 사랑, 믿음, 배려와 같이, 업무와는 무관해 보이는 가치들 또한 전수가 필요하다. 우리가 살고 있는 사회는 점차 치열하고 각박해지지만, 이럴 때일수록

---

15   미치 앨봄, 위의 책.

정신적인 유산의 중요성을 다시 한번 생각해 보아야 한다. 죽음을 앞둔 노교수의 가르침을 한시라도 일찍 깨달을 수 있다면, 우리의 삶이 조금은 더 풍요로워지지 않을까? ●

7

《왜 나는 너를 사랑하는가》와 《인생단어》가 말하는 사랑

하응백 시인은 '사랑은 불연속적인 두 개체가 하나로 합치는 것이다. 이것은 애당초 불가능한 일이다. 그렇지만 혼자 있는 것도 불가능한 일이다.'[16]라고 사랑과 인간관계의 아이러니를 표현했다. 인간이 홀로 존재할 수 없다는 사실에 대해, 철학자 스탕달Marie Henri Beyle Stendhal 은 유사한 의미를 특이하게 표현한다. '혼자서는 절대로 성격이 형성되지 않는다.' 이 문장이 의미하는 사회성과 관계성을 스위스의 작가 알랭 드 보통Alain de Botton은 '성격의 기원은 우리의 말과 행동에 대한 다른 사람들의 반응에 있다.'로 재해석했다.

《왜 나는 너를 사랑하는가》라는 책으로 세계적인 흥행몰이를 했던 알랭 드 보통은 그 책에서 '어쩌면 우리가 존재한다는 것을 보아주는 사람이 나타날 때까지는 우리는 사실상 존재하지 않는다는 말이 맞는

---

16   정호승, 안도현, 장석남, 하응백,《우리가 사랑에 빠졌을 때》, 공감의기쁨, 2012.

지도 모른다.'[17]라고 한다. '내가 그의 이름을 불러주기 전에는 그는 다만 하나의 몸짓에 지나지 않았다…'로 시작하는 김춘수 시인의 〈꽃〉이라는 시를 연상케 하는 이 문장을 쓴 작가의 당시 나이는 놀랍게도 만 24살이었다.

이처럼 많은 사람들이 이야기하듯이 모든 인간관계는 비독립적이다. 단체 생활에서의 양상 역시 다르지 않아, 조직에서의 대인관계, 특히 리더와 조직원들 간의 관계 역시 상호보완적이고 유기적이며 서로의 관심을 필요로 한다. 《에너지 버스》의 저자로 유명한 동기부여 전문가 존 고든John Gordon은 또다른 저서 《인생단어》에서 모든 리더들이 정말로 심각하게 새기고 적용해야 할 멋진 문장을 소개했다.

> '팀원들은 리더의 사랑을 느낄 때 비로소 자신들을 밀어붙일 권한을 준다.'[18]

우리 직장 생활 모습을 예로 들어 쉽게 이야기하면, '야단을 치고 밥을 사줄 것이 아니라 먼저 밥을 사주고 야단을 쳐도 치라.'는 이야기다. 서로 교감이 있고 신뢰가 생기면 윗사람이 질타를 해도 이유가 있을 것이라는 믿음이 생긴다. 팥으로 메주를 쒀오라고 해도 '팀장이 저렇게 이야기하는 데는 다 이유가 있을 거야.' 라는 교감이다. 이런 조직은 건강하게 유지된다. 팀장이 나를 믿고 신뢰한다는 사실을 인지하

---

17 알랭 드 보통, 정영목 역, 《왜 나는 너를 사랑하는가》, 청미래, 2007.
18 존 고든, 황선영 역, 《인생단어》, KMAC, 2017.

는 팀원은 설령 야단을 맞아도 반발하기에 앞서 이유를 찾고 스스로를 먼저 돌아보게 된다. 자신이 실수를 했다면 보완할 것이고, 오해가 있었다면 솔직하게 이야기할 것이다.

이처럼 조직의 분위기가 부드러워지면, 실수에 대한 사과를 하거나 수습책을 설명할 때 리더가 진지하게 들어주고 조언을 해주리라는 것을 알고 있기 때문에 실패를 두려워하지 않는다. 조직에 대한 신뢰이자 리더 개인에 대한 믿음이다. '팀장이 하는 행동들은 나를 육성시키기 위한 것이다.'라는 정도로 신뢰를 받는 팀장이라면 개인의 능력이 부족하다고 해도 큰 일을 맡겨야 한다. 부하직원을 밀어붙일 수 있는 리더는 많지만 반발이나 부작용 없이 일을 하게끔 만드는 리더는 소수이다. 존 고든이 이야기하듯 구성원들이 가장 먼저 따르는 것은 리더이고 그 다음이 비전이다.

존경받는 리더들의 공통점은 '마음이 따뜻하다'는 것이다. 능력 있고 수완 좋은 사람들도 인정은 받을 수 있을지 모르나, 그런 자질만으로 조직원들의 존경까지 받을 수는 없다. 존경은 순간적인 감정이나 판단이 아니다. 함께 보낸 오랜 시간이 흐른 뒤 얻어지는 열매이고, 내가 원한다고 얻을 수 있는 것도 아니다. 세상에 강요해서 구할 수 없는 두가지가 사랑과 존경이라고 한다. 자식이라는 이유로 돌보아주고 희생하고 가진 것을 다 내어주는 게 부모지만, 자식들이 그 희생을 이해하고 감사해서 존경하는 단계까지 가는 것은 또 다른 이야기다. 하물며 피 한 방울 섞이지 않은 사회의 리더가 부하직원들로부터 존경을 받기 위해서는 얼마나 많은 희생과 양보가 필요하며, 또 어느 정도의 실력이나 인성까지 갖추어야 할까?

존경받는 리더가 잘 하는 일 중 또 하나가 '내려놓음'이다. 내려놓음은 '잃어버림'과는 다르다. 스스로의 의지로 자신의 실무를 덜어내는 일이고, 개인적인 욕심을 내려놓는 것이다. 그 일을 더 잘할 수 있는 사람에게 권한을 부여하기 위함이다. 마이크로매니지를 하는 '대리급 임원'도 과거에는 꼼꼼한 리더로 인정을 받았을지 모르나, 리더십에 대한 이해도가 높아진 요즘 시대에는 단지 '보스'일 뿐이다. 자신이 낮아지면서도 조직은 높이고, 양보함으로써 오히려 부하직원들이 더 많은 것을 갖게 하는 리더가 많은 사회는 발전한다. 마치 한 알의 씨앗이 땅에 떨어져 그냥 있으면 아무 일도 일어나지 않지만 죽어서 썩으면 많은 열매를 맺듯이, 리더는 기본적으로 자신이 누리던 것을 내려놓고 씨앗의 역할을 할 자세가 되어 있어야 한다. 리더의 임무는 부하직원들을 다음 세대를 이끌어갈 리더로 키워내는 것이기 때문이다.

오래 전 미국에 살던 시절에 했던 많은 활동 중에 기억에 많이 남고 보람 있었던 일은 교회와 기독교 선교단체에서 섬김이 역할을 했던 것이다. 미주 한국 대학생선교회KCCC의 협동 간사로 학생들을 가르치고 양육하던 시기와 작은 이민교회에서 청년부와 대학부 사람들을 지도하던 시기가 십수 년이다. 이런 일들의 공통점은 받는 것 없이 주는 것이다. 학생들이 배고프다고 찾아오면 밥을 해서 먹이고, 여러 명이 우리 아파트에 모이는 날이면 아내는 군대에서나 사용할 법한 큰 솥에

국을 끓였다. 세월이 지나 연락이 끊기는 사람들이 대부분이라 따로 보상을 받을 길은 없지만, 내 마음 속에 자리잡은 뿌듯함과 감사함은 아무도 빼앗아갈 수 없는 보물이다.

지금도 그 후배들을 생각하면 마음이 훈훈하다. 나보다 더 풍요롭게 살기를 바라고, 더 많은 일을 하고 더 높은 자리에서 영향력을 미치고 있기를 바란다. 부모의 마음이고 리더의 심정이다. 그런 마음으로 오랜 기간동안 내려놓음을 실천할 때, 조직원들도 그나마 존경이라는 '보상'을 줄 준비를 한다. 제한된 시간 동안 나에게 주어진 자리를 이용해 내가 무엇을 유산으로 남길 것인지 고민해 봐야 한다. 리더라면 한 번쯤은 스스로에게 이런 질문을 던져보길 바란다.

'나는 훗날 어떤 리더로 기억되고 싶은가?' ●

8

〈대추 한 알〉의 감정 이입과
감성 리더십

내가 근무하던 당시 현대모비스 전동화 Business Unit(BU)에는 10여 명의 실장급 리더들이 있었는데, 함께 일한 지 2년이 지나면서는 서로 얼굴만 봐도 뜻이 통하는 정도가 되었다. 우리 BU에서 이루어지는 회의는 다양하지만 분위기는 비슷했다. 우선 결정을 하기 전에 충분한 의견교환이 이루어진다. 때로 상반된 의견으로 긴장이 감돌기도 하지만, 리더들은 BU의 차원을 넘어 회사의 유익을 고려하는 결정을 하도록 훈련되어 있다. 그래서 회의 분위기는 밝지만 진지하다.

때로 BU장인 내 실수를 지적하거나 다른 대안을 제시하는 경우도 발생하는데, 그 지적이 옳다고 판단하면 그 자리에서 수정을 한다. 잘못된 결정의 많은 부분이 리더의 고집에 기인한다고 믿기 때문에, 실수를 인정해야 할 때는 굳이 변명을 하지 않는 것이 내 원칙이다. 늦기 전에 다시 계획을 수립하는 것이, 리더 한 명의 자존심을 살리느라 가지 않아도 될 길을 헤매는 것보다 낫다. 그리고 조직원들은 이런 리더를 절대로 무시하지 않는다.

　이런 조직 문화를 만드는 일은 많은 시간과 노력을 요하지만, 반드시 필요한 것은 열린 조직 문화의 중요성을 인식하고 추구하는 리더의 자세다. 조직원에 대한 믿음이 없으면 변화를 꾀해도 오래가지 못하고, 조직 내에 혼란만 가중시킨다. 리더들이 자주 하는 실수 중 하나는 부하직원들을 과소평가하는 일이다. 자신의 결정에 대한 지나친 과신이 이런 태도와 결합되면, 조직원이 수행하는 일의 결과가 항상 불만족스럽고, 시간이 흐르면서 전체의 사기를 저하시킨다. 이런 성향은 사람보다 업무를 지나치게 중요시하는 조직에서 자주 볼 수 있는데, 많은 경우 조직문화가 경직되어 있다.

　최근 들어 리더십에서 '감성'이 강조되는 이유가, 시대가 변해서인지 사람이 변해서인지, 아니면 두가지 모두 해당되는 것인지 생각해볼 때가 있다. 지난 반세기동안 놀라운 경제성장을 이룩하고 선진국의 반열에 오르기까지 대한민국의 원동력은 어찌 보면 감성을 무시한 관리 방식이었다. 개개인의 사정을 다 봐주고 사람을 챙기는 리더십은 유약한 것이고, 우리와는 어울리지 않는, 미국이나 유럽의 선진국에서나 통용되는 관리 체계라고 생각해왔다. 그런데 이제 과거의 강압적인 방식은 더이상 통하지 않게 되었다. 대한민국을 이끌어 나갈 차세대는 부모의 사랑을 듬뿍 받으며 자라 자존감이 높아 개개인성이 어느 때보다도 중시된다. 또한 타인에게 피해를 주지 않지만 간섭도 받고 싶지 않은 젊은이들이 우리 사회의 중심 세력을 형성하고 있다. 자율성이 보장되지 않는 리더십이 효과를 거두기 어려운 이유이다.

감성이 고려되지 않는 대인 관계는 더 이상 의미가 없다고 해도 과언이 아니다. 이런 이유로 상당수의 기업이나 공공 기관이 수년 전부터 인문학 강의를 통한 감성 리더십에서 미래 조직 관리의 해법을 찾고 있다. 감성 리더십이 유지되려면 먼저 마음과 마음이 통해야 한다. 내 생각을 상대방이 이해하고, 나도 상대방을 이해하는 관계 속에서 소통을 위한 통로가 형성된다. 이런 개념을 모네상스 강신장 대표는 저서 《감성의 끝에 서라》에서 다음과 같이 정리한다.

> '우리의 삶에 감성이 필요한 이유는 사람의 마음을 이해하고 서로 소통함에 있어서 무엇보다 효과적이기 때문입니다. 그러므로 사물의 마음을 이해하고 사물과 소통하는 것보다 더 감성의 극단으로 향하는 것은 없습니다.'[19]

강대표는 감성의 정점에서 사람과의 소통뿐 아니라 사물과의 소통까지를 언급하면서, 이런 입장을 함축적으로 표현하는 멋진 시 한 편을 소개한다. 《저게 저절로 붉어질 리는 없다》라는 장석주 시인의 시집에 담긴 〈대추 한 알〉이라는 시이다.

---

19   강신장, 《감성의 끝에 서라》, 21세기북스, 2014.

저게 저절로 붉어질 리는 없다.

저 안에 태풍 몇 개

저 안에 천둥 몇 개

저 안에 벼락 몇 개

저게 혼자 둥글어질 리는 없다

저 안에 무서리 내리는 몇 밤

저 안에 땡볕 두어 달

저 안에 초승달 몇 날이 들어서서

둥글게 만드는 것일 게다

대추야

너는 세상과 통하였구나[20]

길지 않은 시 한 편을 외울 때까지 읽고 또 읽으면서 시인이 하고 싶었던 말을 끄집어 내 보려고 했었다. 대추의 색깔과 모양새가 변한 것이 나에게는 과연 어떤 의미인지 생각해 보았고, 나를 대추와 세상에 대입하면서 내가 통해야 하는 대상이 누구인지도 고민해 보았다. 그러다 시선이 멈춘 곳이 '몇 밤', '두어 달', '몇 날'이라는 시간의 개념이었다. 대추가 세상과 통하기까지 걸린 짧지 않은 세월이 우리 조직 안에

---

20   장석주, 《저게 저절로 붉어질 리는 없다》, 난다, 2021.

녹아 들어야 우리도 서로 통하겠다는 리더로서의 부담이었다.

대추 안에 들어찬 태풍과 천둥과 무서리에 초승달까지 헤아리는 감성을 음미해 보는 것도 흥미로웠다. 이런 소통을 사람에게 전이시켜 그 속을 들여다본다고 해보자. 부하직원의 마음에 담긴 상처가, 상사의 머리를 가득 메운 고민이 보이지 않을까? 부하직원의 마음속에 들어가 그 사람의 눈으로 세상을 보려는 노력이 더해진다면 조직은 얼마나 평온해지고 직장은 얼마나 멋진 장소가 될까? 감정 이입은 행복한 직장을 위한 충분 조건은 아닐지라도 필요 조건임에는 틀림이 없다. 그리고 그런 과정은 하루 아침에 이루어지지 않는다. ●

9

《이반 일리치의 죽음》과
은퇴 후의 삶

레프 톨스토이Lev Tolstoy의 명작 《이반 일리치의 죽음》의 한 장면. 주인공 이반 일리치가 고위 공무원에 해당하는 예심 판사직을 맡게 된 후 느끼는 심정을 이렇게 표현한다.

> '자신에게 이처럼 막강한 권력이 주어졌음을 인식하는 권력 의식과 권력의 사용 정도를 자신이 결정할 수 있다는 가능성 때문에 이 새로운 직무에 커다란 흥미와 매력을 느꼈던 것이다.'[21]

사회에서 리더라고 불리는 사람들이라면 한 번쯤은 겪어보았을 기억이다. '기업의 별'이라고 불리는 임원의 직급까지 올라간 사람들이라면 이처럼 새로운 직무에 대한 흥미와 매력이 절실하게 피부로 와

---

[21]   레프 니콜라예비치 톨스토이, 이강은 역, 《이반 일리치의 죽음》, 창비, 2012.

닿을 것이다. 문제는 그런 매력의 뒷면에 자리한 책임과 의무, 거기에 더해 권력을 놓은 이후의 삶까지를 이해할 수 있는가의 여부이다.

소설의 주인공 이반 일리치는 남들이 부러워하는 직위까지 올라갔지만 불치의 병으로 죽음을 맞게 된다. 그러나 그가 죽어가는 모습을 지켜보는 주변 사람들은 아픔을 같이 하기보다 그의 죽음이 자신들에게 어떤 영향을 가져올지에 대해 더 관심이 많다. 그의 후임으로 누가 가게 될지가 모두의 관심사이고, 식구들마저도 가장의 죽음보다 사망 보험금이 더 큰 걱정거리이다. 그에게 유일한 위안이 되는 것은 친구 게라심과 아들의 존재이다. 자신을 이해하고 마음 아파하는 사람은 그 둘뿐이라는 생각에 허탈해하지만, 그들을 통해 그나마 위로를 받는다.

리더들의 삶도 이와 크게 다르지 않다. 수십 년씩 그 자리를 지킬 수 있는 것도 아니고, 내가 더 이상 권력을 쥐고 있지 않을 때 나를 찾아오는 사람도 생각처럼 많지 않을 수 있다. 그래서 내가 현위치에서 리더십을 발휘할 수 있는 기간은 길어야 몇 년이라는 자각이 없으면 많은 부작용이 나타난다. 특히 조직의 미래를 위해 권한을 이용하기보다 권력 자체를 누리려고 하는 리더가 있다면 그 조직의 앞날은 불투명해진다. 맡은 임무가 중요하든 그렇지 않든, 조직의 규모가 크든 작든, 리더의 위치는 여러 의미에서 이미 '공인'이다. 행동에는 책임이 따르고, 모든 결정은 자신 외의 사람들에게도 영향을 미친다.

공인으로서의 역할과 책임은 가볍지 않다. 그런 이유로도 한 사람이 모든 것을 잘 할 수 있는 시대가 아닌 현대 사회에서 리더는 실력이 아닌 신뢰로 무장되어야 한다. 수십 년을 갈고 닦은 경험이나 실력도 물론 리더십의 중요한 요소지만, 주변으로부터의 신뢰를 받는 리더는 조직원 모두의 능력을 이용해 일할 수 있다. 리더의 지식 중 많은 부분은 오래 전에나 쓸모 있었던 것이다. 리더의 위치에 있은 지 긴 세월이 지났는데도 아직 그 분야의 최고 권위자라면, 역설적으로 그 리더는 사람을 키우지 않았다는 이야기다. 좀 더 직설적으로는, 조직보다는 자신을 위하는 사람이었던 것이다. 진실한 리더는 자신이 지속적으로 영향력을 미치고 군림하려는 자가 아니고 '사람을 남기는 사람'이어야 한다.

나이가 50대 중반에 접어든 이후로는 주변의 선배님들을 살피면서 배우려고 하는 일이 많아졌다. 그룹 내의 고위직까지 지내신 분들의 현직 당시 생활과 은퇴 후 모습까지를 접할 수 있다 보니, 이분들의 삶을 통해 느끼는 점이 상당히 많다. 이분들이 어떻게 직장생활을 해오셨는지 가장 확실하게 볼 수 있는 부분은, 흥미롭게도, 은퇴 후의 모습을 통해서이다. 현직에 계실 때만큼 바쁘게 활동하며 사람들을 많이 만나시는 분이 있는가 하면, 현직에서 엄청난 권한을 누리셨음에도 막상 은퇴 후에는 연락하는 사람들이 많지 않아 쓸쓸히 지내는 분들도 적지 않다.

은퇴 후의 삶이 풍요롭기 위해서는 세가지 조건을 갖추어야 된다고 한다. 경제적 여유, 건강, 대인관계이다. 많은 사람들이 첫 두 가지에 대해서는 명확히 이해하고 미리 대비를 하지만, 사람들과의 관계에 대해서는 뒤늦게 후회를 한다. 은퇴 후 삶을 다루는 책이나 유튜브 영상을 보면 흥미롭고도 교훈이 되는 내용들이 많은데, 대기업 임원 출신들의 인터뷰 내용들이 특히 마음에 와 닿는다. 사내 최초의 여성 임원이 되었다가 몇 년 후 하루아침에 퇴직하게 된 어떤 분은 "그 위치까지 올라가는 데 30년이 걸렸는데, 내려오는 데는 3초밖에 걸리지 않았습니다."라고 아픔을 이야기했고, 다른 분은 "퇴직 후 1년이 지나면 관계의 99%가 끊어집니다."라고 하소연했다. 말 그대로 권불십년權不十年, 화무십일홍花無十日紅이다.

현직에 있을 때 어떤 일을 했든지, 퇴직 후에는 모두 '시급 1만원'이라는 서글픈 현실을 토로한 분도 있었는데, 내 관심을 가장 많이 끌었던 내용은 역시 관계에 대한 것이었다. 어느 퇴직자의 말처럼 퇴직 후 하루만에 80%가 끊어지고 1년이면 대부분의 관계가 무의미해지는 것이 현실이라면, 과연 어떻게 살아야 하는가에 대한 답을 찾는 것이 급하고 중요하다는 생각이었다. 이 질문에 대해 스스로 고민하고 주변을 살펴보면서 나름대로 내린 결론이 있다. '은퇴 후의 삶은 은퇴 전에 이미 결정된다.'는 것이다.

직장생활 20~30년이 선배들의 눈치를 보고 그분들께 잘 보이면서 유지하는 것이라면, 은퇴 후 20~30년은 후배들의 덕에 사는 것이 직장인들의 삶이다. 명절에 인사차 연락을 하는 후배의 전화 한통에 행복해지고, 어쩌다가 식사 자리를 마련해주거나 골프 모임이라도 주선해주면 인생의 보람이 느껴지는 것이 은퇴 후의 삶이다. 내가 지금 주변 사람들에게 어떻게 해야 하는지, 특히 부하직원들과 후배들을 어떻게 대하는 것이 내 은퇴 후를 풍족하게 해줄지를 생각해보는 것도, 현직에 있을 때 해야 하는 일이다. 현직에서 어떤 직급에 있든지, 우리 모두 퇴임한 바로 다음날부터는 '동네 아저씨, 아줌마'가 된다는 현실을 기억해야 한다.

은퇴 이후 평온하게 지내시는 선배님들을 보면 현직에 계실 때 많이 베풀고 도움이 필요한 사람들을 위해 적극적으로 나섰다는 것 외에 또다른 공통점이 있다. 그분들의 언행에는 "내가 왕년에"가 없다. 어깨에 힘이 들어가거나 과거의 직급을 들먹이며 대접받으려 하는 자세를 취하지 않으신다. 한때 우리나라 자동차 업계를 좌지우지하다가 이제는 인자한 동네 아저씨의 모습으로 친근하게 다가오시는 그런 분들을 만나면, 오히려 더 머리가 숙여진다. 대접받을 수 있음에도 주장하지 않는 모습에서 진정한 거인의 풍모가 느껴지기 때문이다. 은퇴 후 높아지기 위한 최고의 방법은 스스로 낮아지는 태도를 취하는 것이라는 사실을 존경하는 선배님들로부터 배우면서 나도 마음의 준비를 해본다. ●

나이 60, 새로운 도전

은퇴를 생각하며 후배들에게 무엇을 물려주어야 하는지를 고민하면서
도 다시 한번 직장을 옮기게 되리라는 상상은 전혀 해본적이 없었다.
그것도 국내에서의 이동이 아니라 오랜 기간 떠나있던 미국에 다시 자
리를 잡게 되리라고는. 일생일대의 결단은 사실 길지 않은 시간 동안
진화하고 변화했다. 2021년 9월 출간한 《거인의 어깨》 원고를 한창 준
비하던 2020년 겨울 무렵, 마지막 챕터인 리더의 유산을 교정하면서
문득 '내려놓음'이라는 단어가 무겁게 가슴을 눌러왔다. 사실 내 나이
에 다다른 임원들은 언제 회사를 떠나게 될지 초초해하면서 살게 마련
인데, 내 경우에는 전동화라는 미래 사업을 주도하고 있는 데다 사내
임원진에 그 분야의 전문 인력이 없어 퇴직에 대해 별다른 위기감이
있는 것도 아니었다. 오히려 후배들이 자리를 잡을 수 있도록 향후 몇
년은 자리를 지켜달라는 암묵적인 요청이 있었고, 국내에서 제작되는
전기차나 하이브리드 차량의 부품과 시스템이 대부분 내가 책임지고

있는 현대모비스 전동화 Business Unit을 거쳐 공급되기 때문에, 자동차 업계에서의 영향력도 작지 않았다. 부하직원들과의 관계도 좋았고 직장인으로서 무엇 하나 남부러울 것 없는 상황이었다.

내려놓음은 다분히 기독교 신앙적인 어휘이고 개념이다. 많은 선교사들이 자신이 누리던 기득권을 포기하고 신앙의 불모지로 떠나 목숨을 담보로 선교활동을 하는 것은 지극히 적극적이고도 숭고한 내려놓음의 모습이다. 초대교회의 대표적 인물이라고 할 수 있는 사도 바울은 당시 세계 최강대국인 로마의 국적을 가지고 유대 사회 전통 명문가에서 태어나 최고 기관에서 공부한 엘리트였고, 그의 스승은 당시 이스라엘에서 가장 존경받는 학자였다. 막강한 권력을 등에 업고 이단이라고 여기던 예수의 제자들을 잡으러 동분서주하던 그에게 어느 날 뜻하지 않던 영적인 체험이 찾아온다. 그 이후 그는 그가 속해 있던 기존 기득권 층의 위협과 그가 핍박하던 교회의 의심을 함께 받으며 수많은 위기를 거쳐 베드로와 더불어 신약시대 최고의 사도로 점차 변모해간다. 세월이 지나 빌립보 교인들에게 보내는 편지에서 바울은 그가 누리던 것을 포기하고 수차례 죽음의 위기를 넘겨야 했던 이유를 불과 두 문장 안에 그러나 사뭇 비장하게 표현한다.

> '그러나 무엇이든지 내게 유익하던 것을 내가 그리스도를 위하여 다 해로 여길뿐더러 또한 모든 것을 해로 여김은 내 주 그리스도 예수를 아는 지식이 가장 고상함을 인함이라. 내가 그를 위하여 모든 것을 잃어버리고 배설물로 여김은 그리스도를 얻고

그 안에서 발견되려 함이니 내가 가진 의는 율법에서 난 것이 아니요 오직 그리스도를 믿음으로 말미암은 것이니 곧 믿음으로 하나님께로 난 의라'(빌립보서 3:7-9)

나 자신이 기독교인이고 교회에서는 장로라는 직분을 감당하고 있지만, 나에게 바울과 같은 신앙적인 처절함이 있다는 생각은 별로 가져본 적이 없었다. 닮고 싶은 롤 모델이기는 해도, 도저히 다가갈 수 없는, 책에서나 접하는 역사적 위인과 같은 존재의 범주에서 크게 벗어나지 않았다. 그도 그럴 것이, 내가 누리고 있는 직위, 소유, 사회적인 역할 등은 내가 지키고 싶은 것이고 신앙인으로 살아가면서 선한 영향력을 전하는데 유용하게 활용하고 싶은 대상이지, 바울처럼 미련 없이 포기할 수 있는 것들이 아니었다.

내 가치관을 크게 흔든 계기는 전혀 예상하지 못한 곳에서 시작되었다. 순조롭게 출발한 2021년, 3년전 시작한 현대모비스의 전동화 사업부는 Business Unit이라는 이름으로 사실상 승격되면서, 초대 본부장으로 역할을 다하고 있었다. 소수의 인원이 급증하는 업무를 감당하느라 다소 번아웃되는 현상이 보이기는 했지만 그래도 해보자는 의욕이 넘쳤다. 사업본부의 매출은 4년만에 수배로 성장해 21년 말에는 4조원이 넘는 연매출을 예상하고 있었고, 이미 자동차 산업의 모든 분야가 전동화로 연결되던 시기라 직원들의 사기도 높았다. 꽃길을 걸을 것만 같던 나와 우리 조직에 예상치 못한 위기가 찾아온 것은 그해 봄

3월이었다. 현대자동차 그룹이 야심차게 준비하던 아이오닉5와 EV6 전기차에 필요한 모터와 배터리 시스템 등 주요부품이 모비스 전동화 BU가 공급해야 하는 것이었는데, 모터를 제작하는 설비의 안정화가 예상보다 지연되면서 초기 생산에 지장을 주게 된 것이었다. 3월 어느 날이었다. 금요일 오후까지도 생산에 차질이 없다는 보고를 받았는데, 주말이 지난 월요일 오전에 급하게 공장에서 연락이 왔다.

"아무래도 생산이 계획대로 안 될 것 같습니다."

과거에도 초기 생산 대응에 문제가 있었지만 단기에 회복했던 경험이 있는지라, 대수롭지 않게 물어보았다.

"얼마나 부족해? 한 10%, 15% 모자라나?"

그러나 놀랍게도 불과 사흘전까지 문제없다고 들었던 생산량이 목표의 30%도 못 채울 것 같다는 보고였다. 순간 눈 앞이 하얗게 변했다.

그 후로 몇 달은 말 그대로 고난의 연속이었다. 모터 생산이 이루어지던 대구 공장을 수시로 방문하여 진행 상황을 점검하고, 현대자동차 그룹사 전체의 생산기술 인력이 모여 대책을 논의했다. 최고책임자로서 내가 비난을 받는 것은 두렵지 않았으나, 설계 단계부터 상세하고 정확한 검토가 이루어지지 않아 생산 단계에서 문제가 생기는 개발의

절차와 상관없이 모든 명예를 생산 담당자인 내 부하직원들이 짊어지는 상황은 마음이 편치 않았다. 그룹내 고객사인 현대자동차로부터 매일 전화와 이메일을 받으며 윗분들께 대책을 보고하고 또 점검했다.

2021년 여름에 접어들면서 생산량이 회복되어 점차 위기는 수면 아래로 내려가기 시작했지만, 나와 우리 직원들은 사실 지칠대로 지친 상태였다. 새로운 분야에 도전하다보면 예상치 못한 위기는 오게 마련인데, 어느 조직이나 위기가 닥치면 같이 머리를 싸매고 고민하기보다 비난할 대상을 찾는다. 우리도 처음에는 다르지 않았다. 알게 모르게 'blame game'이 벌어지기 시작했고, 여기저기서 책임론이 논의되고 있었다. 그러나 다행이었던 것은 현대차 그룹에 이 위기를 극복할만한 역량을 가진 리더들이 있었다는 사실이다.

지금은 은퇴하셨지만, 당시에 현대자동차에서 구매, 생산기술, 생산, 품질 등 중요한 기능을 모두 관리하시던 사장님이 그룹 차원의 TFTtask force team를 가동하고, 문제의 발원지인 대구공장에 핵심인력을 집결시켜 같이 문제를 해결하라고 지시하셨다. 공장을 관리하는 조직의 책임자이지만 계열사의 임원이던 내가 감당할 수 없는 영역에 도움을 주신 것이다. 그렇게 배치된 인력이 실제로 얼마나 도움이 되었는지는, 지금 생각해보면 크게 중요하지 않았다. 시간당 수십개를 생산해도 부족한 모터를 불과 몇 개씩 만들면서 그때 그때 개인 승용차로 울산의 완성차 공장까지 운반해가며 하루하루 넘기던 시절이라, 다만 한 명이라도 더 아이디어를 보탤 수 있다면 감사해야 했다. 그렇게 몇달이 지나면서 조금씩 희망이 보이기 시작했다.

그렇게 긴 터널의 끝이 보이는 시점에, 나는 다른 생각을 하기 시작했다. 이 위기를 잘 극복하고 나면 미련 없이 물러나야겠다는 생각이 스물스물 올라오기 시작한 것이다. 심신이 지친 탓도 있었을 것이고, 공급의 최고책임자로서 책임지는 모습을 보여주는 것이 옳다는 생각도 있었다. 그러나 거기에 또다른 도전이 있었다. '멋진 은퇴'의 모습을 후배들에게 유산으로 남기고 싶다는 평소의 생각을 실천으로 옮길 수 있는 절호의 기회라는 생각이 불현듯 들기 시작했다.

국내에서 20년 가까운 직장생활을 하면서 우리나라 기업의 현실에서 스스로 물러나는 것이 얼마나 어려운가는 체험적으로 이미 알고 있었다. 나 자신만 해도, 다섯 식구가 나 한 사람의 벌이에 의존해야 하는 상황이라 당장 수입원이 없어질 경우 대책이 없었고, 임원의 목표는 오래 버티는 것이라는 불문율에 사실상 적응해가고 있었다. 다만 마음 한 구석에서는 이제 우리도 후배들을 위해 스스로 길을 터주는 선배가 나오고 그런 사람을 박수 치며 보내주는 기업문화가 필요하다는 생각을 늘 하고 있던 참이었다. 게다가 세계 5위권의 대형 자동차 회사로 성장한 현대자동차 그룹에도 이제는 해외 경쟁사에 스카우트되는 인력이 나오는 것이 정상이라고 생각했다. 그런 믿음을 본격적으로 실천에 옮기겠다고 결정한 것은 2021년 겨울이 다가오는 11월, 한동안 전 그룹을 시끄럽게 하던 (그러나 외부에서는 알지 못했을) '모터 공급 부족 사태'가 진정되고 그 악몽이 끝나가던 시점이었다.

숨막히던 2021년이 끝나고 2022년을 맞으면서 다시 한번 개인적으로 자존감 회복의 기회가 찾아왔다. 공학인들의 꿈이라고 할 수 있는 한국공학한림원에 회원으로 추대가 되었고, 한국자동차공학회 부회장 직분도 맡게 되었다. 기존에 담당하고 있던 대한기계학회의 부회장까지 치면 사실상 국내 자동차 분야 엔지니어가 누릴 수 있는 대부분의 영광을 누린다고 해도 과언이 아니었다. LG그룹과 진행하는 인도네시아 배터리 Joint Venture 공장도 순조롭게 진행되고 있어 이사회 멤버로서 여름에는 현장을 방문할 계획이었고, 의왕의 그룹 부지에 짓고 있는 전동화BU 전용 건물도 계획대로 건설이 이루어지고 있어 2023년 하반기면 가장 전망 좋은 곳에 있는 내 사무실에 입주할 꿈도 있었다. 그러나 모든 것이 다시 정상으로 회복된 2022년 봄, 나는 내 가족을 포함한 모든 사람들의 생각이나 기대와는 달리 전혀 엉뚱한 꿈을 꾸고 있었다. 바로 '후배들에게 길을 터주고 스스로 물러나는 임원'이 되기로 결심을 굳히고 있었던 것이다.

결정은 쉽지 않았다. 하루에도 몇 번씩 생각이 바뀌고, 이직이 정말 불가피한 일인지 생각해보았다. 2021년 가을, 별 기대 없이 해외의 헤드헌터에게 이력서를 건내기는 했지만, 과연 이 나이에 이직이 가능할지, 또 정말 익숙한 환경을 떠날 용기가 나에게 있는지 스스로도 믿기 어려웠다. 단지 오래 전부터 생각해오던 '버킷 리스트' 중 하나인 '스스로 물러나기'를 지금 아니면 이루기 어렵겠다는 것은 분명했다. 또 하나, 가능성은 희박했지만, 나이 60에 글로벌 기업에 스카웃 될 수 있다면 '참 멋지겠다'는 유치한 발상도 마음 한 켠에서 꿈틀대기 시작했다. 이제 점차 확신처럼 자리 잡는 내 '상상'과 국내에서 이미 확고해진 입지라는 '현실' 가운데 어느 쪽을 택할지 혹은 어떻게 밸런스를 맞출지 고민해야 하는 순간이 다가왔다.

그러던 중에 영국에 있는 헤드헌터에게서 연락이 왔다. 두 회사에서 나에게 관심이 있다는 것이었다. 그 중 하나는 독일의 자동차 기업이었고, 다른 하나는 미국의 전기차 스타트업 회사였다. 연말에 두 군데 모두와 인터뷰를 했다. 코로나로 인해 아직 많은 것이 정상화되지 않았던 시기라 모든 절차는 화상으로 이루어졌다. 스타트업은 나와 조직문화가 안 맞는 것 같았고, 독일 기업은 당시 이사회 멤버 두 분이 모두 긍정적인 피드백을 주었다. 다만 이 회사에서는 나에게 중국 연구소를 맡기고 싶어 했는데, 그 부분이 마음에 걸렸다. 결국 독일에 와서 6개월 정도 있다가 유럽에 있을지 미국 연구소로 갈지를 결정하는 것이 좋겠다고 합의를 하고 내 영입 건은 인사부서로 넘어가게 되었다.

순조롭게 진행되던 일이 얼마 후 예상치 못한 일로 중단되었다. 나를 영입하고자 했던 두 명의 이사회 멤버들이 모두 보직을 옮겨가게 된 것이었다. 그러다 보니 내 직책을 관리하는 윗사람이 바뀌게 되었고, 내 영입 건은 후임자의 책임이 되었다. 인사부서에서 연락이 와 일단 이번 건은 보류하고 내년에 다시 이야기를 나누는 것이 좋겠다고 했다. 이직이 절실한 것이 아니었던 것만큼, 그런가보다 하고 연말을 지나 추위가 기승을 부리던 2월이 되었을 때 다시 같은 헤드헌터에게 연락이 왔다. 다국적 기업인 FCAFiat Chrysler Automobiles와 프랑스의 자동차 회사 PSAPeugeot Citroen Automobiles가 합치며 생긴 거대 기업 스텔란티스Stellantis에서 나에게 관심이 있다는 것이었다. 그리고 이후

절차는 생각할 수 없을만큼 빨리 진행되었다.

스텔란티스에서 처음 연락이 온 것은 2022년 2월 초순, 그리고 계약 조건을 담은 서류를 보내온 것은 2월말이었다. 불과 3주만에 속성으로 진행되어 나에게 제안된 역할은 배터리 사업을 총괄하는 글로벌 책임자로 부사장 급이었다. 너무 급하게 진행되고 계약서에 사인해서 보내라고 독촉을 하는 탓에 오히려 당황한 쪽은 나였다. (그렇게 서둘러야 했던 이유는 입사 후 몇 주 만에 쉽게 파악이 되었다.) 생각하고 계획하던 일이 막상 급하게 현실이 되면 느끼는 당혹감을 그때만큼 생생하게 체험한 적이 없었다. 일은 저질러 놨는데, 막상 수습하려니 뭘 해야 할지 모르는, 말 그래도 '웃픈' 상황이 벌어진 것이었다. 가족 회의를 해서 생각을 나누고 함께 기도를 시작했다.

스텔란티스가 제시한 조건은 상당히 좋았다. 거기에 의외로 환율 변동의 효과까지 유리하게 작용했다. 그리고 당시만 해도 꼭 그 회사를 선택해야 한다는 부담이 있지 않았기에 배짱으로 역제안한 내 보수도 회사에서 기꺼이 수락을 했다. 이쯤 되니 더 이상 안 갈 이유도, 못 가겠다고 할 변명도 없는 처지가 되었다. 그래도 가능한 한 시간을 끌다가 3월 어느 날 가족들이 모인 자리에서 서류에 사인을 했다. 보내기까지 또 몇 날을 고민했지만, 결국 2022년 3월 말을 기해 귀국 후 만 18년 만에 다시 미국으로 이사를 가기로 마음먹었다. 큰 아이는 국내에서 대학원을 다니고 있었고, 둘째는 미국 보스턴에서 공부를 하고 있었기에, 나와 아내 그리고 막내인 아들까지 세명이 움직여야 하는 여정이었다.

가족들의 반대는 없었다. 다만 홀로 사시는 미수(88세)의 어머니를 떠나야 한다는 사실이 가장 마음에 걸렸다. 워낙 건강하셔서 그 연세까지 치아 하나 잃으신 것이 없고, 병원에 입원 한 번 하신 적이 없던 분이었지만, 코로나 기간동안 활동량이 줄어들면서 몸이 약해지신 것 같아 조심스러웠다. 그래도 짧으면 2년, 길어야 3년을 생각하고 가는 일정이고 출장차 국내에 들어올 기회가 한 해에만 두세번은 있다고 어머니를 설득했다. 나는 나대로, 한국에 남을 큰 딸이 자주 찾아 뵙고 아내도 1년에 한두번은 들어와서 뵙는 것으로 계획을 잡으면서 마음을 달랬다. 그 때 내 나이가 만 58세 5개월, 우리 나이로는 60이었다. 이미 많은 친구나 동료들이 현직에서 물러난 그 시점에, 무슨 용기인지 오랜 기간 쌓아둔 많은 것들을 뒤로 하고 미국행을 준비하기 시작했다.

그 당시를 회상하면 지금도 어떤 생각에서 그렇게 급하게 결심을 하고 일을 진행하게 되었는지 스스로 놀라곤 한다. 막상 사직서를 제출한 4월 말 시점부터 일말의 상실감이 찾아왔지만, 이미 엎질러진 물이었다. 공식적으로 회사를 떠나는 5월말까지의 한달 중 절반은 내가 관리하던 조직이나 협력사들을 방문하면서 인사하는 시간으로 지났고, 친구들과 지인들을 따로 만나는 시간도 여유 없이 하루하루 빠듯하게 지나갔다. 현대모비스와 배터리 조인트 벤처 두 군데, 여기에 더해 다니던 교회의 장로직 사직서까지 공식적으로만 네 군데에 사직서를 제출했다. 또한 맡고 있던 몇개 단체에도 업무를 더 이상 수행할 수 없다는 통보를 해주어야 했다. 겉으로는 태연하게 보이려고 애를 썼지만, 내가 하고 있는 행동들이 정말 바람직하고 필요한 것인지에 대해 수시로 의구심이 들곤 했다.

당시 나에게는 남모르는 고민이 하나 있었다. 나름 크리스천 리더로서 최선을 다해 본이 되도록 살아왔다는 자긍심은 여전히 가슴에 남아 있었지만, 내가 과연 하나님 앞에 섰을 때 어떻게 나를 보실까를 생각하면서 점점 초라해지는 나 자신을 발견했다. 그 이유는 내가 많이 이루지 못해서가 아니었다. 세상적으로는 많이 이루었는데, 신앙공동체 안에서 간증거리로 삼을만한 것이 별로 없다는, 그 때까지 전혀 깨닫지 못했던 의외의 불안감이었다. 영화 '쉰들러 리스트'에서 주인공이 마지막에 자신이 아직까지도 소유하고 있던 물건들을 보면서 그것들로 몇명의 생명을 더 살릴 수 있었을 것이라는 후회를 했던 장면이 떠올랐다. 내 마음 깊은 곳에 더 버려야 할 세상적인 욕심이 있는지 고민하며, 비로소 절박한 심정으로 기도하기 시작했다. "뭘 어떻게 해야 하나요, 하나님!"

1990년 여름, 미국에 입국하여 생애 처음으로 기독교 신앙에 의지하게 된 이후, 30여년이 흐르는 동안 나 역시 이런 저런 위기와 우여곡절을 많이 겪었다. 박사학위를 위해 준비하던 기간에는 지도 교수가 두번이나 바뀌는 상황에 좌절하면서 기도했고, 월급날이 다가올 때쯤이면 100달러도 남지 않는 은행 잔고를 보며 마음 졸여야 했다. 직장을 옮길 때마다 불안함 가운데 하나님의 인도하심을 구했고, 특히 십수 년의 미국 생활을 접고 귀국할 때는 염려가 커 주변의 지인들께까지 기도 도움을 요청했다. 그러나 그 시절의 상황은, 대부분 내가 어찌할 수 없는 위기 가운데서 하나님의 은혜를 구하는 기도였고 간구함이었다. 국내에서도 처음에는 다르지 않았다. 미국과는 전혀 다른 직장 문화에 적응하기도 쉽지 않았지만, 남들보다 뒤쳐지는 승진도 인내와 기도 없이는 이겨내기 힘든 '몸 안의 가시'였다. 내 의사와는 무관하게 이곳 저곳으로 자리를 옮겨가면서 그 좌절감을 극복하느라 어려운 시기를 보낸 적도 여러 차례 있었다.

그 지난한 시간을 겪고 이제 사회적으로나 신앙적으로 완숙기에 접어들었다고 생각했는데, 어떻게 해야 하는지를 고민하는 내 기도에 대한 하나님의 응답은 아주 간단 명료했다. 또한 냉철했다.

"기도하는 자리로 가야지."
"어떻게 하면 그런 자리로 갈 수 있나요?"
"기본으로 돌아가라."
"지금까지 쌓아온 많은 것들은 어떻게 하고요?"
"모두 내려놓아라."

기독교 신앙을 가진 사람이 아니라면 이해하기 어려울 이런 대화들은 내 상상이 아니었다. 마음의 울림, 생각의 변화 등을 통해 너무나도 분명하게 들려오는 하나님의 응답이었다. 구약 성경의 첫 책인 창세기에 나오는 믿음의 조상 아브라함의 이야기가 또다시 떠올랐다. 멀리 이사를 할 때마다 주시는 말씀이다. 지금의 이라크 땅인 '갈데아 우르'를 떠날 때 이미 아브라함은 그곳에서 상당한 부와 권력을 누리고 있던 인물이다. 굳이 떠나야 할 이유가 없는 그에게 하나님은 이렇게 말씀하신다.

> "너는 너의 고향과 친척과 아버지의 집을 떠나 내가 네게 보여줄 땅으로 가라. 내가 너로 큰 민족을 이루고 네게 복을 주어 네 이름을 창대하게 하리니 너는 복이 될지니라." (창세기 12장 1, 2절)

그때 그의 나이 이미 70대 중반이었고 슬하에는 자식이 한 명도 없었다.

내 머릿속을 휘저은 인물들은 아브라함뿐이 아니었다. 가장 먼저 유대 백성들이 왕으로 삼은 첫 세 명의 왕이 떠올랐다. 초대 왕 사울, 그를 이은 다윗, 다윗의 아들 솔로몬. 모두가 왕으로 세워질 때는 나무랄 데 없이 훌륭한 사람들이었지만, 성경이 묘사하는 그들의 말년은 많은 흠을 보여준다. 사울은 그의 충신이자 사위인 다윗을 시기하여 수많은 기간을 다윗을 쫓고 죽이기 위해 소모했고, 위대한 왕 다윗도 유대민족을 평정하여 왕국을 이룬 후 욕정에 사로 잡혀 간음과 간접살인이라는 무거운 죄를 범한다. 지혜의 상징과도 같은 솔로몬 조차도 이방민족으로부터 수많은 후궁을 들이면서 유대민족의 근본인 '여호와 유일신 사상'에 큰 상처를 입히는 실수를 저지른다. 이밖에도 구약 성경은 수많은 왕들이 거쳐간 흥망성쇠의 길들을 보여주는데 그 가운데 공통점이 있다. 모두가 목표했던 것들을 이루어 놓은 인생의 정점에서 무너지기 시작한다는 것이다. 그들은 박수 칠 때 떠날 용기가 없었고, 아마 그래야 한다는 필요조차 느끼지 못했을 것이다.

내 결정이 인간적으로 볼 때 바른 선택이었는지는 사실 아직도 잘 모른다. 다만 하루하루가 긴장 속에 지나가던 2022년 봄, 내가 가고 싶었던 최선의 길은 다름 아닌 '순종'이었다. 신앙인으로서의 내려놓음과 순종이, 건강한 조직문화를 유산으로 남기고 싶다는 리더로서의 바람과 묘하게 교차하며 하나의 접점을 찾아낸 시간이 바로 그 당시였다. 여기에, 늦은 나이지만 남들이 가지 않은 길에 도전장을 내보자는 꿈이 더해졌다. 시시각각 변하는 마음을 다잡기 위해 마음 속으로 계획했던 행동을 하나하나 시작했다. 우선 연구소와 공장을 방문하면서 고별사를 전했다.

나는 지금도 나처럼 행복하게 퇴임한 직장인이 얼마나 있을까 하는 생각을 한다. 5월 한 달 동안 부하직원들이 마련해 준 환송회 자리가 열 번이 넘는다. 가는 곳마다 평생 잊을 수 없는 선물들로 내 퇴임을 축하해 주었는데, 수많은 카드와 메시지가 담긴 롤링 페이퍼, 값비싼 펜, 액세서리와 골프클럽에 이르기까지 전혀 기대하지 못했던 선물들을 집에 가져와 자랑을 했다. 어떤 팀에서는 직원들의 인사를 담은 동영상을 만들어 주기도 했고, 식당 하나를 아예 통째로 빌려 환송 파티를 해 준 곳도 있었다. 만약 타의에 의해 쫓기듯 자리를 물러났더라면 누리지 못했을 호사라고 생각하며 하루하루를 감사하며 지냈다. 가까운 후배들은 별도로 저녁 모임 자리를 마련해주었다. 멘토링에 대해 감사의 글을 적은 멋진 감사패를 준 후배들, 순금으로 만든 명함을 만들어준 직원들에 이르기까지, 내가 베푼 것의 몇 곱절을 받는 하루하루가 지나가며, 내 출국일자도 그렇게 다가오고 있었다. ●

Chapter

2

역사를 통해
배우는 교훈

경청하는 리더는 조직을 너머 세상을 이끈다

아이들을 키우다 보면 부모에게서 놀라운 능력을 보는 경우가 많은데, 그 중 하나가 아무리 시끄러운 상황에서도 자기 아이의 목소리나 울음 소리는 듣는다는 것이다. 심지어 우는 소리가 들릴 때도, 다쳐서 가봐야 하는 상황인지 잠시 넘어져서 곧 일어나 다닐 수 있는 정도인지를 직감으로 구별해낸다.

직장에서 회의를 할 때도 유사한 현상이 일어난다. 주의가 산만하고 머릿속으로 다른 생각을 하고 있더라도 회의 중에 내 소속팀의 안건이 언급되면 놓치지 않는다. 이런 현상을 '칵테일 파티 효과cocktail party effect'라고 하는데, 본래 의미는 파티의 참석자들이 시끄러운 주변 소음 사이에서도 대화자의 이야기를 선택적으로 집중하여 듣게 되는 현상이다. 자신에게 도움이 되거나 의미가 있는 정보들을 선택적으로 받아들이는 이 현상은 '관련 효과' 혹은 '연회장 효과'로 불리기도 한다.

칵테일 파티 효과는 필요한 순간에 집중력을 발휘하는 긍정적인 면이 있지만, 간혹 이로 인해 이상한 결정을 하거나 방향을 잘 못 잡는 일도 발생한다. 관심 있는 부분에만 집중을 하다 보니, 있는 그대로의 객관적인 모습을 파악하려 하기보다 나에게 익숙한 내용을 취사선택하는 것이다. 선입견을 가지고 있으면 본인이 원하는 것만 들으려는 경향 때문에 원하는 정보가 아닌 내용은 필터링을 한다. 자기만의 주관적인 판단기준인 추론의 사다리가 적용되는 순간이다. 만약 이런 현상이 중요한 결정을 해야 하는 상황에서 일어나면 작지 않은 후유증이 생기기도 한다.

경청의 자세로 '배꼽'의 방향을 보라는 이야기가 있다. 어떤 사람의 말에 경청을 하는 자세는 얼굴만 돌리는 것이 아니고 몸의 정면이 그 사람을 향해야 한다는 이론이다. 그러나 더 중요한 것은 몸의 방향보다 그 사람의 머리와 마음이 어느 방향으로 얼마나 열려 있는 가의 여부이다. 마음을 담아 서로의 말에 귀를 기울일 때 얻게 되는 효과는 많다. 우선 생각이 달라 반대하는 의견이 나온다고 할지라도 감정적으로 받아들이지 않는다. 상대가 내 말을 경청해준 데 대한 부담감이 작용하기 때문이다. 흥미로운 이야기지만, 상사가 부하직원의 말을 경청하는 가장 좋은 방법은 받아 적는 것이다. 상사는 부하직원의 말을 놓치지 않고 들을 수 있고, 부하직원은 그런 상사의 태도로 인해 말을 조심하게 된다.

'부하직원 말 받아 적기'는 내가 모시던 직장 선배님이 어느 날 내주신 숙제였다. 메모나 정리하는 것이 몸에 배어 있어서 그다지 어렵지 않을 것이라 생각했으나, 한동안은 의식하지 않으면 펜을 드는 것조차 잊어버렸다. 그러나 메모가 익숙해지면서 얻은 예상 외의 효과가 많다. 직원의 의견을 메모한 노트를 참고로 지시하고 조치를 취하면, 의견을 낸 직원은 그만큼 주인의식을 느끼고 일을 하면서 자존감도 올라간다. 만약 리더가 기회 있을 때마다 이렇게 행동하여 전체 조직원들의 자존감을 높일 수 있다고 가정해 보자. 조직 자체의 역량이 올라가는 것은 물론이고 조직 문화도 긍정적으로 바뀔 수 있다. 부하직원의 말을 받아 적으며 되새기는 리더의 귀는 백 마디 옳은 소리만 하는 달변가 리더의 입보다 효과가 크다.

세종대왕은 여러가지 면에서 시대를 초월한 리더이자 스승이었지만, 경청에 대한 그의 의지는 때로 파격적인 행보를 보였다. 세종실록 재위 7년 당시의 기록에 의하면 그해에는 20년 만의 심한 가뭄이 들어 여러 가지로 상황이 좋지 않았다고 한다. 세종은 위기를 타개하고 답을 찾고자 현장에 직접 나가는 방법을 취했는데, 현재의 은평구 대조동과 불광동 사이 지역을 호위군관 단 한 명만 데리고 돌아본다. 이 때 벼가 잘 자라지 않는 곳을 보면 반드시 '말을 멈추고 농부에게 그 까닭을 물었다.'고 한 데서 유래된 말이 '문어농부問於農夫'이다. 왕의 신분으로 농사 짓는 백성에게 다가가 물어볼 수 있는 세종의 자세는 겸허함을 옷 입은 위대함이고, 그렇게 듣고자 하는 귀를 가진 왕이었기에 재임기간동안 수많은 업적을 남길 수 있었다.

이 내용을 기록한 박현모 교수의《세종의 적솔력》에는 세종대왕 당시 이조판서인 허조의 기록이 나오는데, 신하였던 이 사람 또한 대왕의 경청에 대해 높이 평가한다. 허조는 세종대왕의 아버지인 태종의 신임을 받아 중용된 인물로 세종 초기만 해도 열정적으로 일을 하던 인물이 아니었다. 그러나 한 사건을 통해 그의 태도가 바뀌게 된다. 세종 재위 7년 종묘 춘향대제가 있던 날, 술잔을 받고 뒤로 물러서던 그는 실수로 발을 헛딛고 단상 아래로 떨어진다. 국가행사장에서 주관자인 이조판서가 술잔을 뒤집어쓰고 옷도 엉망이 되는 사태가 발생한 것이다.

이때 세종은 멀리서 급히 달려와 허조가 다치지 않았는지를 묻고 그의 실수를 꾸짖지 않았다고 한다. 사죄하는 허조에게 세종은 "경의 잘못이 아니니 앞으로 이 단상을 넓혀서 이런 일이 발생하지 않도록 하라."고 지시를 한다. 허조는 세종 재위 21년인 1439년에 타계하는데, 고려 말 험난한 시절에 태어나 여러 차례 내우외환을 넘긴 노재상은 생전에 이런 말을 남긴다.

> "하늘과 땅을 우러러보아도 떳떳하여 홀로 부끄러운 것이 없다. (중략) 성상께서는 내가 간하면 행하시고 말하면 들어주셨으니, 지금 죽어도 여한이 없다."[22]

일국의 대신으로 나라를 다스리면서 자신의 간언에 따라 행동하고

---

22   박현모, 《세종의 적솔력》, 흐름출판, 2016.

자신의 충언을 들어주는 군주를 만난다면 이보다 더한 행복은 없을 것이다. 이런 연유로 허조는 자신보다 스물 여덟 살이나 어린 군주를 위해 평생 충성을 다한다. 세종대왕의 이런 모습을 표현하는 한자성어가 바로 '간행언청諫行言聽'이다. 이 말은 오래전 《맹자孟子》에 기록된 것으로, '신하가 간언을 하면 그 간언이 실제로 실천되고, 말을 하면 군주가 받아들인다.'는 의미이다. 나라가 제대로 경영되기 위해서는 임금이 먼저 신하를 잘 대우해 주어야 신하도 군주를 위해 충성을 다한다는 의미를 내포한다.

이처럼 직위가 높을수록 자세를 낮추고 겸손하게 다른 사람의 말을 경청하는 것은 효과가 크다. 왕이 신하의 말을 들어서 국가의 기강이 바로 서고 나라가 발전한다면, 기업과 같은 조직은 말 할 필요도 없이 더 빨리 효과를 볼 수 있을 것이다. 경청은 열린 마음과 겸손한 마음가짐이 없이는 불가능한 태도이다. 지혜로운 리더는 결정을 할 때 많은 사람들의 의견을 듣는다. 이런 결정들이 조직의 방향성을 만들어 내고, 조직의 문화가 되며, 조직원들의 세부 업무에까지 영향을 미친다. 그런 '레거시legacy'를 남기는 리더가 많아지면 조직은 강해지며, 이에 더해 영속성까지 갖출 수 있다. ●

2

가장 든든한 사람이
된다면

여배우 앤 해서웨이Anne Hathaway가 잘 나가는 기업의 젊은 CEO로, 대배우 로버트 드 니로Robert De Niro가 70세 시니어 인턴으로 등장하는 영화 「인턴The Intern」은 2015년 개봉하여 360만명의 관객을 동원하며 국내에서 유독 흥행에 성공한 작품이다. 줄스 오스틴(앤 해서웨이)은 야근하는 직원을 챙겨주고 고객을 위해 박스 포장까지 직접 하는 열정적인 온라인 패션몰 CEO이다. 한편 아내의 죽음을 겪고 직장에서 은퇴한 뒤 무기력한 하루하루를 보내던 벤 휘태커(로버트 드 니로)는 동네 게시판에서 시니어 인턴 광고를 보고 지원하여 합격을 하게 된다. 기업의 고위직까지 거친 은퇴 노인을 부하직원으로 데리고 있기가 부담스러운 줄스는 처음에는 벤을 불편해했으나, 점차 지혜가 담긴 그의 조언에 귀를 기울이며 의지하게 된다.

벤이 동료들로부터 신뢰와 존경을 받는 이유는 그들을 존중하고 이해하며 그들의 말을 경청해주고 적절한 조언을 해주기 때문이다.

그가 주는 조언은 '나 때는 말이야…' 식의 자랑이 아니다. "You're never wrong to do the right thing(옳은 일을 하는 것은 절대 잘못된 것이 아니에요)."와 같이 하는 일에 확신을 갖지 못하는 줄스를 격려해 주거나 "Experience never gets old. Experience never goes out of fashion(경험은 절대 녹슬거나 유행을 지나지 않아요)."처럼 인생을 통해 얻은 지식을 따뜻한 마음으로 전달해 주는 것이다.

그러나 내가 이 영화를 보면서 가장 감명 깊었던 장면은 줄스나 동료들에게 도움을 줄 때 벤이 짓는 얼굴 표정이다. 경륜이 가득 담긴 주름과 따뜻하고 잔잔한 미소로 가득한 얼굴은 여러 마디의 말보다 감동적이다. 영화를 본 많은 사람들이 공감한 바와 같이 우리 사회에도 이런 어른이 필요하다. 내가 속한 조직에, 나와 함께하는 동료와 인생 후배들에게 포근함을 가져다줄 수 있는 넓은 가슴과 든든한 어깨를 가진 선배, 모든 것을 다 안아 줄 것만 같은 바다 같은 마음을 가진 리더들 말이다.

우리 역사 가운데도 백성들에게 든든한 어깨의 역할을 한 인물이 많지만 누구든지 그 가운데 이순신 장군을 꼽는 데는 주저하지 않을 것이다. 임진왜란이라는 국난 중에 남해를 거쳐 서해로 건너가는 왜군의 130여 척 배를 12척의 아군함정으로 격파한 명량해전은 영화를 통해서도 잘 알려져 있지만, 그는 항상 백성을 먼저 생각하는 아비 같은 어른이었고, 인재를 등용해서 업적을 남긴 리더였다.

장군은 두 번이나 백의종군을 하면서도 나라를 위해 싸울 수 있는 것에 감사했고, 변덕스러운 임금의 명으로 다시 궤멸상태에 빠진 수군의 통제사로 임명될 때도 그 운명을 묵묵히 받아들인다. 한양에서 일어나는 온갖 정치 싸움이 훗날 자신을 옥죄일 것을 알고도 그의 관심은 오로지 나라와 백성이었다. 그는 또한 지극히 인간적이었다. 군기를 어긴 부하직원을 벨 때도 그는 울었고, 셋째 아들 면葂이 스물한 살의 젊은 나이에 적의 칼에 쓰러질 때도 울었다. 지극히 감성적인, 그러나 한편으로 지극히 냉정할 수밖에 없는 리더의 역할을 그는 혼자의 몸으로 감당해야만 했다.

《선조실록》,《이충무공전서》 등의 기록이 있고 장군 자신이《난중일기》를 남긴 덕에 이순신 장군에 대해서는 객관적인 사실이 많이 알려진 편이다. 그러나 그가 어떤 마음으로 왜적과 싸우고 백성을 아꼈는지 짐작하기에는 오히려 작가 김훈 선생이 쓴《칼의 노래》를 따라갈 서적이 흔치 않다. 소설이기는 하지만 많은 부분이 기록에 바탕을 두었기 때문에 당시의 아픈 역사를 마음으로 받아들이기에 좋은 책이다. 그의 글 가운데 내가 가장 좋아하는 대목은 명나라 군대와 합동으로 작전을 펼치기 위해 주둔하고 있던 고금도 덕동 수영을 떠나는 장면이다.

장군은 전선 150척과 협선 200척에 수군 1만 3천명을 싣고 그곳을 떠나며 백성들을 만난다. 군사들은 여름에 담근 된장을 나누어 주고 백성들은 말린 쇠고기 육포를 가져온다. 백성들이 땅바닥에 이마를 대고 말한다.

"나으리 이제 또 수영을 버리시는 것입니까?"

장군이 답한다.

"버리는 것이 아니다. 물 위로 나아가는 것이다."

"그럼 어찌 군사들을 먹이실 된장을 백성들에게 푸십니까?"

장군은 다시 대답한다.

"아마도 오래지 않아 전쟁은 끝날 것이다. 된장이 익으면 너희들이 먹어라."

발진하는 날 새벽에 광양만으로 떠나기 위해 닻은 올라가고, 함대를 바라보며 연안의 백성들은 통곡했다. 김훈은 이 장면을 이렇게 묘사한다.

'백성들은 함대가 나아갈 때 울었고 돌아올 때 울었다. 백성들은 늘 울었다.'[23]

이 내용이 사실인지 소설의 재미를 더하게 하기 위한 묘사인지는 모른다. 그러나 임진왜란 당시의 상황이 얼마나 백성들에게 잔혹했으며, 그럼에도 불구하고 정치상황은 권력투쟁과 당쟁에서 헤어나지 못했다는 사실에 마음 아파하며 나도 책장을 넘기지 못하고 울었다. 그리고 이후 김훈 작가의 다른 작품인 《남한산성》[24]과 명지대 한명기 교수의

23 김훈, 《칼의 노래》, 문학동네, 2014.
24 김훈, 《남한산성》, 학고재, 2007.

《역사평설 병자호란 1, 2》[25]를 읽으며, 왜란이 끝난 지 불과 반 세기도 지나지 않아 또다시 후금(청나라)의 침공에 무대책으로 당하는 조선의 운명에 더 마음이 아팠다.

호란胡亂 때는 이순신과 같은 어른이 없었다. 국가의 운명이 백척간두의 위기 상황 속에 있음에도, 중국 대륙에서 벌어지는 청나라의 부흥을 예측하고 이용할 외교능력이 부족했고, "신에게는 아직도 열 두 척의 배가 있사옵나이다."라고 나설 수 있는 장수도 없었다. 그로 인해 한 나라의 국왕이 무릎을 꿇고 항복하는 삼전도의 굴욕을 당한다. 이에 앞서, 이순신은 도요토미 히데요시가 사망하던 1598년, 철수하는 왜군과의 노량해전에서 전사한다. 그의 나이 쉰 넷, 나보다도 젊은 나이였다.

한 기업의 리더로서 직원들을 품는 마음과 위기에 처한 국가를 위해 목숨을 내어놓는 일은, 물론 비교의 대상이 되지 못한다. 그러나 영화 「인턴」의 벤 휘태커나 이순신 장군의 행동을 가능케 한 근원에는 공통점이 있다. 사람에 대한 이해와 포용, 그리고 자신의 희생이다. 이처럼 진정한 리더들은 큰 그림을 그릴 줄 알고, 그 그림을 메우는 색깔이나 도안이 보통 사람의 것과는 다르다. 역사를 통해 배우는 교훈은, 이런 진정한 리더 한 명이 기업뿐 아니라 나라도 살린다는 것이다. ●

---

25   한명기,《역사평설 병자호란 1, 2》, 푸른역사, 2013.

3

리더십의 첫 관문,
도덕성

우리에게는 익숙하지 않지만 조선시대의 대표적인 석학인 퇴계 이 황이 아낀 《심경心經》이라는 책이 있다. 1234년 송나라 사람 진덕수가 편찬한 것으로 알려진 이 책은 경전과 유교의 도덕 관련 저술 중에서 심성 수양에 관한 내용을 모은 것으로, 4서3경四書三經뿐 아니라 송나라 도학자들의 글도 다수 포함한다. 《심경》은 우리나라에 16세기 중엽에 들어와 퍼지기 시작해 당대의 대학자인 퇴계 선생의 연구로 많은 사람들에게 알려졌다. 조선시대 유학자들이 지은 《심경》에 관한 저술 9종 중 퇴계와 그의 제자들에게서 나온 책이 7종이나 된다고 하니 그가 얼마나 심경을 중시했는지는 짐작할만 하다.

이 책의 영향은 조선 후기까지 이어져, 19세기로 넘어가는 시점에 실학 사상을 집대성한 당대의 개혁가이자 유학자인 다산 정약용에게까지 전수된다. 그는 《심경밀험》을 저술하였고, 송나라 당시의 또다른 수양서인 《소학》이 밖을 다스리는데 비하여 《심경》은 속을 다스리는 것으로 대응시키며, 자신이 연구한 경전의 많은 내용은《심경》에 그 결말이 있다고 강조하였다.

정약용의《심경밀험》과 원저인《심경》, 명나라 성리학자 정민정이 저술한《심경주부》와 그 밖의 관련 자료를 연구하여 이해하기 쉽도록 풀어 설명한 책으로 작가 조윤제씨가 쓴《다산의 마지막 공부》가 있다. 유학에 대한 대부분의 가르침들이 그렇듯이, 이 책에는 다양한 저술을 인용하여 군자의 도를 이야기한 부분이 많이 있다.《채근담》을 인용한 부분에서는 '작은 일을 소홀히 하지 않고 보이지 않는 곳에서도 속이거나 숨기지 않고, 실패했을 때도 포기하지 않으면 이것이 영웅이다.'고 했고,《맹자》를 인용한 곳에서는 '큰 것을 따르면 대인이 되고 작은 것을 따르면 소인이 된다.'고 설명한다.

이 책은 균형 잡힌 삶에 대해서도 언급한다. 공자의 가르침 중 '내면으로 숨지 말고 겉으로만 드러나지 마라. 마른 나무처럼 그 중앙에 서라.'는 말을 인용하면서는 '내면만 열심히 닦은 사람은 세상 물정에 어두워서 망하고, 외면만 열심히 꾸민 사람은 올바른 도리에 무지하고 스스로 절제하지 못함으로써 결국 망하고 만다.'는 설명을 더한다. 리더십과 연계해서 이 책을 읽으면 '도덕성'이라는 전제가 도처에 깔려 있다는 생각을 지울 수 없다. 아래《중용》의 문구도 그 한 예이다.

'숨어있는 것만큼 잘 드러나는 것이 없으며, 미미한 것만큼 잘 나타나는 것이 없다. 그러므로 군자는 홀로 있을 때 삼간다.'[26]

'도道'의 사전적 의미는 '마땅히 지켜야 할 도리나 종교적으로 깊이 깨친 이치'이고, '덕德'의 의미는 '공정하며 남을 넓게 이해하고 받아들이는 마음이나 행동, 윤리적 이상을 실현해 나가는 인간적 능력'이다. 도는 깨닫는 대상이거나 깨달음에 이르는 경지인데 반해, 덕은 수련을 통해 쌓아야 하는 성품이고 인격이다. 이에 비해 도와 덕 두 단어가 합해진 '도덕道德'은 좀 더 실생활과 가깝고 현실적인 의미를 지닌다. 근대에 이르러 흔히 '윤리倫理'라는 용어로 대치되는 도덕은 사전적으로는 '사회 구성원들의 양심, 사회적 여론, 관습 따위에 비추어 스스로 마땅히 지켜야 할 행동 준칙이나 규범의 총체'로 정의된다. 쉽게 설명하면 인간이 지켜야 할 도리 또는 바람직한 행동 기준을 의미한다.

조직생활에서 좋은 리더를 이야기할 때 '도를 깨친 사람'을 찾지는 않는다. 반면에 덕이 많은 사람이나 도덕적인 사람은 늘 리더십의 표본으로 언급된다. 우리의 일상에서 필요한 리더는 고귀한 사상을 깨우친 사람이 아니라 그런 깨우침이 언행에 반영될 만큼 현실적인 사람이다. 맹자의 도덕관은 기본적으로 성선설에 기초하고 그런 의미에서 '자율도덕'이라 불린다. 그는 '선善'을 이루는 목적이 무엇을 획득하기 위하거나 도달하기 위한 것이 아니고 원래 가지고 있는 선한 심성을 회복하고자 하는 마음이라고 설명한다. 즉, 도덕적 감정이 도덕적 실천의 바탕이 되는 것과 더불어 도덕적 실천 또한 도덕적 감정을 강화한다는 것이다.

---

26   조윤제,《다산의 마지막 공부》, 청림출판, 2018.

동양에서 맹자가 도덕에 관한 다양한 주제를 다루었다면, 서양에서는 쇼펜하우어Arthur Schopenhauer가 특히 많은 고민을 한 흔적을 남겼다. 그는 인간의 행동을 촉발시키는 원인 세가지를 이기주의, 악의, 동정심으로 보았다. 도덕의 기초를 이성의 법칙으로 보았던 칸트와는 달리 그는 동정심이 도덕의 기초라고 제시하며, 자신의 쾌락을 추구하고 고통을 제거하는 행위는 이기적이지만 타인을 위한 행위라면 도덕적 가치를 지닌다고 주장했다. 쇼펜하우어는 '누구도 해치지 마라. 오히려 할 수 있는 한 모든 이를 도와라.'는 명제를 윤리학의 최고 원리로 제시한다.

맹자와 쇼펜하우어가 생각하는 도덕성이 발휘될 때 공통적으로 적용되는 부분은 혜택을 받는 존재가 '타인'이라는 점이다. 도를 깨치는 것이 본인의 수양에 도움이 되는 반면 도덕적인 행동은 다른 사람에게 더 큰 영향을 준다. 도덕성이 리더 자신의 '인테그리티integrity'나 조직의 존립을 위해서 중요한 요소임에도 도덕적인 사람이 되기 어려운 이유는, 법과 같은 강제성이 없기 때문이다. 더군다나 도덕적인 행동이 나 자신보다는 남에게 혜택을 준다는 생각이 지배하면, 도덕적인 행동에 필요한 동기가 결여된다. 따라서 도덕적인 행동 자체의 의미를 깨닫거나 그런 행동으로 야기되는 가치를 이해하기까지는 도덕적인 사람이 되기 쉽지 않다. 특히 홀로 있을 때는 더 그렇다.

우리에게도 잘 알려진 중국의 역사서 《사기史記》는 오랜 세월이 흐른 지금도 리더와 리더십에 관해 많은 교훈을 준다. 저자인 사마천司馬遷은 그 책의 첫 권인 〈오제본기〉에서부터 요순시대의 성군들을 예로 들어 올바른 정치를 가르치는데, 그가 꼽은 가장 중요한 리더십은 다름 아닌 '덕'이다. 그런 덕을 갖춘 리더가 도덕성을 원칙으로 삼아 관리하는 조직이 있다면 얼마나 좋을까라는 생각을 해본다. 설령 도달하기는 어렵더라도, 그런 목표를 설정하고 추진하는 리더가 있다면, 우리 직장도 누구나 다니고 싶은 조직, 꿈을 실현할 수 있는 장소가 되지 않을까? 그리고 덕장이 없다고 안타까워할 것이 아니라, 스스로가 덕장이 되려고 노력하면 또 어떨까? 마음을 다스리는 일이 리더십의 첫 관문임을 깨닫는 사람이 먼저 시작할 일이다. ●

4

아직 날카로운 교훈,
목민심서

다산 정약용은 학문뿐 아니라 발명에도 일가견이 있는 실학자였다. 어렸을 때는 집에 세 들어 살고 있는 평민에게 먹고 사는데 가장 필요한 것이 무엇인지 물은 후 그를 돕기 위해 솜틀기계를 만들어 주기도 했고, 하천에 여러 척의 배를 연결하고 그 위에 나무 판자를 깔아 사람과 말이 통행할 수 있도록 만든 '배다리'도 그의 작품이다. 그러나 가장 잘 알려진 발명품은 그가 30세 때 수원성을 축조하면서 발명한 '거중기'이다. 움직도르래를 이용해 무거운 것을 들어올리는 이 장치로 경비 4만량(현재 화폐가치로 약 30억원)을 절약하고 공사 기간을 7년이나 단축한 것으로 알려져 있다.

이런 이유로 추계예술학교 석좌교수를 역임했던 고 신봉승 작가는 2012년에 출간된 그의 저서 《세종, 대한민국 대통령이 되다》에서 정약용을 가상 정부의 지식경제부 장관에 임용한다. 세종대왕 연구에 조예가 깊은 신봉승 선생은 《조선왕조실록》을 근거로 작가의 상상력을 동원한 '드림 내각'을 구성하는데, 제목이 시사하듯 대통령은 세종대왕이 맡게 된다. 국무총리에는 청렴함과 책임감이 돋보이는 오리 이원익 대감을, 기획재정부 장관에는 덕망과 학문을 지닌 퇴계 이황을 모신 저자는 지식경제부 장관 자리에 조선 최고의 천재중 한 명이며 '최다 논문 발표자'인 정약용을 앉힌다. 상업과 수공업에 대한 지식과 더불어 개혁적인 사상을 가지고 있던 그는 화폐의 유통에도 적극적이었고, 광업의 개발 문제나 방직산업 분야에도 많은 관심이 있었다.[27]

그의 대표 저서인《목민심서牧民心書》는 지방관이 부패하지 않도록 권고하는 책으로, 또다른 대표 저술 중 하나인《경세유표》와 더불어 18년의 긴 귀양살이를 하던 중 쓰여진 작품이다. 제목 중 '심서心書'라는 단어는 그가 목민할 마음은 있으나 몸소 실행할 수 없다는 의미에서 붙여졌다고 한다.《목민심서》가 오늘날의 리더들에게 전하는 메시지는 분명하고 날카롭다. 책의 서문에서 밝히듯이 군자의 학문은 자신을 수양하는 것이 반이고 백성을 돌보는 것이 나머지 반인데, 당시의 목민관들이 자신의 이익을 좇는 데만 눈이 어둡고 백성을 돌보지 않는 데 대한 질타가 배경에 깔려 있다.

전체 12편에 각 편마다 6조로 나누어 총 72조로 구성된 이 책의 처음 6조는 '부임'에 관한 것이다. 목민관으로 발령을 받고 고을로 부임할 때 백성들에게 폐를 끼치는 일이 없어야 하고, 일을 처리할 때는 공과 사를 분명히 하며, 아랫사람들이 백성을 괴롭히는 일이 없도록 단

---

27   신봉승,《세종, 대한민국 대통령이 되다》, 청아출판사, 2012.

속해야 한다는 내용을 담고 있다. '율기육조'에서는 목민관이 지켜야 할 생활원칙을 기술하였는데, 청렴한 마음가짐을 가지라는 내용과 청탁을 물리치라는 교훈, 모든 것을 절약하여 이렇게 아낀 것으로 백성들에게 베풀라는 권면이 담겨 있다. 백성을 사랑하는 방법을 담은 '애민육조'에는 노인을 공경하고 불쌍한 백성을 보살피라는 내용, 가난한 자를 구제하라는 가르침 등이 있으며, 특히 홀아비, 과부, 고아와 독거노인을 구제하는 데 힘써야 한다고 가르친다.

조선시대 지방행정 조직을 구성하는 이, 호, 예, 병, 형, 공의 6방을 관리하는 지침 중 하나인 〈이전육조〉에는 오늘날의 조직관리에도 반드시 적용이 필요한 지혜들이 담겨 있다. 속리(아전을 단속), 어중(관속들을 통솔함), 용인(사람 쓰기), 거현(인재의 추천), 찰물(물정을 살핌), 고공(고과제도)의 여섯 조가 그것이다. 세부 내용을 요즘의 언어로 쉽게 풀어 쓰면 아래와 같은 번역이 가능하다.

① 리더는 부하직원을 사랑과 예로 대하고 원칙에 따라 관리해야 한다.
② 청렴함과 성실함으로 위엄과 신뢰를 얻어야 사람들을 따르게 할 수 있다.
③ 인재를 등용하고 적재적소에 배치해야 한다.
④ 인재를 추천하는 것은 리더의 임무이다.
⑤ 주변사람들을 무작정 믿지 말고 다양한 의견을 들어 조직을 관리해야 한다.

⑥ 인사 고과는 공평하고 정확하게 해야 한다.

앞서 살펴보았던 맹자는 기원전 551년경에 태어나 70세 정도를 살았던 것으로 추정되고, 사마천은 기원전 145년, 정약용은 기원후 1762년에 태어난 것으로 알려져 있다. 무려 2300년의 시차를 두고 있지만, 맹자가 가르친 도덕과 사마천의 덕, 정약용이 강조한 군자의 도리는 그 맥을 같이 한다. 서양에서 철학과 교육, 국가 정책의 기초를 마련한 스승인 소크라테스와 플라톤 역시 기원전 400~500년 경의 인물들이다. 세상은 변화를 추구하고 새로운 것에 대한 갈증을 늘 가지고 있지만, 인간의 심오한 내면세계를 다루는 고전과 인문학은 수천년의 역사를 통해 검증된 과거의 유산에 큰 빚을 지고 있다.

과거 해외 교육 과정 중에 미국의 IDEO라는 디자인 전문 기업을 방문할 일이 있었다. 이 회사의 독창성을 드러내는 대표적인 작품이 병원 내부의 동선을 천장에 표시한 것인데, 그 이유는 '자기가 어디로 움직이는 지를 가장 궁금해할 사람은 의사나 간호사가 아니라 침대에 실려가는 환자'라는 지극히 상식적인 판단 때문이었다고 한다. 이 회사의 문화는 'Design thinking is a human-centered approach to innovation…(디자인에 대한 생각은 사람을 중심으로 혁신에 접근해야 한다).'는 최고경영층의 언급에서도 드러나는 것처럼 지극히 사람 중심이다. 이를 뒷받침하듯이, 이들은 사람의 내면을 더 깊이 알고 다양한 문화를 이해하기 위해서 인문학이나 고고학 전공자들도 상당수 채용한다고 했다. 이야기를 들으며 인문학의 의미와 중요성에 대해 쉽게 설명한 서강대학교 최진석 교수의 책《인간이 그리는 무늬》에 등장하는 대목이 떠올랐다.

'고고학이나 인류학을 발전시켰던 나라들을 보면 대게 제국을 꿈꿨던 나라들이예요. 인간을 전체적인 의미에서 제국의 틀 안으로 끌어들여 관리할 수 있어야 하기 때문이었죠.'[28]

비단 국가뿐만이 아니다. 세계를 제패할 꿈을 꾸는 기업도 과거를 공부하고 사람을 연구한다. 최교수가 인용한 스티브 잡스의 발언은 우리에게 오랜 시간을 통해 증명된 인류의 지혜가 얼마나 중요한지를 단적으로 보여준다.

"소크라테스하고 한나절을 보낼 수 있다면 애플이 가진 모든 기술을 주겠다." ●

---

28   최진석,《인간이 그리는 무늬》, 소나무, 2013.

5

똑똑한 사람과 일하고 있습니까?
당신보다

대통령으로 선출이 되면 가장 중요하면서도 서둘러야 하는 일이 비서 진을 임명하는 것이다. 장차관급 인사는 시일을 두고 고민을 하더라도 비서실장을 비롯한 최측근 스태프진의 선택은 며칠을 넘기지 않는다. 그러나 한편으로 리더가 가장 주의해서 봐야 하는 인맥 역시 측근이 다. 언론을 통해 보도되는 정치권 고위 인사의 측근 비리는 비 난하면서도, 내가 관리하는 조직은 그런 현상과는 거리가 멀 다고 착각하는 리더들이 많다. 조직이 크든 작든, 맡은 업무가 중 요하든 그렇지 않든, 리더 중심으로는 사람들이 모이게 되어 있고 그 소그룹이 조직의 향방을 가른다.

역사를 통틀어 주변의 스태프나 가신을 잘 두어 성공한 사례와 그 렇지 못한 사례는 수도 없이 많지만, 우리가 잘 아는 중국《초한지楚漢 志》의 항우項羽와 유방劉邦을 보면 주변 사람을 어떻게 관리하고 쓰는가 에 따라 한 나라의 패권이 바뀌기도 한다는 사실을 알 수 있다. 항우는

'역발산기개세力拔山氣蓋世'의 천하장사로 잘 알려져 있지만, 사실 그는 집안 좋고 교육도 많이 받은 당대의 최고 엘리트였다. 그의 숙부 항량은 초나라 대장군 항연의 아들이었는데, 초나라가 진(秦)나라와의 싸움에서 패해 멸망할 때 자살한 아버지의 원수를 갚고 초나라를 재건하겠다는 결심으로 시기를 가늠하던 중이었다.

반면 유방은 진나라에서 열 개의 마을 규모인 '정'을 관리하는 사람이었다. 그러던 중 나라에서 필요한 인부들을 압송하는 과정에서 일부가 도망치는 사고가 생기자 목숨을 부지하기 위해 따르는 사람 수십명과 도주하게 된다. 시간이 지나 유방의 인품이 좋다는 소문이 나면서 주변에 사람들이 많이 모이게 되고, 항우의 숙부인 항량은 유방을 인재라 여겨 그에게 군사를 주어 다스리게 한다. 이 때까지만 해도 주연은 항우이고 유방은 조연에 지나지 않았다.

세월이 흐른 뒤에 항우와 유방 두 사람이 권력을 놓고 싸워 결국 유방이 승자가 되지만, 혼란해진 진나라로부터 다시 초나라를 재건하자는 목적을 가지고 봉기하던 시기까지 두 사람은 의형제였다. 그러다 패권 경쟁이 시작되는 계기가 있었다. 회왕懷王으로 추대된 초나라 왕의 후손 웅심은 진나라 수도 함양으로 진격하는 장수들에게 먼저 입성하는 사람을 수도권 지역인 관중의 왕으로 봉한다는 약속을 한다. 관중은 당시 진나라 국가 경제의 60%를 지탱하는 중요 지역이었다.

힘으로 성을 점령하려는 항우와는 달리 관중 지역을 포위하고 무혈로 진나라의 항복을 받아낸 유방은 당연히 왕이 될 자격을 얻었으나,

항우는 약속을 무시하고 자신이 왕위에 오른다. 유방을 제거해야 할 필요가 생긴 항우 측에는 범증范增이라는 탁월한 모사가 있었다. 그는 유방을 위협적인 존재로 보고 제거할 목적으로 연회를 베풀지만 암살을 위해 만든 세 번의 기회가 모두 수포로 돌아가게 된다.

이후 두 사람의 숨막히는 전투가 이어지면서 결국 기원전 202년 겨울 안휘성 싸움에서 승패가 갈린다. 10만의 항우 군사를 포위한 30만 유방의 군대는 명장 한신의 조언대로 직접 공격을 하지 않고 심리전을 펴게 되는데, 바로 초나라 노래로 병사들의 감정을 자극하여 병영을 이탈하게 만든 유명한 사건이다. 우리가 자주 사용하는 사자성어인 '사면초가四面楚歌'가 이 전투에서 유래되었다. 항우가 정신을 차렸을 때는 주변에 기병 800명만이 남아있었고, 이들과 함께 양자강 지류인 오강으로 도주하던 그를 쫓는 군사의 추적 끝에 초패왕 항우는 스스로 목숨을 끊는다. 이때 그의 나이는 불과 31세였다.

위에서 언급했듯이 항우의 주변에도 범증이라는 훌륭한 책략가가 있었다. 그러나 스스로의 능력이 출중했던 항우는 자신의 재능을 믿고 인재들을 소홀히 대했다. 반면 여러가지로 부족하고 상황이 불리했던 유방은 인재들을 끌어들여 서서히 힘을 키워 최후 싸움에서 승리자가 된다. 이런 평가는 중국 최고의 역사서로 알려진 사마천의 《사기》를 통해서도 전해진다. 초한전쟁의 승리를 축하하는 자리에서 유방이 한 말이 기록되어 있는데, 내용은 다음과 같다.

'나는 행정에서는 소하蕭何에 못 미치고, 지략에서는 장랑張良에 못 미치고, 군사 지휘에서는 한신韓信에 못 미친다. 그러나 나는 이 모두를 부릴 수 있었다. 반면 항우는 범증 한 사람도 제대로 부리지 못했다. 그래서 내가 승리한 것이다.'

또한 한때 항우의 신하였다가 유방에게로 와 승리의 주역이 된 한신도 두 사람에 대해 '유방의 능력은 항우보다 떨어진다. 그러나 항우는 필부의 용기와 아녀자의 인정을 가진 사람이니 우두머리가 되어 큰일을 할 재목이 아니다.'라고 평가했다.

리더십과 조직관리 측면에서 항우와 유방의 관리방식을 살펴보면, 인재관리가 조직의 성패에 미치는 큰 영향력을 짐작할 수 있다. 항우의 막료들은 대부분 그의 친인척들로서 가장 믿을 수 있는 사람들이었다. 결집력이 강했고 그의 군사들은 꾸준한 훈련을 받은 데다 정신무장도 잘 된 정예군이었다. 반면 유방의 주변에 모인 사람들은 고향에서 건달 노릇을 하던 사람을 포함하여 각양각색의 인물들이었고, 천하 각지에서 모여든 전형적인 오합지졸이었다.

당연히 시작은 항우가 유리했고 마지막 싸움을 제외한 대부분의 싸움에서도 항우의 군대가 우세했다. 그러나 가신들을 제대로 사용하고 특유의 친화력으로 점차 강한 조직을 만든 유방의 리더십은 최후의 승리를 가져온다. 인척이 아니더라도 기여할 수 있는 기회를 제공했고 아랫사람들의 조언을 적절히 이용한 그가 대장정의 승리자가 될 수 있었던 것이다. 리더는 자신의 힘이나 능력뿐 아니라 조직원들의 역량을 이용해야 하는 사람들이다. 그만큼 주변을 보는 눈과 사람을 쓰는 지혜가 중요하다는 사실은 역사 속 인물들을 통해서도 얼마든지 배울 수 있다. ●

6

2,400년 전에도 통했던
공감 리더십

기업에서 임원의 위치에 오르면 혜택이 많아진다. 우선 연봉이 올라가고 직급에 따라 자동차와 기사가 제공되기도 한다. 별도의 사무실과 비서를 둘 수 있는 특권도 있고, 출장시 일등석이나 비즈니스 클래스를 이용할 수 있다. Business Unit을 관리하는 임원으로 내가 현대모비스에서 누렸던 혜택도 이와 유사하다. 전망 좋은 23층에 이그제큐티브 플로어executive floor가 마련되어 있어 그 층의 공용 공간은 마치 카페와 같이 인테리어가 구성되어 항상 잔잔한 음악이 흘러나오고, 각종 음료가 가득한 냉장고와 옷의 먼지를 터는 에어드레서까지 갖추어져 있다. 또한 국내에서 간행되는 모든 일간지와 주요 주간 경제지가 비치되어 있을 뿐 아니라 필요한 물건은 비서에게 언제든지 부탁할 수 있다. 자주 사용하지는 않지만, 본부장과 사업부장들을 위한 전용 엘리베이터도 있다.

좋은 업무 환경이 고위 임원들에게 주어지는 이유는 그 사람들이 특별하기 때문이 아니고 역할이 중요하기 때문이다. 그런 까닭에 주어진 혜택들은 내가 누리는 것으로 끝나서는 안 되며, 어떤 형태로든 직원들에게 돌아가도록 해야 한다. 하지만 이런 사실을 망각하는 리더들이 의외로 많다. 누리다 보니 익숙해지고 당연시되면서, 내가 잘 나서 이런 혜택을 누린다고 생각하는 고리가 형성된다. 마치 계급사회의 상류층에 내가 있고 직원들은 내 마음대로 할 수 있는 존재라는 착각마저 하게 만든다. 이런 사고는 부하직원들을 대하는 태도에서 쉽게 드러나는데, 마음에 안 드는 사람에게 인격적인 모독을 준다든가, 감정 조절을 못하고 큰 소리로 야단을 치는 등의 형태로 나타난다. 준비 안 된 미숙한 리더들이 조직에 미치는 악영향은 말할 수 없이 크다.

《도덕경道德經》에서 노자老子는 이런 사람들에게 필요한 지혜를 다음과 같이 전한다.

'바다와 강이 수백개의 산골짜기 물줄기에 복종하는 이유는 그것들이 항상 낮은 곳으로 흐르기 때문이다. 따라서 다른 사람보다 높은 곳에 있기 원한다면 그들보다 아래에 있고, 그들보다 앞서기 바란다면 그들 뒤에 위치해야 한다.'

스스로를 높이는 지도자는 못난 사람이다. 진정한 지도자는 자기를 낮춤으로 타인에 의해 높여진다. 더 정확하게는 《초한지》의 유방이 그랬던 것처럼, 자기보다 능력 있는 사람들을 활용할 줄 아는 사람이 진정한 리더다. 강철왕 엔드류 카네기Andrew Carnegie의 묘비에는 이런 글귀가 새겨져 있다고 한다.

> '여기 자기보다 우수한 사람을 주변에 둘 줄 알았던 사람이 누워 있노라.'

리더십은 어떤 면에서는 연애와 비슷하다. 누군가를 사랑하면 어떻게 기쁘게 해줄까를 고민하고, 그러다 보면 방법이 생각난다. 때로 원하는 만큼 효과가 없을 수도 있지만 걱정할 필요는 없다. 마음은 어떻게든 전달된다. 사람들 간의 관계가 어려운 것은 '1인칭 시점'을 버리지 못하기 때문이다. 내가 늘 드라마의 주인공이어야 하고, 다른 사람을 포함해서 나를 제외한 모든 것은 조연이나 배경이어야 한다는 생각 때문이기도 하다. 사랑을 다루는 드라마의 주인공은 한 명이 아니고, 반드시 대상이 필요하다. 초반에는 사랑을 품고 있는 사람이 더 중요한 역할을 하겠지만, 점차 상대방의 활약이 필요하다. 사회나 조직이라는 현실도 크게 다르지 않다. 끝 부분까지 리더 혼자 주인공 역할을 하려 든다면 이는 비극이다. 조직원을 생각하고 배려하는 행동을 통해 그들도 주인공으로 만들어줄 때 드라마는 해피엔딩이 된다.

연애의 핵심이 상대방에게 감동을 주는 것이듯이 리더십에도 감동이 필요하다. 말 한마디로 천냥 빚을 갚는다는 속담처럼, 부하직원을 격려하고 다독이는 리더의 한마디는 힘이 크다. 내가 모시던 분 중에 이런 리더십을 잘 발휘하셨던 분이 있다. 평소에는 무뚝뚝

하고 말씀도 거칠게 하시지만, 보이지 않는 데서 부하직원을 챙기시던 분이다.

미국에서 귀국한지 얼마 안 되었을 때의 이야기다. 업무 차 전주에 출장을 가게 되었는데, 출장지가 이분이 과거에 책임자로 계셨던 현대자동차 상용연구소였다. 그곳에 도착하면서 받은 느낌은, 한 마디로 의전이 과하다는 것이었다. 나 한 사람을 맞이하느라 두세 명이 게이트까지 마중을 나와 주차할 공간을 안내해 주고 사무실까지 친절하게 안내를 해주는 바람에 오히려 내가 미안할 정도였다. 그 이유는 곧 밝혀졌다. 내 상관이자 나를 맞이하는 사람들의 옛 상관이었던 그분이 두 번이나 전화를 해서 대접 잘 하라고 말씀하셨다는 것이다.

이분과 식사를 하고 나면 항상 기분이 좋았다. 한 사람 한 사람에게 "당신이 대한민국 최고야. 당신이 못하면 누가 하겠어."라는 칭찬 반 부담 반의 멘트를 진심을 담아 전하셨다. 듣는 사람도 기분이 좋고 일에 대해 더욱 열정을 가져야 하겠다는 각오를 다지게 된다. 이런 게 바로 '공감'을 넘어 '감동' 받는다는 생각까지 들게 하는 리더십이 아닐까?

우리가 잘 아는 중국 오기吳起 장군의 이야기가 있다. 오기는 춘추전국시대 위나라에서 활약한 장수로, 손무나 그의 후손 손빈과 겨룰만한 병법의 대가였다. 한 병사가 종기로 고생하자 고름을 입으로 빨아 치료를 했는데 그 이야기를 전해들은 모친이 통곡했다는 일화의 주인공이다. 모친이 슬퍼한 데는 이유가 있었다. 이전에 장군이 그의 남편도 그렇게 치료를 한 까닭에 감동한 남편이 목숨을 아끼지 않고 싸우다가 죽었기에, 이제 아들마저 잃을 것이라는 생각이 그를 슬프게 한 것이었다. 《손자병법》과 더불어 탁월한 병서로 알려진 《오자병법》은 이 일화의 주인공인 오기나 그의 지인이 저자로 전해지며, 이순신 장군의 어록으로 유명한 '필사즉생, 필생즉사必死卽生 必生卽死'도 《오자병법》이 원 출처이다.

이 책의 특징은 인화人和를 역설한데서 찾을 수 있다. 병법이나 전략, 전술보다는 군주와 백성, 장수와 병사간의 유대가 승리의 요인이자 부국강병의 기반이라고 가르친다. 군주가 올바르게 정사를 펼치면 백성들이 자발적으로 전쟁에 나선다는 주장은 이 책의 주인공인 오기 장군의 가치관을 살펴볼 수 있는 부분이다. 불확실성이 증가하고 한치 앞도 예측하기 어려운 21세기, 특히 코로나 사태 이후의 현실이다. 모든 것이 효율적이어야 하고, 합리적이어야 할 것만 같은 세상이다. 그러나 이럴 때일수록 리더와 조직원들과의 소통과 인화가 중요하다는 사실을 잊어서는 안 된다. 시대가 변하고 사람이 바뀌었어도 2,400년 전의 리더십은 지금도 그 맥을 후세에 전달한다. ●

7

승리하는 조직은
단순함을 안다

미국의 리더십 전문가 존 맥스웰은 저서 《Leadership 101》에서 '뚜껑의 법칙Law of the Lid'을 이야기한다. 미국의 대표 프랜차이즈인 '맥도날드'를 만든 맥도날드 형제Dick and Maurice McDonald의 뚜껑과 이 사업을 이어받아 세계적인 기업으로 키워낸 레이 크록Ray Kroc의 뚜껑은 높이가 달랐기 때문에, 막상 아이디어를 생각해낸 맥도날드 형제들에 비해 크록의 사업이 훨씬 커졌다는 내용이다.[29]

맥도날드 형제들도 드라이브인 식당과 같은 첨단 아이디어나 그릇과 식기를 종이로 바꾸는 원가 절감을 통해 이미 1950년대 중반에 연간 수익이 각각 10만불에 이르는 거부가 되었지만, 좋은 아이디어를 미국 내 수백개의 식당으로 확대시키어 오늘날 전세계에 2만개가 넘는 매장으로 일구어 낸 사람은 크록이다. 맥도날드 형제들은 '성공한

---

29 존 C. 맥스웰, 《Leadership 101: What Every Leader Needs to Know》, Thomas Nelson, 2002.

사업가'이긴 했지만, 그 한계를 벗어나 '리더'의 위치에까지는 오르지 못했다고 맥스웰은 평가한다.

어느 조직이건 그 조직의 역량은 리더의 비전을 넘어서지 못한다. 그렇다고 리더의 비전이 단순히 과감하고 크다고 좋은 것은 아니다. 현실적이고도 명확해야 하며, 리더 한 사람을 위한 것이 아니라 전체가 공유할 수 있는 공동의 목표라야 한다. 사실 조직원 모두의 의견을 반영하여 비전을 수립하기는 쉽지 않다. 그러면 어떻게 많은 사람의 뜻을 비전에 담아낼 수 있을까?

가장 먼저 평소의 생각이 서로 닮아 있어야 한다. 세부 사항은 서로 다를지라도 큰 그림을 그리는 방향성은 일치해야 하고, 추구하는 목표의 색깔이 같아야 한다. 이를 위해 전제되어야 하는 선결 조건은 리더의 투명성이다.

부하직원들이 리더의 행동을 예측하고 결정 방향에 동의할 수 있다면 비전 수립 과정에서도 큰 마찰이 없을 뿐 아니라 현실적이면서도 도전적인 비전을 설계할 수 있다. 또 하나 투명성만큼 중요한 조건은 리더가 팀원을 바라보는 시각의 유연성이다. 즉 나와 다른 생각을 하는 사람들을 품는 포용성이고 이해심이다.

조직 생활의 많은 부분은 서로 다른 의견들 사이에서 조율하고 결정하는 일이다. 어떤 의미에서는 우리의 일상에서 접하는 업무의 대부분이 '타협'을 통한 결정이다. 조율이 제대로 되기 위해서는 우선 사안 자체의 성격을 정확히 파악하는 것이 필요하겠으나, 관련 조직이나 인원의 다양성을 이해하고 인정하는 것 또한 그에 못지않게 중요하다. 어떤 안건이 조율이나 타협이 필요한 상황까지 갔다면, 어느 한쪽의 의견이 절대적으로 우세한 것이 아니라는 의미다. 다양성을 용납하지 못하면, 결정된 의견과 다른 목소리를 낸 그룹은 '다른' 사람들이 아니라 '틀린' 사람들이 되고 만다. 내 편은 항상 옳고 상대방은 무조건 잘못 되었다는 논리가 여기서 시작된다.

흔한 이야기지만 '틀리다'와 '다르다'를 구별할 줄 아는 리더십이 절대적으로 필요하다. 능력은 있으나 나와 다른 생각을 하는 사람을 리드하려면, 그 사람의 특성을 파악하고 그에 맞는 어떤 일을 맡길지 고민해야 한다. 나와는 다른 사람을 틀리다고 보는 시각이 고정되어 있으면, 이런 막중한 책임을 감당해 내기 어렵다. 그리고 이런 상황을 즐기지 못한다면, 좀 더 학습하고 수양을 쌓아야 한다. 한 분야의 전문가가 되기 위하여 수년에서 수십년을 노력하듯이, 훌륭한 리더가 되는 일도 상당한 노력과 시간을 요한다.

국가나 사회 조직에서 보듯이, 리더 한 사람으로 인해 조직 전체가 바뀐다. 진정성으로 승부하는 리더, 대화와 소통을 중시하는 리더십, 그럼에도 불구하고 겸손한 리더십이 요구되는 세상이다. 그런 소양을 갖춘 사람을 일컬어 '진성 리더'라고 한다. 이런 리더가 이끄는 조직은 겉모습부터가 다르다. 경직되지 않고, 지나치게 상사의 눈치를 보지 않는다. 할 말은 하면서도 예의가 지켜지고, 상사와 부하직원 간에 이끌어주고 존중하는 문화가 형성된다. 승리하는 조직의 비결은 복잡하지 않다. 출근이 즐거운 곳으로 만들면 된다. 조직의 운영이 물 흐르듯 자연스러워야 하고, 리더십의 모양은 단순하고 쉽게 접근 가능해야 한다.

역사서 《사기》를 30여년 연구해 이 분야의 최고 권위자로 꼽히는 국내 학자가 있다. 한국사마천학회 이사장으로 재직중인 김영수 교수이다. 그가 저술한 《사마천, 인간의 길을 묻다》 가운데 〈리더와 리더십〉이라는 제목으로 정리된 곳이 있다. 저자는 이상적인 리더가 갖추어야 하는 조건으로 덕, 식견, 카리스마와 위임 등 네 가지를 꼽았다. 이중 첫 번째 조건으로 언급한 덕에 대해서는 '덕을 갖춘 리더의 통치는 높은 곳에서 낮은 곳으로 흐르는 물처럼 억지스럽지 않고 자연스럽다.'[30] 라고 설명한다. 이에 더해 기원전 11세기 은나라 당시의 정세를 통해 간결한 리더십의 중요성을 일깨운다.

은나라의 여러 제후국 중 하나인 주나라가 천하를 통일한 후 태평성세를 이룬 사람은 무왕 때였지만, 그 기반을 다진 사람은 아버지인 서백, 즉 문왕이었다고 한다. 유능한 인재를 잘 사용하는 능력이 뛰어났던 아버지의 자질을 이어받은 무왕은 강태공으로 잘 알려진 현자 태공망太公望을 스승으로 삼고 동생 주공으로 하여금 자신을 보좌케 한다. 은나라의 주 임금을 몰아내고 통일을 한 후, 무왕은 넓은 영토를 관리하기 위해 태공에게 제나라 땅을, 주공에게는 노나라 땅을 봉지로 주어 다스리게 한다. 하지만 주공은 왕을 도와 중앙 왕실의 중요한 업무

---

30 김영수, 《사마천, 인간의 길을 묻다》, 왕의서재, 2010.

를 맡다 보니 자신이 직접 봉지로 가지 못하고 아들 백금을 대신 보낸다.

백금은 그로부터 3년이 지나서야 주공에게 그간 노나라를 다스린 상황을 보고했다. 주공이 이렇게 늦은 이유를 묻자 백금은 "그곳의 풍속과 예의를 바꾸고, 삼년상을 치르느라 늦었습니다."라고 답했다. 반면 제나라로 간 태공은 부임한 지 불과 다섯 달 만에 돌아와 보고를 올렸다. 주공은 왜 이렇게 빨리 왔느냐고 물었다. 이에 태공은 "소신은 그저 군신의 예의를 간소화하고 그곳의 풍속과 일 처리 방식을 따랐을 뿐입니다."라고 대답했다. 이에 주공은 이렇게 답했다고 전해진다.

> "장차 노나라가 제나라를 섬기게 될 것이다. 대개 정치가 간소하고 쉽지 않으면 백성들이 가까이하지 않는다. 정치가 쉽고 가까우면 백성들이 반드시 모여든다."[31]

저자는 이 문장을 정치와 민심의 관계를 파악하는 중요한 열쇠라 평하면서 자신의 견해를 다음과 같이 표현한다.

> "정치가 쉽다는 말은 정치가 투명하고 깨끗하다는 말과 다를 바 없다. 훤히 들여다보이는 정치, 간소한 정치, 이것이야말로 수준 높은 정치가 아니겠는가?"[32]

---

[31] 김영수, 위의 책.
[32] 위의 책.

이 가르침은 여러 해 전 이 책을 처음 접하던 무렵부터 내 가치관에 많은 영향을 주었다. 조직의 리더와 구성원들 사이에 장애물은 어떤 형태이든지 없는 것이 좋고, 이를 위해서는 조직문화가 투명하고 리더는 깨끗해야 한다는 조직문화 철학의 근본이 형성되었다. 억지스럽지 않고 자연스러운 문화를 정착시키기 위해 소통을 강조했고, 간소함을 추구하고자 회의와 보고에서 불필요한 형식을 배제했다.

이렇게 설정한 방향으로 몇 년을 비틀거리며 걷다 보니, 근육이 붙듯이 자신감이 생겼다. 그리고 이런 도전과 변화가 문화로 정착되면서 조직은 조금씩 성장해왔다. 물론 나 스스로가 조직문화와 리더십에 대해 많은 고민을 하지만, 이렇듯 내가 실천한 많은 시도들이 사실은 내 생각에서 출발한 것이 아니다. 수천 년 전 영웅들의 역사나 현대를 살아가는 현자들의 지혜를 되새겨보고 적용해 보면서 조금씩 변모해가는 과정의 축적이었다. ●

8

오만과 멸망의
함수관계

리더의 오만함은 예외 없이 화를 부른다. 성경을 통틀어 하나님이 '내 마음에 맞는 자'라고 유일하게 칭한 사람인 다윗 왕도 나태함에서 오는 영적 오만함이 불륜과 살인이라는 큰 죄를 불러왔다. 위대한 장수이자 초대왕 사울을 이은 이스라엘의 왕으로 12지파를 다스리는 성군의 반열에 오른 다윗은 이방 민족들과의 전쟁 중에 예루살렘의 왕궁에서 휴식을 취한다. 그러던 중 멀리 어느 집에서 목욕을 하고 있는 아름다운 여인의 모습에 반해 그를 불러들여 동침을 하게 되는데, 그 여인은 다윗의 충신이자 전쟁터에 장수로 나가 싸우고 있는 우리야 장군의 아내 밧세바였다.

이후 아이를 임신한 밧세바의 행위를 숨기기 위해 전장에서 잠시 예루살렘으로 돌아온 우리야 장군에게 집으로 들어가 쉴 것을 명하나, 충신인 우리야는 고생하는 부하들을 두고 혼자 집에 갈 수가 없다며 그 명령을 사양한다. 결국 다윗은 우리야를 전장의 최전선으로 배치하여 그를 죽게 하는 간접 살인을 저지른다. 우리는 대부분 이 역사적 사실인 불륜과 살인에 주목하나, 그가 그런 상태에 이르게 된 원인을 때로 간과한다. 출중한 장군이자 위대한 왕이며 영적 거인이었던 다윗이 그런 실수를 저지르게 된 이유는 이미 많은 것을 이룬 자의 나태함과 오만이다.

영화 「300」에서 주인공으로 나온 사람은 스파르타의 왕 레오니다스이지만, 역사적으로 그는 크게 비중 있는 인물은 아니다. 그리스 역사가 헤로도토스Herodotos에 따르면, 레오니다스와 스파르타의 300 용사들이 목숨을 바쳐 싸웠지만 페르시아의 대군을 막지는 못했다는 정도의 기록이 있을 뿐이다. 오히려 역사적으로 중요한 인물은 성경에서 아하수에로왕으로도 알려진 페르시아의 8대 왕 크세르크세스 1세 Xerxes I이다.

크세르크세스는 우리에게도 익숙한 마라톤 전쟁에서 패한 아버지 다리우스 1세 왕의 굴욕을 되갚기 위해 그리스를 침공한다. 다리우스 왕이 그리스를 얕잡아보고 주력군을 보내지 않은 것이 패인이라는 판단때문에 주변 국가와의 연합군을 파병하는데, 그 규모가 500만명에 달했다고 한다. 정확한 군인 수에 대해서는 170만 명, 혹은 20~50만으로 다양한 설이 존재하지만, 21세기 최다 군사 보유국인 중국의 인민해방군 정규군이 200만 명 수준임을 감안하면, 수십만이라는 인원도 지금으로부터 2,500년 전에는 상상하기 힘든 많은 수이다.

크세르크세스의 실패는 그의 정복욕을 자극하며 감언이설을 늘어놓은 신하 마르도니오스를 견제하지 못한 이유가 컸다. 주변의 많은 충신들이 그리스 침공을 만류했지만, 페르시아 왕만이 그리스와 같은 요충지를 차지할 수 있다는 간신배의 말에 넘어가서 결국 대군을 동원한다. 서양 고대사와 르네상스 시대의 다양한 연구 저서를 집필한 연세대학교 신학대학 김상근 교수는 헤로도토스의 기록을 통해, 저서 《군주의 거울: 영웅전》에서 크세르크세스 왕의 실패 원인을 다음과 같이 분석했다.

> '그가 가진 것보다 언제나 더 많은 것을 가지도록 마음을 길들였기 때문에 페르시아 전쟁이 발발하게 되었고, 잘못된 동기에서 비롯된 잘못된 선택 때문에 결국 크세르크세스 자신과 페르시아 백성들이 위험에 처했다.'[33]

크세르크세스의 오만과 어리석음은 그리스 침공 중에도 여러차례 드러난다. 터키와 그리스의 경계지역을 지나가는 상황에서 대국 왕의 과시욕 때문에 필요도 없는 운하를 파면서 시간을 낭비하고, 헬레스폰투스 해협을 건너는 상황에서 다리를 놓다가 폭풍에 다리가 부서지자 신하를 보내 해협의 바닷물에게 곧장 300대를 치도록 명령한다. 대규모 군사를 동원하면서 왕의 권위를 과시해야 하는 상황이었음을 감안하더라도, 집권 초기에는 지혜롭고 신중하던 크세르크세스 왕이 점차 이성적인 판단을 잃어가고 있음은 분명하다. 주변의 신하를 잘 못 두

---

33 김상근, 《군주의 거울, 영웅전》, 21세기북스, 2016.

고 세계 최강이라는 오만함에서 헤어나오지 못하면서 불필요한 전쟁을 일으키고, 결과적으로는 전쟁에서 패함으로써 세계의 권력이 동양에서 서양으로 전이되는 원인을 제공하게 된다.

기업에서도 리더의 오만이 위기를 가져오는 경우는 수도 없이 많았다. 자동차 업계에서 지난 100여년간 부침을 겪으며 숱한 사례를 남긴 포드Ford의 경우를 살펴보자. 지난 2009년 미국의 비즈니스 월간지인 《포트폴리오닷컴》은 미국 역사상 최고의 경영자로 포드의 창업자인 헨리 포드Henry Ford를 선정했다. 대량생산 방식을 통해 효율화에 기여한 그의 공로와 자동차의 대중화 등 산업에 여러 획을 그은 업적을 기리는 수상이었다.

1908년에 생산된 이후 20년간 총 1,500만 대가 판매된 모델 T는 포드의 성공을 단적으로 대변하는 상징이었다. 그러나 1920년대 중반에 이르러 자동차가 신분이나 재력을 과시하는 상징이 되면서 고객들은 획일적인 디자인과 성능의 모델 T에 점차 싫증을 내기 시작했다. 회사도 변화의 필요성을 느꼈고, 경영진 중 한 명은 포드에게 직접 편지를 보내 자사의 입지가 좁아지고 시장 장악력이 약해지고 있다는 것과 경쟁사의 성장이 위협적이라는 사실을 언급했다. 이때 헨리 포드의 반응은 "포드는 같은 방식으로 생산될 것이다. 나는 다른 사람이 제시한 숫자에 흔들리지 않고 내 정보와 관찰에 따라 결정한다."는 것이었고, 기업의 위기를 경고한 임원은 해고되었다. 결국 포드는 자동차 업계의 왕좌를 GM에게 내주었을 뿐 아니라, 그 후 100년이 지나도록 과거의 영광을 되찾지 못하고 있다.

 리더가 오만해질 때 나타나는 대표적인 현상은 주변에 '충언'하는 사람이 줄어들고 아첨하는 사람들이 모이는 것이다. 자신의 결정이 항상 옳다고 생각하는 절대 권력자에게 감히 옳은 소리를 할 수 있는 사람은 많지 않다. 오히려 시간이 경과하면서 리더의 마음을 미리 헤아리고 준비하는 사람들로 인의 장막이 형성된다. 그런 사람들이 다수가 되면, 어쩌다가 들리는 소수의 충언은 귀에 들어오지 않고, 오히려 직언을 하는 직원은 부정적인 사람이라는 굴레를 씌워 해고하거나 한직으로 내몬다. 이에 더욱 단단하게 형성된 소수의 고리는 충성심이라는 양념까지 더해져 조직의 부패가 심해질 때까지 내부에서도 인지하지 못한다. 외부에서 볼 때는 확연히 드러나는 문제가 있어도 스스로를 충신이라고 믿는 간신들에 둘러싸인 리더는 모든 것이 잘 돌아가고 있다고 착각한다.

 콜럼비아 대학교의 연구진은 최고경영자의 오만이 회사에 손해를 입힌다는 사실을 기업의 인수합병과 연계하여 밝힌 바 있다. 경영자의 오만이 잘못된 확신으로 이어져 실제보다 더 많은 액수를 지불하며 M&A를 하게 된다는 것이다. CEO의 악영향은 그의 권한이 클수록, 이 사회의 견제가 약할수록 더 심각한 것으로 드러났다. '권력은 부패하는 경향이 있으며 절대 권력은 절대 부패한다.'는 역사학자이자 정치가인 존 달버그-액턴John Dalberg-Acton의 발언은 조직의 성격이나 크기에 관계없이 리더들이 명심할 격언이다. ●

9

재검증하라!
그것이 신념과 원칙일지라도

과거의 경험은 레퍼런스reference가 되어준다는 면에서 중요하지만, 과거의 성공이나 역사에 매몰되어 변화를 읽지 못하는 실수를 범해서는 안 된다. 미국 유니언 신학대학의 교수이자 저명한 강사, 작가였던 랠프 소크만Ralph Sockman 목사는 이렇게 말한 바 있다.

"승리가 미래의 패배의 씨앗을 잉태하지 않도록 조심하라."

전쟁사를 보더라도 과거의 성공적인 전술이 큰 패배를 가져온 예는 얼마든지 있다. 통일 독일이 되기 전 그 지역의 강국이었던 프로이센에는, 우리로 치면 세종대왕에 해당하는, 프리드리히 2세Friedrich II라는 성군이 있었다. 18세기 유럽에서 가장 훌륭한 왕으로 칭송받는 그가 이룬 업적은 군사, 문화, 경제 등 다방면에 걸쳐 뛰어났고, 이후의 프로이센 장군들은 그의 승전 사례를 연구해서 전략으로 삼는 것을 자랑으로 여길만큼 탁월한 전략가였다.

그러나 프로이센의 정규군이 나폴레옹의 군대를 만났을 때 닥친 상황은 예상 밖이었다. 프로이센군은 전통적인 전술대로 탁 트인 평지에서 대열을 맞추어 진군을 했고, 건물 뒤나 지붕 위에 숨어서 사격을 하는 프랑스 군에게는 좋은 표적이 되었다. 전쟁의 양상이 바뀌었고, 그런 전통적인 대열을 유지할 것이라는 정보가 이미 프랑스군에 노출되었음에도, 과거의 성공에 집착해 벌어진 큰 실수였던 것이다.

변화에 대응을 못하고 정보에 어두워 국난을 감수했던 예는 우리나라 역사에서도 어렵지 않게 찾아볼 수 있다. 이순신 장군의 활약으로 위기를 극복했던 임진왜란이 끝난 지 29년만인 1627년에 조선은 정묘호란이라는 위기를 접하게 된다. 망해가는 명나라와 강성해지는 후금 사이의 국제 정세를 제대로 읽지 못한 실수는 또다시 9년 후 병자호란으로 이어지게 되는데, 두 호란 사이에 조선이 놓친 중요한 군사적 정보가 있었다.

정묘호란 당시만 해도 후금은 수군水軍이 없었다. 그래서 강화도는 안전한 피난처가 될 수 있었고 국난은 강화조약으로 마무리되었다. 그러나 이후 명나라에서 함선과 홍이포 등을 가지고 수군 장병들이 후금으로 투항을 하면서 더 이상 강화도라는 섬이 안전한 곳이 될 수 없었다는 사실을 조선은 간과했다. 국가의 운명을 좌우할만한 내용이었음에도 조선의 조정은 이를 모르고 있었던 것이다. 이처럼 리더가 변화에 미리 대비하지 못하면 국가의 존립이 위태로워진다. 마찬가지로 기업의 리더가 통찰력을 잃고 변화를 읽어내지 못한다면 수십 년을 유지하기가 어렵다.

역사를 살펴보고 응용하는 자세에 대해,《권력의 법칙》으로 유명한 작가 로버트 그린Robert Green은 자신의 또다른 저서 《전쟁의 기술》에서 승리를 위해서는 애지중지하던 신념과 원칙을 재검증할 필요가 있다고 주장하면서 다음과 같이 언급한다.

> '역사와 이론을 공부하면 세계에 대한 시야가 넓어짐은 말할 나위 없겠지만, 이론이 도그마로 굳어가는 성향에 대해서는 맞서 싸워야 한다.'[34]

4차 산업혁명으로 요약되는 변화와 변동의 중심에서 이 주장은 큰 설득력을 얻는다. '4차 산업혁명'은 세계경제포럼의 창시자 중 한명인 클라우스 슈밥Klaus Schwab이 2015년 기고한 글에서 처음 사용한 이래 2016년 초 스위스 다보스 포럼에서 언급되면서 고유명사화 된 표현이다. 이에 대해 정확한 정의가 존재하지 않음에도 불구하고, 지난 세차례의 산업혁명을 능가하는 큰 변화가 도래할 것이라고 많은 사람들은 예측한다. 그 중심에는 인공지능AI, 사물인터넷IoT, 드론, 자율주행차, 가상현실VR과 같이 이미 대중에게 익숙해진 아이디어나 제품들도 있지만, 어느 정도로 빠른 시간 내에 실생활 속으로 깊이 파고들어 우리 생활의 자연스런 일부가 될지는 예측이 어렵다.

---

34   로버트 그린, 안진환·이수경 역,《전쟁의 기술》, 웅진지식하우스, 2007.

4차 산업혁명을 대표하는 키워드로 초연결hyperconnectivity, 초지능 hyperintelligence, 초융합hyperfusion을 꼽기도 하는데, 이는 모두 정보통신기술ICT을 기반으로 한다. 즉 기존의 산업혁명에 비해 더 넓고 더 빠르게 영향력을 끼칠 수 있게 된다는 의미이다. 이렇듯 물리 세계와 디지털 세계가 융합되어 경제와 사회 전반에 변화를 가져오게 되면, 기업을 경영하거나 조직을 관리하는 입장에서는 변수가 많아지기 때문에 미래 계획 수립이 어려워진다. 그러나 좀 더 자세히 들여다보면, 크게 두 가지 근본적인 이슈에 집중해야 하는 것을 알 수 있다. 먼저 기술 변화에 어떻게 대처해야 하는가를 이해해야 하고, 또한 이런 기술에 익숙한 세대를 어떻게 관리할 것인가에 대한 해답을 가지고 있어야 한다.

기술적인 측면에서 경영자가 가장 관심을 갖게 되는 것은 '자동화'이다. 이미 패스트푸드 식당에서 키오스크를 통해 주문하는 것이 일반화되었고, 주차장에서 기계로 정산하는 것도 익숙하다. 공항철도나 지하철도 무인 운전이 보편화된 시대이다. 더욱이 PC에 이어 핸드폰이 널리 보급되면서 과거에 유인 매장을 찾던 고객들이 이제는 어디서든 인터넷으로 물건을 고르고 구매한다. 또한 우리가 예측했던 자동화의 범위가 과거에는 '블루칼라blue collar'의 영역인 제조업에 국한되었던 데 비해, 이제는 인공지능AI의 힘을 빌려 '화이트칼라white collar'의 전유물로 여겨졌던 전문직까지 확대되었다.

IBM이 개발한 의료전문 인공지능 '왓슨Watson'은 웬만한 전문의보다 오진률이 적고, 수술 로봇은 더 섬세한 수술을 가능하게 할뿐아니라 피로로 인한 실수의 가능성도 없다. 인간의 고유 영역이라고 생각했던 법률 분야나 투자 부문에서도 AI가 베테랑을 앞서가는 세상이 되었다. 골드만 삭스Goldman Sachs가 고용한 인공지능 직원 '켄쇼Kensho'로 인해 600명의 직원 중 2명을 제외하고 모두 해고된 케이스는 4차 산업혁명의 효과가 편리함을 넘어 사람이 기계와 경쟁하는 시대로 변화시키고 있음을 보여준다.

이제 이런 변화의 물결 속에서 사람과 기계 간의 R&Rrole and responsibility을 규명해야 하는 상황이 발생할 것이다. 이를 효율성이나 수익성 관점에서만 접근한다면, 장기적으로 사람은 100전 100패다. 인공지능의 방대한 자료 분석이나 로봇의 정확하고 정밀한 작업을 따라갈 수 없기 때문이다. 그렇다면 인간의 입장에서는 효율의 극대화를 최고의 목표로 하는 철학과는 다른 기준이 필요하다. 발전과 성장을 최우선시하던 과거와 차별되는 기준에는 여러가지가 있겠으나, 이 가운데 가장 중요한 가치관은 '인간의 행복추구'가 되어야 할 것이다.

이처럼 AI와의 경쟁이 불가피한 시대에 인간의 생존권과 행복권을 보장하기 위해서는 대변혁의 흐름을 감지하는 것으로는 충분치 않다. 그에 대한 대책을 세울 수 있는 리더의 식견이 필요하다. 경영자나 리더들이 단지 이익의 극대화를 위해 사람을 돌아보지 않는다면 경영 원칙이 무의미 해진다. 변화는 너무도 빠르게 그리고 심하게 우리 삶 가운데 스며들고 있다. 과거의 경험에만 의존하기가 어려운 시대이다. ●

도전과 현실 사이에서

야심 차게 수립하고 도전한 내 계획에 회의감이 찾아온 것은 미시간주 디트로이트 공항에 도착한 첫날인 2022년 6월 18일부터였다. 8월 초에 합류하기로 한 아내와 아들의 짐을 덜어주고자 가능한 많은 짐을 가지고 온 것이 화근이었다. 그동안 쌓아 놓은 항공사 마일리지가 많은 덕에 짐을 여러 개 부칠 수 있는 것 까지는 좋았는데, 크고 작은 가방을 7개나 가지고 공항을 빠져나와 렌터카를 빌려 예약된 호텔로 가는 일부터가 혼자 감당할 수준이 아니었다. 공항에서 짐을 찾아 카트 두 개에 나누어 싣고 이동하면서 이런 생각이 들었다.

'국내 기업에 있었더라면 출구 바로 밖에 직원들 몇명이 마중 나와 이 짐들을 받아 주었을텐데, 왜 고생을 사서 하고 있나?'

내가 근무했던 현대자동차나 현대모비스 모두 디트로이트 인근에 미주 법인이나 연구소가 있어서, 이 지역으로 출장을 나올 때마다 불편없이 이동했던 기억을 되새기면서 말 그대로 '현타현실자각타임'가 왔다. 그나마 다행은, 조금 전에 입국 수속을 하면서 영어로 소통하기 어려운 어떤 한국분을 도와주었는데 이번에는 내가 그분의 도움을 받을 수 있었던 것이었다. 가까스로 카트의 짐을 셔틀 버스에 싣고 공항 근처에 있는 렌터카 사무실로 가서 SUV를 한 대 빌려 회사에서 마련해 준 호텔로 가 짐을 풀었다. 짐을 내리는 것도 일이라, 몇 차례에 거쳐 이민가방과 캐리어를 실은 카트를 끌고 호텔을 드나들어야 했다.

첫 출근은 주말이 지난 6월 20일 월요일이었다. 이른 새벽에 방문객이 출입하는 입구의 안내 데스크로 가서 나를 안내해 줄 사람을 기다렸다. 내가 속한 Propulsion System 조직의 스태프 회의가 월요일 오전 7시에 있어서, 첫 출근을 하자마자 바로 회의실로 들어가야 했다. 사람들도 낯설고 언어도 낯선 첫 회의는 후속 회의까지 자그만치 4시간을 거의 쉬지 않고 진행되었다. 중간에 10여 분 정도 휴식 시간이 있었으나 짧은 시간에 화장실을 이용하거나 커피 한 잔을 가져올 여유가 없다 보니, 참석자들은 중간중간 자기 조직의 해당 안건이 없을 때를 틈 타 잠시 자리를 떠났다 돌아오곤 했다.

월요일 아침의 스태프 회의에 참석한 사람들은 대부분 글로벌 임원들이었고, 자동차의 핵심 요소들인 엔진, 변속기, 배터리, 모터, 제어기 등을 망라하는 회의라 긴장감이 상당했다. 첫 참석인 나를 소개하는 시간으로 시작된 회의에서 사람들로부터 환영과 축하 인사를 받았는데, 화상회의 화면에 등장한 사람들을 보니 국적이 다양했다. 미국을 비롯해 남미의 브라질, 유럽에서는 프랑스와 이탈리아, 아시아의 중국과 인도, 아프리카 대륙의 모로코에 이르기까지 전 세계 각지에서 참석한 사람들로 북적였다. 미국과 중부 유럽은 6시간, 중국과는 12시간의 시차가 있다 보니, 중요 회의들은 미국시간으로 아침 일찍 시작해야만 모든 사람들이 참석할 수 있다. 이런 환경에 익숙하지 않았던 나에게는 첫 회의부터가 문화 충격이었다.

다행이었던 점은 영어에 대한 부담이 생각보다 크지 않았다는 것이다. 과거 미국에서 십 수년을 산 덕에 다른 한국사람들보다는 좀 편하다고 해도, 나이 들어 공부하러 와서 배운 언어인데다가 거의 20년간 일상 언어가 아니었던 영어는 큰 걱정거리였다. 그런데 회의에 참석한 사람들 중 과반수가 영어를 모국어로 하지 않는 사람들이다 보니, 미국인들로만 이루어진 모임에 비해 훨씬 마음이 편했다. 중국이나 인도식 발음은 유학생 시절부터 익숙했고, 프랑스 발음은 과거나 지금이나 알아듣기가 어려웠다. 자주 접할 기회가 없었던 이탈리아 사람들의 발음은 영어 철자를 발음 기호처럼 읽는 덕에 귀에 쏙쏙 들어왔는데, 너무나도 친근하게 들렸던 첫 회의에서의 이탈리아식 영어 발음은 아직도 기억이 생생하다.

'바떼리 마뉴팍튜링battery manufacturing'

우리나라와 일본 사람들만 배터리를 그렇게 발음하는 줄 알았는데, 그런 '토속적'인 발음을 한 때 세계를 지배했던 로마제국의 후예들이 구사한다는 것이 흥미로웠다. 이탈리아에 대한 인상은 그때나 지금이나 큰 차이가 없는데, '우리나라와 사람들의 기질이 비슷하다.'는 것이다. 성격이 급한 것도 그렇지만, 다소 감정적이면서도 정이 많은 모습까지, 접하면 접할 수록 우리 국민성과 닮아있다는 생각을 많이 했다.

스텔란티스는 과거 크라이슬러Chrysler에 피아트, 최근에는 푸조시트로엥PSA까지 큰 자동차 회사가 세 개나 합쳐진 기업이다. 문화적으로도 큰 차이가 있는 미국, 이탈리아와 프랑스 기업의 혼합이라 조직 문화도 다양성이 혼재되어 있고, 경영 철학이나 사업 운영 방식에도 아직 정리되지 않은 모습이 남아있다. 그러다보니 직원들의 교육에 가장 중점을 두는 분야가 다양성diversity과 포용성inclusion이다. 'D&I'라고도 부르는 이 '핵심가치core value'는 단지 인종이나 국적에만 해당하는 것이 아니다. 나이나 성별에 대한 차별, 결혼 여부나 언어로 인한 차별에 이르기까지 세부적인 내용까지를 명시하여, 실력이나 잠재력이 아닌 여타의 요소가 고용에서 승진, 임금 등에 미치는 영향을 최소화하도록 규제하고 있다.

이 교육 과정 중에 인상 깊었던 내용은, 사람이라면 누구나 가질 수밖에 없는 편견bias이나 고정관념stereotype에 대해서도 상세히 언급을 한다는 것이다. 가령 '아시아 사람이면 숫자 계산이 빠를 거야.' 라든가. '여성은 더 감성적이지만 무거운 물건을 드는 업종은 어려울 거야.'와 같이 우리 모두가 한번은 생각하고 넘어갔을 만한 상식적인 판단조차도 객관적인 사항으로 보지 않는다. 사람마다 다를 수 있는 개인적인 특징에 대해 선입견을 가지고 접근을 할 경우, 이로 인해 수반되는 행위를 여기서는 '미세차별micro aggression'이라고 규정한다. 특히 리더들이 조심해야 할 항목으로 입사자들의 교육 과정에서 늘 강조하는 내용이다.

첫 한 주의 시간은 그야말로 쏜살처럼 지나갔다. 적응이 어려웠던 점은 아직도 코로나의 영향으로 대부분의 사람들이 재택근무를 하는 것이었다. 재택근무에 익숙하지 않은 나는 매일 회사로 출근했지만, 90%가 넘는 인원이 재택이라 사람들을 만나기도 힘들고 지정된 사무실 공간 조차도 없어서 매일 자리를 옮겨 다녀야 했다. 업무를 도와주는 비서들마저 재택 근무를 하는 터라 얼굴을 볼 수가 없었다. 미국 직장의 생태를 전혀 모르는 것이 아니라 어느 정도 불편함은 감수할 수 있었지만, 코로나가 몰고 온 변화와 '뉴 노멀new normal'은 국내에 있을 때 수많은 직원에 의해 도움을 받으며 십수 년을 지내왔던 내게 또 다른 헌타로 다가왔다. 감당해야 할 도전이 생각보다 크다는 사실을 하루하루 절감하며 첫 몇 주간을 보냈다.

미국에 도착해서 첫 열흘은 회사 인근의 호텔에서 머물고, 그 후로는 회사의 재정 보조를 받아 Troy라고 하는 지역의 집을 리스lease했다. 마침 6월 말부터 연말까지 반년간 한국에 가느라 집을 비워야 하는 분이 있어서, 그 가정이 리스하고 살던 집에 서브리스sub-lease로 들어갔다. 한국에서부터 연락이 되어 기간을 정하고 온 터라 별 어려움 없이 미국의 남의 집 살이가 시작되었다. 집에 사용하던 가구나 물건들을 모두 두고 갔기 때문에, 따로 세간살이를 준비할 필요도 없이 마치 에어비앤비를 이용하는 것처럼 지낼 수 있었다. 이 집은 1990년 후반에 지은 전형적인 미국 2층 집이었는데, 마루가 남향이라 햇빛은 많이 들었으나, 막상 여름이 되니 햇살이 너무 강해 오히려 대낮에는 바깥에 나가기가 힘들 정도였다. 비록 내 집은 아니었으나, 87평이나 되는 큰 집에서 본격적인 미국 생활이 시작되었다.

한국에서 글로벌 배터리 담당 부사장이 왔다는 소식은 디트로이트 한인 사회에 조금씩 퍼지고 있었다. 이런 저런 모임에서 처음 뵙는 분들이 "말씀 많이 들었습니다."라는 인사를 할 때 오는 느낌은 뿌듯함과 동시에 부담이었다. 사실 미국 자동차 업계 역사에 한국에서 임원으로 영입된 사례가 처음이기도 했고, 디트로이트의 Big 3에서 일하는 한국인들 중에서도 내 위치까지 올라간 사람이 없었다. 어려서 미국에 온 재미교포나 오랜 기간 일을 해서 매니저급에서 임원으로 승진한 한두 분을 제외하고는 이 지역에서도 찾기 힘든 경우였던 만큼, 나를 주시하는 사람들이 많다는 사실은 여러 경로를 통해 느낄 수 있었다. 이런 예외적인 채용이 내 다양한 경험 때문에 가능하기도 했겠으나, 사실 우리나라의 국제적인 위상과 근래 들어 도약한 국내 자동차 기업의 수준이 큰 도움이 되었음을 인정하지 않을 수 없다.

몇 해 전부터 K-pop과 K-drama가 미국과 유럽 등 세계 전역을 강타하면서, 이제는 서구 지역 국가에서도 한글을 배우려는 열풍이 불고 한국 문화에 대한 관심이 상당히 증가하고 있다. 심지어는 아시아계 미남미녀의 기준조차 '한국적'이 되어가고 있다고 할 만큼, 해외에서 접하는 한국 열풍은 대단하다. 거기에 미국과 중국의 경제적, 군사외교적 경쟁이 치열해지는 상황 가운데, 친미-친서방국가 쪽으로 방향을 선회한 정부의 외교노선도 우리나라의 기업이나 미국 거주자들에게는 긍정적인 측면으로 작용하고 있다. 대표적으로 혜택을 보는 기업군이 배터리와 반도체. 이 두가지 모두 미래형 자동차나 전자 산업에 필수 부품들이다 보니, 자동차 산업에 몸 담고 있는 나 역시 'K-열풍'의 수혜자라고 할 수 있었다.

스텔란티스와 거래하는 주 배터리 제조업체는 LG Energy Solution(LG엔솔)과 삼성 SDI, 그리고 중국의 CATL이었다. 브랜드가 많고 차종이 많아서, 필요한 배터리를 충당하기 위해 다른 기업들과도 거래가 있지만, 회사 입장에서 가장 중요한 공급처는 위 3개사였다. 거기에 스텔란티스가 벤치마킹 하는 주요 전기차 업체가 Tesla와 현대기아차, 폭스바겐 등 세 곳이었다, Tesla는 스텔란티스 14개의 브랜드 중 고성능 자동차를 만드는 마세라티Maserati나 알파 로메오Alfa Romeo 브랜드의 경쟁사였고, 현대기아차는 일반 브랜드의 전기차를 만들 때 반드시 참고하는 경쟁 상대였다. 특히 2021년부터 크게 인기몰이를 한 아이오닉5Ioniq5와 EV6에 대한 관심이 많아, 그 차종의 전동화 부품 공급을 책임지고 있던 나에 대해서도 호기심이 많았다. 회의에서 만나는 외국 임직원들과 대화를 나눌 때도 그런 느낌을 많이 받았는데, 많은 사람들이 "네가 바로 현대에서 온 그 사람이구나. 얘기는 많이 들었다." 라고 인사를 했다.

세계적 기업의 임원으로 자동차의 본산지 디트로이트에 자리 잡았다는 뿌듯함과 더불어 이제 세계적으로 주목받는 대한민국과 현대자동차그룹의 후광을 입고 있다는 자부심과 감사함은, 그러나, 그다지 오래 지속되지 못했다. 내가 처한 현실이 얼마나 복잡하고 혼란스러운지를 파악하는 데는 채 두 달이 걸리지 않았다. (회사의 내부 정보라 상세히 공개할 수는 없지만) 스텔란티스의 전동화 전략은 14개의 브랜드를 모두 만족시키려 하다 보니 너무나도 복잡하고 경우의 수가 많았다. 반면에, 불과 2~3년이라는 짧은 기간에 여러가지 프로젝트를 시작하고 진행하면서, 미처 인력을 충원할 시간적 여유가 없었다. 어느 조직이든 '사람이 부족해서 일하기 어렵다.'고 불평을 하게 마련이지만, 내가 처한 여건은 정도가 심각했다. 이 무렵에 깨닫게 되었다. 3주간이라는 짧은 시간 안에 급하게 나를 영입하려고 했던 이유를.

주변에서 들으니, 내가 오기 전 1년가량은 배터리 조직을 이끌어갈 임원이 없어서, 유럽 연구소의 propulsion 부문을 책임지고 있는 분이 겸임을 했다고 한다. 두 가지 업무를 담당하다 보니 아무래도 유럽연구소에 더 치중할 수밖에 없었을 것이고, 배터리와 관련된 세부 사항들을 챙기지 못했던 것 같다. 그 이전에도 한동안 담당자가 없어서, 우리로 치면 팀장이나 실장급에 해당하는 시니어 매니저가 한동안 조직을 이끌었다고 한다, 더 심각했던 것은 그 이전에 배터리 사업을 총괄하던 임원이 입사 7개월만에 퇴사를 하고, 그 이전 담당자도 임무를 맡은 후 오래 머물지 않고 회사를 떠났다는 사실이다. 몇 년 사이에 전동화의 가장 중요한 분야의 리더가 여러 차례 바뀌다보니, 조직의 전략은 방향성이 불분명하고 조직원들은 사기가 저하되는, 말 그대로 혼돈의 시기가 지난 몇 년간 지속되었던 것이다.

그래서 임기 첫 두세 달 동안 가장 신경을 쓴 부분은 직원들과의 의사소통이었다. 직접 만날 수가 없다보니, 주로 화상회의를 통해 이루어지는 대화였지만, 항상 강조한 내용은 크게 두 가지였다.

"지금까지 내 경력을 통해 많은 것을 성공적으로 이루어왔는데, 여기서도 또다른 업적을 성취해 보고 싶은 것이 내 꿈이고 그렇게 할 수 있다고 자신한다."

"나는 늘 대화할 수 있도록 창구를 열어둘테니, 언제든 소통하자."

별다른 내용이 없어보이지만, 사실 함축된 의미는 컸다. 이미 우리 직원들은 내가 현대자동차 그룹에서 어떤 역할을 했는지 잘 알고 있었고, 나도 내가 이룬 업적에 대해 간간히 이야기를 했기 때문에, 내가 말하는 '성공'이 '세계 최고 수준'이라는 사실에 공감대가 있었다. 그리고 미국이나 유럽의 직장도 우리가 생각하는 것보다 훨씬 위계질서가 강하기 때문에 직속 상관과도 대화하기가 쉽지 않은데, 우리로 말하면 본부장이나 사업부장이 신입사원들에게 채팅이나 이메일로 언제든 연락을 하라고 한 것이라 그들에게도 신선한 충격이었다. 그렇게 조직관리를 시작한 후 얼마되지 않아 한 직원이 직접 찾아왔다.

"정말 내가 우리 팀의 문제에 대해서 솔직하게 이야기해도 괜찮은 겁니까?"

"물론이죠."

"이렇게 이야기하고 다음주쯤 인사팀에서 연락 와서 다른 직장 알아보라고 하는 건 아니겠지요?"

순간 그 소리를 듣고 깜짝 놀랐다. 과거 미국 직장 생활을 통해서도 미국의 조직문화 체계가 엄격하다는 건 알고 있었지만, 이제는 우리나라에서도 소통의 중요성을 강조하고 다양한 채널을 통한 교류를 강조하는 마당에 글로벌 기업의 경직성이 이 정도일 거라고는 상상하지 못했었다. 급히 계획을 짜서 미국에 있는 직원들과 먼저 만남을 가지고 틈나는 대로 이야기를 나누었다. 내 조직만 해도 세계 여러 나라에 인력이 분산되어 있어, 멀리 있는 사람들은 화상으로만 연락이 가능했고, 이들은 이후 출장시에 직접 만나는 것으로 일정을 잡았다.

입사 후 3주차가 되었을 때, 미국에 있는 직원들을 모아 인사하는 자리가 마련되어 소개할 기회가 있었는데, 이 자리에서도 흥미로운 장면들이 목격되었다. 지난 2년여 동안 코로나로 인해 대부분 재택근무를 한데다, 배터리 조직은 그 기간동안 인력 충원이 많았기에 서로 처음 만나는 사람들이 대부분이었다. 매일 몇 차례씩 화상으로 만나던 사람들이 나누는 인사는 재미있었다.

"너 키가 이렇게 큰 줄 몰랐다."
"너 임신 중이었구나…"

이름과 얼굴만 알다가 막상 만나서 이야기를 나누다보니 분위기는 화기애애했고, 나에 대해 궁금한 점들도 많아 첫 모임부터 많은 대화가 이루어졌다. 이 모임을 주선해 준 내 직속상관은 구동계propulsion system 개발의 글로벌 책임자였는데, 그 리더십 아래 직원이 1만명이 넘는 큰 조직을 담당하고 있었다. 사내에서도 영향력이 있는 임원이 직접 마련해 준 자리라 초기에 업무와 직장 분위기에 적응하는 데 큰 도움을 받았다.

내가 속한 구동계 개발 본부의 상위 조직인 Engineering Division 은 연구개발 기능 이외에도 양산과 관련한 다양한 업무를 책임지고 있다. 특히 신생 분야인 전동화의 경우, 생산이나 구매, 품질 등 관련 조직이 아직 이 분야의 특성이나 상세 내용에 익숙하지 않다 보니 부수적인 업무가 많았다. 인원은 많지 않은데, 개발 차종은 많고, 여기에 타 부서의 업무에도 협조를 해야 하는 삼중고가 우리 팀원들을 힘들게 하고 있었다. 내 임무는 프로젝트를 일정에 맞추어 수행하고 미래를 준비함과 동시에 직원들의 사기 진작에도 신경을 써야 하는 것이었다. 세 마리 토끼를 한꺼번에 잡기는 어렵지만, 어느 것 하나 소홀히 할 수 없는 중요 사안이라 일단 부딪히면서 하나씩 해결을 해야만 했다. 아이러니컬하게도, 가장 큰 난관은 회사의 자랑인 '글로벌화'된 조직의 특성이었다.

몇 개의 회사가 합쳐 글로벌 기업을 이루면서, 스텔란티스의 조직은 각 지역에 특정 프로젝트를 맡기는 것이 아니라 모든 조직이 글로벌하게 통합되어 있다. 배터리 사업부만 해도, 총괄 책임을 지는 내 리더십 아래 십여 명의 시니어 매니저들과 치프 엔지니어들이 있는데, 미국에는 4명, 프랑스와 이탈리아, 중국 등지에 나머지 리더들이 있다. 그러나 그 아래 매니저들은 상사의 거주 지역과 또 다른 곳에서 일을 한다. 우리 식으로 이야기를 하면, 미국에 사는 대리가 프랑스의 과장에게 보고를 하고, 그 과장은 이태리에 있는 부장에게, 그 부장은 다시 미국에 있는 임원에게 보고를 하는 식이다. 그러다 보니 보고체계가 복잡하고 간혹 미스커뮤니케이션과 같은 누수 현상이 생긴다. '각 지역별로 담당 프로젝트를 할당해 관리하면 좋을텐데'라는 생각을 여러 차례 했지만, 이미 많은 고민과 의견수렴을 통해 결정되었을 조직 관리 방향에 내가 이제 와서 이의를 제기할 수도 없는 노릇이었다.

전 세계에 흩어진 조직들이나 수많은 부품 공급사들과 회의를 하다 보니, 직원들은 상당수가 이미 지쳐 있는 상태였다. 미국 기준으로 보통 아침 6시경에 첫 회의가 시작되는데. 하루 종일 일을 하고 휴식을 취하다 밤이 되면 아시아에 있는 담당자나 업체들과 또 회의를 한다. 이런 이유로 하루 12시간 이상 일하는 날이 대다수고 주말에도 마음 놓고 쉬지 못하는 사람들이 많았다. 나 자신도 낮 시간에는 종일 회의에 참석하느라 이메일을 들여다볼 시간이 없어서, 혼자 할 수 있는 일은 주로 밤 시간이나 주말을 이용했다. 월요일 아침부터 시작되는 주요 회의에 대비하느라 교회를 다녀온 일요일 오후부터 긴장상태에 돌입하다 보니, 국내의 젊은 직장인들이 최상의 가치로 꼽는 '워라밸'과는 거리가 멀어도 한참 먼 생활을 지속할 수밖에 없었다.

그나마 익숙한 미국에도 아직 적응이 안된 상태에서 타지역 현황을 점검하느라 입사 후 한달 만에 급하게 유럽 출장을 다녀와야 했다. 프랑스와 이탈리아에 있는 부하 직원들을 보러 가는 목적이었는데, 급하게 7월 말로 일정을 잡은 이유가 있었다. 8월 한달은 대다수의 유럽 직원들이 휴가를 가기 때문이었다. 휴가에 대한 그들의 개념은 확실하다. 2주든 3주든 법적으로 쉴 수 있는 휴가는 절대 양보하지 않고, 중간에 연락도 잘 받지 않는다. 또한 남 눈치를 보느라 며칠씩 쪼개어 쉬지도 않는다. 미국 사람들은 오히려 1주 정도의 휴식에도 만족을 하고 필요하면 국가 공휴일 앞뒤로 휴가 기간을 사용해 긴 주말을 쉬는 반면에, 유럽 사람들은 장기 휴가를 더 선호한다. 유럽에 휴양지가 많아 가볼 곳이 많은 탓도 있겠으나, 근로자의 권리가 중요시되는 특유의 업무 분위기와 다분히 사회주의 영향을 받은 프랑스의 기업문화가 큰 영향을 끼친 것이다.

그렇게 다녀온 출장의 첫 도착지는 프랑스. 과거 푸조시트로엥의 본사가 있는 도시인 푸아시Poissy였다. 스텔란티스의 본사는 네덜란드의 암스테르담Amsterdam에 위치하고 있지만, 회사의 주요 경영진이 프랑스에 사무실이 있기 때문에 사실상 본사의 역할을 하고 있는 이 사옥은 우리 기업의 본사와 같이 대도시 번화가의 높은 건물에 위치하고 있지 않다. 파리에서 서쪽으로 30km 떨어진 중소도시에 자리 잡은 건물에 출입증을 받으러 들어가니, 스텔란티스의 14개 브랜드와 대표 차종이 그려진 대형 포스터가 손님을 맞이하고 있었다. 100년을 넘긴 기업만 9개이고, 심지어 19세기에 생긴 기업이 3개나 되는 것을 보며 경이롭다는 생각이 들었다. 사실 최근에 생산되는 자동차의 품질이나 인기도를 보면 국내 기업의 차가 더 우수하지만, 이들은 50년 역사의 국내 기업이 가지고 있지 못한 유구한 역사를 간직하고 있었던 것이다. 이날 비로소 깨달은 사실이 있다. 이제 세계적 기업 반열에 오른 국내 자동차 기업이 앞으로 갖추어야 하는 것은 단지 품질 좋은 차, 가성비 좋은 차를 만드는 데 국한되는 것이 아니라는 사실이다. 미국 프로 야구로 치면 이제 마이너리그의 상위 그룹인 '트리플 A' 급에 진입한 팀이 메이저리그에 진입하기 위해서는 다른 조건이 필요하다. '레거시', 즉 하루 아침에 이루어지지 않는 전통과 그에 따른 고객의 신뢰를 쌓는 바로 그 '시간'이다.

프랑스 출장 첫날 마련된 저녁 식사는 오후 7시 반에 시작되었다. 왜 이렇게 늦게 시작하는지 궁금해하면서 식당에 도착했는데 아직 손님이 별로 없었다. 8시가 되니 그제서야 자리가 하나 둘 차기 시작해 점점 북적였다. 그날 식사 후 호텔에 돌아온 시각이 밤 11시 20분, 저녁을 먹으며 이야기를 나눈 시간이 3시간 반이었다. 이렇게 저녁식사를 늦게 또 오래 하는 줄 몰랐던 나로서는 유럽발 문화 충격이었다. 미국 사람들도 식사를 하면서 말을 많이 하지만 늦어도 9시면 헤어지게 마련인데, 프랑스는 달라도 많이 달랐다. 유럽 국가들 중 그나마 과거에 출장을 많이 다녔던 독일과는 또다른 풍경이었고, 프랑스 사람들이 얼마나 다양한 소재를 가지고 대화하는지 절실히 느낀 저녁이었다. 다음 행선지인 이탈리아에서도 저녁 식사는 늦게까지 이어졌다. 다른 것이 있었다면 식사 메뉴. 음식이라면 자존심이 하늘을 찌르는 두 나라의 대표 음식들을 맛볼 수 있는 기회가 사치스러운 체험이어서인지 수시간을 영어로 떠들어야 하는 고역은 참을 수 있었다.

이탈리아에서는 직원들과의 첫 만남을 위해서 특별 이벤트를 준비했다. 고등학교 음악 시간에 배운 이탈리아 노래 중에 「오 나의 태양 O Sole Mio」이라는 노래가 있었는데, 그 가사를 외워서 공장 방문시에 부른 것이었다. 다행히 가사 대부분을 기억하고 있었지만, 발음 교정을 위해 유튜브에 나오는 유명 가수의 노래를 수십 번 반복해서 들었다. 아무리 노력한들 원어민이 듣기에는 어색했겠으나, 검은 머리의 동양인 리더가 자기들을 위해 이탈리아판 「돌아와요 부산항에」를 불러준 셈이라 모두들 감동했고 박수가 터져 나왔다. 특히 내 조직의 이탈리아 현지 책임자가 나폴리 출신인데, 마침 그 곡이 그 지역 노래라 더 좋아했다. 비록 인종과 문화는 다르지만, 어떻게든 친해지려고 노력하는 데 모든 초점을 맞춘 내 첫 해외 출장은 그렇게 진행되었다. ●

Chapter

3

인물들로부터
배우는 교훈

리더가
헌신을 말한다면

고수의 작품은 누구든지 공감할 만한 감동을 준다. 2020년 7월 세상을 떠나 많은 사람을 안타깝게 했던 엔니오 모리꼬네Ennio Morricone는 「황야의 무법자」, 「시네마 천국」, 「원스 어펀 어 타임 인 아메리카」등 수많은 영화음악을 통해 우리에게 거장의 면모를 보여준 사람이다. 특히 「넬라 판타지아Nella Fantasia」로 우리 귀에도 익숙한 「가브리엘의 오보에Gabriel's Oboe」는 듣는 사람의 마음을, 그것도 들을 때마다 휘어잡는 매력이 있다.

그 곡을 OST로 사용한 영화 「미션The Mission」에서 주연을 맡았던 로버트 드 니로Robert De Niro의 연기도 시대를 초월하여 우리에게 변함없는 매력으로 다가온다. 1978년 작품인 「디어헌터」나 1984년의 「원스 어펀 어 타임 인 아메리카」, 1986년 「미션」에 이르기까지, 30~40년이 지난 영화 속 장면이 아직도 머리에 뚜렷한 잔상으로 남아 있는 것을 보면 그는 부정할 수 없는 대배우다.

이 두 사람은 같은 영화에서 배우와 영화음악 작곡가로서 참여하기도 했는데, 또다른 공통점은 아주 오래 한 분야에 종사했다는 사실이다. 1928년생인 모리꼬네는 그를 유명하게 만든「황야의 무법자」가 1966년에 상영되었고, 반세기가 넘는 동안 500편이 넘는 영화음악을 작곡했다. 1943년생인 드 니로의 초기 대표작인「비열한 거리」는 1973년에 나왔으며, 최근의 히트작은 2019년에 제작과 주연을 맡았던「아이리시맨」이다. 2023년에 개봉한 영화「플라워 킬링 문」에서도 레오나르도 디카프리오Leonardo DiCaprio와 함께 주연을 맡아 열연했다.

이들이 50년이 넘도록 성공을 누리는 비결은 과연 무엇일까? 80을 바라보던 2007년, 처음으로 한국을 방문해 콘서트를 했을 때 모리꼬네를 인터뷰한 기사를 읽어본 적이 있다. 노익장의 비결이 뭐냐고 묻는 질문에 그는 '끊임없는 작곡'이라고 대답한다. 그 나이에도 매일 아침, 한 두 시간씩 작곡을 한다고 하면서 하나의 작업은 다음 작업을 할수 있는 원동력이 된다고 말했다. 로버트 드 니로의 장수 비결은 다채로움과 꾸준함이다. 장르를 넘나드는 영화의 배역을 소화해 내는 능력도 탁월하지만, 주연과 조연을 가리지 않고 모든 영화에서 최선을 다하는 그의 자세가 오늘날의 그를 있게 해 온 추진력이다.

이 두 명의 이탈리아계 거장들의 인생을 보면 고집스러운 면이 있다고 할 정도로 자기 관리를 철저히 하면서도 소탈한 면모를 보인다. 80평생 이탈리아를 떠나지 않으면서 로마의 집과 근교 별장에 머물며 작업을 했던 대작곡가나, 어린 시절에 어머니와 이혼하고 헤어진 아버지가 살던 뉴욕 소호의 아파트를 배우로 성공한 후 사들여 지금까지 살고 있는 드 니로 모두 누릴 수 있는 만큼 누리지 않고도 행복한 삶을 영위한다.

드 니로의 수많은 인터뷰를 모아 놓은 동영상을 보면 그의 인생관을 어렵지 않게 엿볼 수 있는데, 그가 얼마나 '사람'과 '관계'를 중요시하는지 짐작케 하는 부분들이 눈에 띈다. 경쟁을 하려 하기보다 상대방을 통해 배우고, 주변에 항상 좋은 사람들을 두어야 한다고 하는 그가 한 말 중 가장 기억에 남는 대목은 다음과 같다.

> "The better they are, the better you are(그들이 더 나아지면, 당신도 더 나아집니다)."[35]

로버트 드 니로에 관심이 많아 그의 이력을 찾다 보니, 흥미로운 사람들이 등장한다. 그가 대배우로 성장하는데 도움이 되어준 감독들이다. 그 중 한 명이 2019년 아카데미 시상식에서 「기생충」으로 4관왕을 차지한 봉준호 감독이 수상소감에서 감사의 인사를 한 마틴 스콜세지 Martin Scorsese 감독이다. 역시 이탈리아계 미국인인 그는 1973년 작품인 「비열한 거리」에 드 니로를 주연으로 발탁한다. 한치 앞을 예측할 수 없는 인물인 자니 보이 역을 성공적으로 연기하면서 두 사람의 동반관계는 깊어지는데, 1970년대부터 1990년대까지 함께한 작품만도 「택시 드라이버」1976, 「분노의 주먹」1980, 「좋은 친구들」1990, 「카지

---

35 저자 역, Carmichael Phillips, 〈15 Inspirational Quotes by Robert De Niro〉, Acting Magazine.

노」1995 등 다수가 있다.

두 사람은 2019년 개봉한 「아이리시맨」에서도 호흡을 맞추며 많은 상을 받았으나, 유독 아카데미에서는 운이 따르지 않았다. 무려 10개 부문에서 후보에 오르지만 단 한개의 상도 수상하지 못한다. 헐리우드의 또다른 스타로, 「쉰들러 리스트」, 「테이큰」 등을 통해 우리에게도 친숙한 영국 배우 리암 니슨Liam Neeson은 스콜세지 감독의 2017년 영화 「사일런스」에 출연하여 예수회 수사 역을 연기하기 위해 9kg를 감량했던 당시를 회고하며 이런 말을 한다.

> "마틴 스콜세지 감독은 배우들에게 헌신을 요구했고, 그것이 그의 성공비결이라고 생각합니다."

영화와 연결된 세 명의 거장, 엔니오 모리꼬네, 로버트 드 니로와 마틴 스콜세지는 다른 듯하면서도 비슷한 모습을 가졌다. 그들은 새로운 분야에 도전해 자신만의 세계를 구축한 사람들이며, 아주 오랜 기간 한 영역에서 끝없는 노력을 기울여 전문가로 성장했다.

젊은 시절 나도 한 때는 이런 고수가 되고 싶은 꿈이 있었다. 수소전기차 분야에서 최고의 권위자가 되고 싶었고, 이후에는 범위를 넓혀 환경차 분야의 고수가 되고 싶었다. 그러나 엔지니어링이라는 본업을 떠나 관리와 경영을 하는 위치에서 오랜 기간 일하면서 꿈이 조금씩 바뀌어 왔다. 나 개인이 더 성장하려고 전력투구를 하는 것이 어렵기도 하고 바람직하지도 않다는 생각이 든 것이다. 이제는 그런 꿈을 가지고 정진하는 후배들을 격려하고 키우는 일이 더 중요하다. 그리고 그런 인재들로 구성된 조직을 만들고 성장시켜서 후계자에게 유산으로 넘겨주는 꿈이 더 멋있어 보이는 나이와 위치가 되었다.

반세기를 이어지는 열정과 헌신으로 전설의 경지에 오른 엔니오 모리꼬네나 로버트 드 니로와 같은 사람들을 보면, 이제 불과 30년 가까이 한 분야에서 일해 온 내가 열정을 잃어버리기에는 너무 이르다는 생각이 들기도 한다. 업무에서의 전문성을 더 키우는 열정을 유지하면서, 후배들을 위해 헌신하는 마음을 어떻게 발휘해야 하는지 고민해보아야겠다. 아직도 간간히 내 이성을 뚫고 올라오는 알량한 자존심, 내 지위나 직책, 그에 따라 주어진 권한, 그리고 어느 정도 알려진 명성이 내 열정을 막아서지 못하도록 해야겠다는 결심을 하며 모리꼬네의 넬라 판타지아가 주는 매력에 다시 한번 흠뻑 빠져본다. ●

2

천재 연주자가
제자를 감싸 안는 방법

클래식 음악을 잘 모르는 사람들도 어디선가 한번은 들어보았을 바이올린 명곡 중에 스페인 작곡가이자 바이올린 연주자인 파블로 데 사라사테Pablo de Sarasate가 1878년에 작곡한 「지고이네르바이젠」이 있다. 'Zigeunerweisen'은 집시를 뜻하는 'Zigeuner'와 선율을 뜻하는 'Weisen'의 합성어로, 사라사테가 헝가리를 여행할 때 수집한 그 지방 집시 민요들을 주제로 작곡했다고 한다. 비범한 기술을 요하고 표현이 쉽지 않아 사라사테 당시에는 작곡가 자신을 제외하고는 완벽히 연주해낼 사람이 없었다고 전해진다.

이 곡의 음표는 바이올린의 4개 현 중 가장 낮은 음역을 가진 G현으로부터 가장 높은 음역의 A현까지 자유자재로 움직인다. 게다가 전혀 예상하기 어려운 부분에서 손가락을 튕겨 연주하는 '피치카토' 주법이 도입되는 등, 연주자들이 도전해보고 싶은 요소를 골고루 갖춘 작품이다. 집시풍 멜로디가 듣는 사람에게 익숙한 데다 현란한 연주를 즐기는 재미도 있다 보니 SNS에서 일류 바이올리니스트들의 연주 영상을 어렵지 않게 접할 수 있다.

현재 활동 중인 연주자들 중에 이 곡을 가장 잘 해석하는 것으로 알려진 사람 중에 한국계 미국인 사라 장Sarah Chang이 있다. 2007년 그가 베를린 필과 협연을 한 지고이네르바이젠은 특히 유명한데, 그 당시 지휘는 테너 가수로 더 유명한 플라시도 도밍고Placido Domingo가 맡아 화제가 되기도 했다. 사라 장은 인상적인 도입부를 안정적으로 시작하다가, 애잔한 분위기를 거쳐 긴박감 넘치는 결말에 이르기까지 특유의 테크닉과 절도 있는 카리스마로 청중을 압도했다. 바이올린이 가지고 있는 극한 까지를 보여주는 듯한 그의 연주를 감상하다 보면 말 그대로 몰아지경에 빠진다.

이 곡을 유튜브에서 듣던 어느 날이었다. 문득 사라 장의 경력이 궁금해져서 검색을 해보았다. '줄리어드 음대The Juilliard School에서 도로시 딜레이Dorothy DeLay를 사사했다.'는 대목이 나온다. 바이올린이나 줄리어드에 대해 관심있는 사람이라면 한번은 들어봤을 이름인 도로시 딜레이1917~2002 교수는 그 자신이 신동 연주자이기도 했지만, 현재까지 활동중인 세계적인 바이올리니스트 다수를 길러낸 스승으로 더 유명하다. 20세기 최고 연주자의 한 사람으로 꼽히는 이착 펄만Itzhak Perlman이나 바이올린계의 이단아 나이젤 케네디Nigel Kennedy를 비롯해, 이 분야에서 대표적 천재들로 알려진 길 샤함Gil Shaham과 고토 미도리Goto Midori에 이르기까지 그의 제자 명단은 화려하다.

한국계 제자들도 많이 걸러낸 딜레이 교수는 사라 장 외에도 한국계 독일인인 클라라 주미 강, 김지연, 이유라 등 많은 제자를 두었다. 사라 장은 줄리어드 시절 두 명의 교수로부터 가르침을 받았는데, 도로시 딜레이 교수의 제자이기도 한 재미 교포 강효 교수가 그의 또다른 스승이다. 강 교수는 1985년 동양인 최초로 줄리어드 음악원의 정교수가 된 이력의 소유자다. 서울대 음대에 재학중이던 1964년에 유학을 떠나 줄리어드와 피바디 대학에서 공부를 하고 현재는 줄리어드 음악원과 예일대학교에서 교수로 재직중이다. 또한 세계적인 실내악 앙상블인 세종 솔로이스츠Sejong Soloists의 예술감독으로도 활약하고 있다.

바이올린의 사촌 격이 되는 비올라 연주자로 유명한 리처드 용재 오닐Richard Yongjae O'Neill도 강 교수의 제자인데, '용재'라는 이름middle name이 강 교수가 지어준 것이라고 한다. 리처드 용재 오닐에게도 강효 교수는 특별한 사람이었다고 한다. 뉴욕 생활을 하는 중 생활비의 상당 부분을 후원한 것뿐 아니라 생애 첫 비올라까지 선물해주었다. 자신의 테크닉 대부분을 강 교수에게 배웠다고 인정하는 그는 오래 전 《월간중앙》과의 인터뷰에서 스승에 대해 이렇게 이야기한 바 있다.

"그는 저를 비롯한 많은 젊은 연주자의 멘토였습니다. 인간적으로도 매우 가까워져서 서로에게 비밀을 털어놓는 사이가 됐습니다. 그의 존재 자체가 하나의 자극, 영감으로 작용했죠. 세심하고 따뜻한 데다 침착하고 차분해서 학생들과의 거리감이 전혀 없었습니다. 자신보다 젊은 사람들을 대할 때도 반말보다는 존댓말을 쓰곤 했어요. 저를 학생으로 내려다본다는 느낌이 전혀 없었습니다."[36]

강효 교수는 학생들에게도 말과 감정을 아끼는 것으로 유명하다. 천재 소리를 듣지 않고는 입학 자체가 불가능한 줄리어드에서 학생들을 훈련하기 위해서는 인격과 음악성을 함께 길러줘야 한다고 믿는다. 형편이 어려운 학생들의 끼니를 챙기고 아버지의 사업이 어려워진 제자로부터는 레슨비도 받지 않을 정도로 인간적인 그는 '힘든 제자는 있어도 미운 제자는 없다.'는 믿음을 가지고 있다. 그 스승에 그 제자라고, 강 교수는 좋은 에너지로 제자를 감싸 안는 방법을 스승인 도로시 딜레이 교수로부터 배웠다고 한다. 언성을 높인 적이 없다고 하는 딜레이 교수는 제자를 잘 관찰하고 고민을 해결해주는 전형적인 멘토이자 코치였던 셈이다. 스승의 닮은 꼴인 강 교수가 학생을 가르칠 때 지키는 원칙이 있다.

"가르칠 때는 학생에게만 100% 집중해야 합니다. 그 아이에게 가장 필요한 게 뭔지 생각해요."

적어도 레슨을 하는 동안에는 가르치는 자신이 주인공이 아

---

36 한기홍 선임기자, 〈우리 시대의 거장, 스승을 말하다⑧—"음악가의 운명은 순간 위해 모든 생을 바치는 것"〉, 201401호(2013.12.17), 월간중앙.

니고 배우는 학생이 주연이라는 그의 철학은 기업에서도 모든 리더들이 가지고 있어야 하는 가치관이다. 젊은 세대가 미래의 주인공이 아니라 지금 현재의 주인공이라는 믿음이 있을 때 비로소 참된 멘토링이 가능하다.

　나이 60에 들어서면서 몇 년 남지 않은 직장생활을 어떤 모습으로 마무리하고, 20~30년 남은 내 인생을 어떻게 윤택하게 만들어야 하는가에 대해 슬슬 고민을 한다. 이제는 더 많은 시간과 열정을 후배들을 양육하고 성장시키는 데 투자하고 싶다. 도로시 딜레이 교수나 강효 교수가 탁월한 연주자이기도 했지만 진정한 스승으로 더 오래 기억되는 것처럼, 나도 후배들에게 '멋진 멘토'로 기억되면 좋겠다. 내가 성장시킨 후배가 또 후배를 키우고, 이렇게 몇 대를 거쳐 먼 훗날 내 '제자'들이 한자리에 모여 그동안 이루어낸 성과를 이야기할 수 있다면 얼마나 멋질까? 사람을 키우는 일, 리더십이라는 전통을 남기는 일처럼 의미있는 일이 또 있을까를 생각하니 마음이 설렌다. ●

3

내려오는 길이
아름다우려면

실패는 많은 경우 성공만큼 후대에 값진 유산으로 남을 수 있으나, 때로 실패가 용납되지 않을 때가 있다. 한 번의 실수가 생명을 앗아갈 수 있는 경우가 그렇다. 이런 영역 가운데 인간의 한계를 요구하는 고산등반이 있다. 일반인들은 엄두도 내기 어려운 히말라야의 설산을 오르는 일은, 쉬지 않고 42.195km를 달리는 마라톤이나, 3주에 거쳐 3,000~4,000km의 거리를 일주하는 도로 사이클 경기 투르 드 프랑스 Tour de France에 필요한 극도의 인내에 더해 목숨까지도 담보로 잡혀야 한다.

요즘에는 정상에 오르는 사람들의 수가 많아졌지만 70여 년 전, 세계 최고봉인 8,848m의 에베레스트를 최초로 정복한 사람은 뉴질랜드 출신의 산악인 에드먼드 힐러리 경Sir Edmund Percival Hillary이다. 오클랜드 대학교에서 수학과 과학을 전공하고 2차 세계대전 때는 공군에 징병되어 비행정을 조정하는 임무를 맡기도 했던 그는, 1953년 5월

29일 오전 6시, 네팔인 셰르파 텐징 노르가이Tenzing Norgay와 함께 미답의 정상에 도전한다. 뉴질랜드인이지만 등반 실력을 인정받아 영국의 에베레스트 10번째 원정대에 포함되었던 힐러리는, 등반 1조에 속해 있던 토머스 부르딜롱과 찰스 에번스가 당시로서는 최고 도달점이었던 8,754m에서 포기하고 베이스캠프로 내려온 이후, 텐징과 함께 2조로 나선다. 그리고 영하 17도의 추위속에서 5시간 30분간의 사투 끝에 정상을 밟아 새 역사를 쓴다.

한 번의 실패도 용납하기 어려운 고산 등반의 전문가인 힐러리 경이 자주 한 말이 있다. "꿈이 있는 사람은 실패해도 좌절하지 않는다." 단 한 번의 눈사태나 크레바스 추락에 생명을 잃을 수 있는 위기 가운데 평생을 보내면서도 그는 실패를 두려워하지 않아야 한다는 신념을 가지고 살았다. 에베레스트 정복 후 캠프로 돌아온 그의 첫마디는 "결국 저 녀석을 때려눕혔어." 였다고 한다.

힐러리 경보다 시기적으로 늦기는 했지만 우리나라 산악인 중에서도 에베레스트를 정복한 사람들이 있다. 1977년 9월 최초로 등반에 성공한 고상돈씨로 인해 우리나라는 세계에서 여덟 번째로 에베레스트를 등정한 국가가 되었다. 그러나 현재 우리나라 산악인을 대표하는 인물은 1988년 에베레스트를 등정하고 2001년 한국에서 두 번째이자 세계에서 아홉 번째로 히말라야 8,000m급 14개 봉우리를 완등한 엄홍길 대장이다. 이후 그는 다른 8,000m급 위성봉인 얄룽캉과 로체샤르를 등정하여 세계 최초로 16좌 등정에 성공한다.

엄홍길 대장이 자신의 인생을 돌이켜보며 산악을 통해 배운 교훈을 담담하게 적어낸 글이 있다. 2015년에 출간된《산도 인생도 내려가는 것이 더 중요하다》이다. 제목 자체가 많은 의미를 내포하고 있는 이 책을 넘기다 보면 한계에 도전하는 사람들의 삶에 경외가 느껴진다. 그런데 흥미롭게도 이 책의 마지막 장은 제목이 '도전보다 아름다운 말, 나눔'이다. 도전, 정복, 성취와 같은 단어들이 그의 삶을 풍성하게 한 것이 아니라 오히려 자신이 가진 것을 나누어 주는 데서 진정한 삶의 의미를 찾았다는 엄대장은 자신의 인생에서 마지막 17좌는 사람이라고 한다.

히말라야 아이들을 위해 산간 오지 마을에 학교를 짓는 이야기를 하는 대목에서 엄대장은 영락없이 '키다리 아저씨'의 모습을 보인다. 그는 자신이 존경하는 힐러리 경을 많이 닮고 싶었던 것 같다. 책의 곳곳에 힐러리의 말이 인용되고 그를 '가장 높은 곳에 오르고도 가장 낮은 겸손한 마음을 가진 사람'[37]으로 묘사한다.

실제로 힐러리 경도 1960년 히말라야 트러스트라는 단체를 설립하고 네팔에 학교와 병원을 세우며 셰르파를 위한 복지제도를 만들었다. 이는 1953년 등반의 동반자였던 텐징과의 우정에서 비롯된 선행으로 알려져 있는데, 그는 사망 전까지 네팔을 120여 회나 방문하며 사업을 지원한다. 두 사람 사이의 우정은 최초의 에베레스트 등정만큼 세상의 관심사였다. 누가 먼저 고지를 밟았느냐는 질문에 항상 '함께'라고 대

---

37   엄홍길,《산도 인생도 내려가는 것이 더 중요하다》, 샘터사, 2015.

답한 두 거인은 상대방에 대한 존중과 배려로 인생을 함께 한 사이다. 그런 두 사람의 인생도 감동적이지만, 이런 유산을 이어받아 히말라야 오지에 학교를 세우는 일을 감당하고 있는 엄홍길 대장도 자랑스럽다.

오래전 TV 프로그램 「집사부일체」에 가수 신승훈 씨가 나온 적이 있다. 데뷔한 지 30년이 되는 발라드 가수로서 이렇게 장수할 수 있는 비결에 대해 출연진들이 물어보았다. 90년대에 가수 심신, 윤상 씨뿐 아니라 서태지와 아이들, SES와도 라이벌 관계에 있던 그가 오랜 기간 활동할 수 있었던 비결로 꼽은 것은 바로 '신뢰'였다. 대중들에게 '신승훈의 노래는 믿을 수 있다.'는 신뢰를 준 것이 주효했다고 한 그는 담담하게 자신의 미래를 계획한다. 가수로서 치열하게 열심히 살아왔으니 '아름다운 하강'을 하고 싶다는 것이다. 그 표현이 참 아름답게 들렸다.

조직의 리더들이 이런 생각을 가지고 산다면 우리 사회는 얼마나 평화로울까라는 생각을 해보았다. 그가 말한 하강은 물론 대중으로부터 멀어진다는 것을 의미한다. 인기를 생명으로 하는 연예인이 이별을 준비하는 일이 쉬울 리가 없다. 그가 택한 길은 후배를 위한 선배의 배려이고 다음 세대를 위한 어른의 도리이다. 본인만이 행복한 길이 아니라, 아름다운 인향人香을 남김으로써 사회를 풍요롭게 만드는 길이기도 하다. 조직을 관리하는 리더들도 그와 비슷한 생각을 할 수 있어야 한다. 그가 덧붙이듯이 '후배들이 사부'라는 멋진 멘트로 은퇴식을 준비할 수 있어야 한다.

주는 기쁨, 섬기는 기쁨이 얼마나 큰지는 해보지 않은 사람은 이해하기 어렵다. 존 맥스웰은 '리더에 대한 평가는 얼마나 많은 사람이 그를 섬기는지가 아니라 얼마나 많은 사람을 그가 섬기는가로 이루어진다.'고 했다. 내 삶의 초점이 나에게서 타인으로 옮겨질 때 삶은 몇 배로 풍성해진다. 이런 일이 힘든 것은 상당한 용기를 필요로 하기 때문이다. 그리고 용기를 내지 못하는 것은 불안감 때문이다. 내 것을 뺏길 것만 같은 불안이다. 결국 그 근본에는 더 취하고 싶은 욕심이 깔려 있다.

작가 알랭 드 보통은 저서 《불안》에서 '불안은 욕망의 하녀'[38]라고 정의한다. 우리에게 과한 욕망이 없다면 불안할 이유도 없고, 어렵지 않게 후배들을 위하여 좋은 유산을 남기고 떠날 수 있는 용기가 생길 것이다. 이기적인 시대에 우리 모두가 보고싶은 리더는 과연 어떤 모습이어야 할까? 산악인 에드먼드 힐러리 경과 엄홍길 대장, 가수 신승훈씨가 공통적으로 전해주는 교훈이 있다. 그들은 모두 그 분야에서 최고봉에 도달하기 위해 자신과의 싸움에서 전력을 다하고 목표를 이루어 낸 사람들이지만, 그들이 남기고자 하는 것은 불굴의 정신이 아니라 나눔이고 내려놓음이다. ●

---

[38] 알랭 드 보통, 정영목 역, 《불안》, 은행나무, 2012.

$$4$$

때로는 주목받지 않아도
괜찮다

IFFHSInternational Federation of Football History & Statics가 선정한 20세기 최고의 축구선수로 평가받는 사람은 브라질의 펠레Pele, 네덜란드의 요한 크루이프Johan Cruyff, 독일의 프란츠 베켄바워Franz Beckenbauer 순이다. 나이가 50줄이 넘어섰거나 축구에 조금이라도 흥미가 있는 사람이라면 자주 들어보았을 이름인 '축구 황제' 펠레는 2022년 12월에 82세의 나이로 세상을 떠났는데, 브라질에 세 차례 연속 월드컵 우승컵을 가져다준 인물로 세계적인 축구 영웅이다. 그는 21년의 선수 생활 동안 통산 1,362경기에 출전해 1,283 골을 넣었고 국제 대회 7회를 포함해 통산 92번의 해트트릭을 기록했으며, 이는 모두 세계 기록으로 남아있다.

요한 크루이프는 네덜란드의 국가대표 출신으로 '토탈사커'의 선구자이다. 요즘은 일반화된 이 '전원공격 전원수비' 축구 형태는 1970년대 전세계에 큰 충격과 함께 선을 보였으며, 이 전술을 통해 네덜란드는 1974년 월드컵에서 준우승을 차지한다. 자신이 선수로도 뛴 이력이 있는 바르셀로나에 감독으로 부임한 이후 그의 리더십으로 바르셀로나팀은 황금기를 맞게 되어 유럽 축구연맹UEFA 챔피언스 리그의 첫 우승도 차지하게 된다.

선수 시절인 1974년, 월드컵 본선에서 돌풍을 일으킨 크루이프와 네덜란드 팀은 준결승에서 디펜딩 챔피언 브라질을 2:0으로 꺾으며 결승에 진출했고, 당시만 해도 변방으로 여겨지던 네덜란드를 세계 수준의 팀으로 올려놓았다. 결승에서 맞붙은 팀은 서독이었다. 당시에는 독일이 동서독으로 갈라져 있었는데, 양국은 모두 월드컵 본선에 진출했다. 결승 경기는 파죽지세의 네덜란드가 우세하리라는 예상을 뒤엎고 독일의 2:1 역전승으로 끝난다. 네덜란드의 돌풍은 체력을 앞세운 서독의 파상공세에 멈추게 되고, 크루이프를 전담하는 마크맨의 활약에 밀려 우승컵을 서독에 양보하게 된다.

이 경기에서 서독팀을 이끈 선수는 펠레와 더불어 황제der Kaiser라는 별명을 가진 또 한 명의 선수인 프란츠 베켄바워이다. 독일 분데스리가에서 맹활약을 벌이고 있는 김민재 선수가 닮고 싶어하는 롤 모델이기도 한 그는, 2002년 월드컵에서 홍명보 선수의 포지션으로 유명세를 탄 '리베로'의 창시자이기도 하다. 베켄바워는 국가대표 주장과 감독으로 모두 월드컵을 들어올린 유일한 축구인이며, 바이에른 뮌헨 선수 시절에는 주장으로 유러피언컵 3연패를 달성하였는데, 이 역시 클럽축구 역사에서 유일한 기록이다. 이러한 공로로 그는 1994년에 바이에른 뮌헨의 회장직을 맡았고, 1998년 독일축구협회 부회장에 이어

2006년에는 FIFA월드컵 조직위원장에 오르게 된다.

이탈리아어로 '자유인'을 뜻하는 리베로는 최후방 수비수지만 자기 포지션에 얽매이지 않고 자유롭게 공격에 가담하기도 한다. 그라운드를 보는 넓은 시야와 전후방을 넘나드는 체력은 물론이고 선수들의 특성을 파악하는 리더십을 갖추지 못하면 감당할 수 없는 포지션이다. 축구 역사상 최고의 선수로 펠레를 꼽는데 주저하지 않는 베켄바워는 "내게 가장 영광스러웠던 때는 월드컵에서 우승했던 때가 아니라 펠레와 함께 뛰었던 때였다."라고 할 정도로 그의 열렬한 팬이다. 또한 동시대 최대 라이벌 중 한 명이었던 크루이프와도 수십 년간 각별한 우정을 나누었다고 한다. 경기 중에는 최고의 선수로 그라운드를 누비며 호령했지만, 인간적으로는 겸손함과 친근함을 갖춘 젠틀맨의 면모를 보여준다.

그가 조직위원장을 맡았던 2006년 독일 월드컵 당시 현대자동차는 공식 스폰서로 많은 홍보활동을 벌였는데, 1세대 투싼 수소전기차도 그 몫을 담당했었다. 연구개발 담당자로 독일에 출장을 가 행사 대응을 하던 중에, 운 좋게도 베켄바워 감독을 만나 반나절 동안 시간을 같이 보낼 기회가 있었다. 선수 때의 긴 머리와는 달리 단정한 노신사의 풍모로 사람들을 대하는 그의 모습은 품격이 있었고, 황제라는 별명을 가진 사람답지 않게 배려심이 많았다. 인간적인 매력이 물씬 풍기는 그를 보면서 '리더의 매력은 조직의 성과에도 영향을 주는가보다.'라는 생각을 했다. 초등학교 시절 그의 플레이를 보면서 감탄하던 기억이 있어 이런 저런 이야기를 나누었는데, 앞으로 다시 볼 일이 없을 낯선 외국인과의 대화에도 다정다감한 표정으로 호기심을 갖고 응하던 그의 모습은 지금도 선명하다.

설레는 마음으로 축구 역사상 가장 위대한 선수 중 한 명을 만나고 돌아와 그에 대해 알아보니 또 놀라운 사실들이 발견된다. 그는 수비수 최초의 발롱도르Ballon d'Or 수상자이며, 1972년과 1976년 두 차례에 거쳐 이 상을 받았다. 최근 15년간 리오넬 메시와 크리스티아누 호날두가 나누어 갖다시피한 발롱도르 상은 1956년 제정된 이래 축구 선수가 받을 수 있는 최고의 영예로 꼽히는데, 수상자는 공격자의 비중이 월등히 높다. 베켄바워는 본인이 다득점을 노리는 선수가 아니었지만, 당대 독일 최고의 골잡이로 알려진 동갑내기 게르트 뮐러Gerd Müller와의 환상적인 콤비 플레이를 통해 바이에른 뮌헨과 독일 국가대표를 최고의 수준으로 올려놓았고, 이를 통해 수비수도 발롱도르를 받을 수 있다는 사실을 처음으로 증명하였다.

직장이라는 현실에서 이렇게 실력과 리더십에 인품까지 갖춘 사람을 만나기는 사실상 불가능하지만, 이런 세계적인 스포츠 리더의 발자취를 살펴 배울점을 찾는 것은 우리에게도 도움이 된다. 베켄바워는 리베로라는 블루오션을 개척하였고, 성공적인 공격을 지원하도록 쉬지 않고 그라운드를 누빈 리더이다. 자신이 점수를 내기보다 전방의 공격수에게 날카로운 패스를 연결해 득점 기회를 제공하고, 수비수로서는 상대의 패스를 차단하는 능력으로 골키퍼와 다른 수비수들의 부담을 덜어주었다. 그는 가공할만한 정신력을 소유한 것으로도 유명한

데, 1970년 멕시코 월드컵 4강 경기에서는 쇄골이 깨지는 부상을 입고도 연장까지 120분을 뛰는 의지를 보여주기도 했다.

베켄바워는 아군의 진영을 지키는 수비수였지만 공격에 가담해야 할 때를 아는 넓은 시야를 가진 리더였고, 또한 팀을 위해서 자신을 희생할 줄 아는 '캡틴'이었다. 나서야 할 때와 물러서야 할 때를 아는 필드의 사령관으로서 그가 보여준 리더십은 많은 교훈을 시사한다. 항상 자신보다 팀이 우선이었고, 그의 통찰력을 절대적으로 신뢰한 선수들 또한 최고의 기량을 펼칠 수 있었다. 공격수는 주장이 자신에게 날카로운 패스를 보내줄 것을 믿어 전력을 다해 뛰어가고, 수비수는 자신이 실수를 하더라도 주장이 만회해 주리라는 신뢰를 가지고 플레이를 한다. 게다가 스스로가 골의 주인공이 될 수 있음에도 다른 선수들을 위해 어시스트를 제공하고 뒷선으로 물러나는 리더의 행동은 팀의 사기를 올리는 결정적 요인이 된다.

득점이 모든 것을 결정짓는 스포츠 경기의 특성상 스포트라이트는 늘 공격수가 받게 마련이다. 직장에서도 마찬가지이다. 경영층 앞에 나아가 발표를 하는 사람, 대외 행사에 참석할 기회가 많은 사람이 더 주목을 받을 수밖에 없다. 그러나 베켄바워가 보여주었듯이, 든든한 수비수 한 명이 팀을 위해 기여할 수 있는 부분도 얼마든지 있다. 다른 사람이 실력을 최대한 발휘할 수 있도록 그라운드 전역을 누비는 리베로의 별명이 황제라는 사실은 의미하는 바가 크다. ●

사기를 올리는 것이
전부일 때가 있다

이제는 우리에게도 친숙한 미식축구American Football는 매년 2월 중순경에 양대 컨퍼런스인 NFCNational Football Conference와 AFCAmerican Football Conference의 챔피언들이 경합을 벌여 상위리그인 NFLNational Football League의 진정한 승자를 가린다. 슈퍼볼Super Bowl의 우승컵은 위스컨신주에 연고를 둔 그린베이 패커즈Green Bay Packers의 감독이었던 빈스 롬바르디Vince Lombardi의 이름을 따서 '롬바르디컵'이라고도 부르는데, 전설과 같이 전해지는 이 감독의 리더십을 한마디로 요약하면 '사기진작'이고 '동기부여'다.

빈스 롬바르디가 감독을 맡게 된 1958년, 그린베이 패커즈는 1승 10패 1무라는 초라한 성적으로 시즌을 마무리했다. 뉴욕 자이언츠의 코치 이외에 화려한 경력이 있지도 않은 롬바르디를 영입했을 때 사실 그에 대한 기대는 크지 않았다고 한다. 그러나 선수들과의 첫 만남에서부터 롬바르디는 그의 신념과 행동 원칙들을 차분하면서도 힘 있는 어조로 설명하고, 마치 이미 승리한 팀 선수들을 대하듯 했다. 훈련에 있어서도 강도보다는 효율을 강조하고, 연습 내용에도 변화를 주어 집중력이 떨어지지 않도록 했다.

또한 스타 플레이어를 편애하지 않고 모두에게 공평하게 대하는 등 이전의 감독과는 전혀 다른 방법으로, 그러나 선수들의 역량을 최대한 끌어내는 방법으로 조직을 리드했다고 한다. 롬바르디는 패배의식에 젖어 있던 선수들의 상태를 심리적인 관점에서 바라보고, 먼저 자신감을 심어주었다. 훈련을 할 때는 다그치기보다 조용하지만 집중적으로 관리했고, 가능성에 대한 믿음을 키우도록 독려했다. 서서히 그러나 확실하게 조직의 문화를 바꾸는 데 승부수를 던진 것이었다.

그 결과 패커즈는 그가 감독으로 부임한 1년 후인 1959년에 7승 5패라는 놀라운 성적을 이끌어냈고, 이듬해에는 결승전에 올랐을 뿐 아니라 1961년에는 결국 챔피언에 오르는 기염을 토한다. 수차례의 우승이 이어지면서 강팀의 명장으로 거듭난 그는 1967년부터 치러진 슈퍼볼의 초대와 2대 챔피언에 오르는데, 이를 계기로 슈퍼볼 게임은 그의 이름을 따서 우승컵을 전해오고 있다.

롬바르디의 일화를 접하게 된 책은 로버트 그린이 쓴 《전쟁의 기술》이었다. 이 책에는 나폴레옹의 리더십에 대한 이야기도 소개가 된다. 역사상 가장 뛰어난 용병가 중 한 사람으로 지목되는 나폴레옹도 '대의'를 강조하며 명예와 인정에 대한 욕구에 호소하는 심리적인 리더십을 발휘했다고 한다.[41] 1796년 불과 스물 여섯의 나이에 프랑스 군대의 사령관으로 임명된 그가 이탈리아에서 오스트리아군과 싸우던 당시, 병사들은 이미 프랑스 대혁명이라는 전투의 명분에 점차 환멸을 느끼고 있었다. 좀 더 열심히 싸우라는 요구에 저항은 거세지고 사기가 저하되는 등 매우 힘든 국면으로 치닫고 있는 상황이었다.

이탈리아 북부 아다강Adda River의 로디 다리를 탈환하기 위한 전투에서였다. 나폴레옹은 말을 타고 병사들 앞으로 나서더니 위험한 상황에서 공격을 지휘하기 시작했다. 그는 "돌격 앞으로!"를 외치며 부하들을 전장으로 다그친 것이 아니라, 애국심에 호소하는 감동적인 연설과 함께 "공화국 만세!"를 뒤로 하고 적진으로 돌진한다. 사령관의 용기와 지도력에 사기가 올라간 병사들은 결국 그 싸움에서 승리한다.

나폴레옹은 병사들과 항상 소통을 했다고 전해진다. 캠프파이어를 돌면서 이야기를 주고받고 격의 없이 친근감을 표시하며, 부하가 어느 전투에서 부상을 당했는지까지도 기억했다고 한다. 화를 내는 일이 거의 없었다고 하는 그의 리더십은 병사들이 스스로 싸워야겠다는 의지를 불태울 만큼 감성적이고 감동적이었다. 전투에서 가장 큰 용맹성을 보인 병사에게 남작에 준하는 레지옹 도뇌르Legion d'Honneur 기사직을 수여하고 4천 프랑의 추가 봉급을 지급하는 파격을 보이기도 한 그를 위해 병사들은 충성을 다했고, 그가 워털루 전쟁에서 쓰라린 패배를 당할 때나 엘바섬으로 귀양을 갈 때도 추종 세력은 그를 따랐다고

39   로버트 그린, 앞의 책.

한다. 나폴레옹이 맡았던 프랑스군은 사실 말 그대로 오합지졸이었다. 군대로서의 질서나 기강은 찾아보기 어려운, 대혁명 이후 자유를 얻은 젊은이들의 집합과도 같은 그들을 이끌고 수많은 전투에서 승리를 거둔 그의 리더십 역시 '사기진작'이 핵심 요소였다.

할리우드의 명배우 중 한 명인 알 파치노Al Pacino가 주연으로 등장한 작품 중에 1999년도 영화 「애니 기븐 선데이Any Given Sunday」가 있다. 명감독 올리버 스톤Oliver Stone이 메가폰을 잡고, 카메론 디아즈 Cameron Diaz, 데니스 퀘이드Dennis Quaid, 제이미 폭스Jamie Foxx 등 당대의 유명 배우들이 대거 출연한 이 영화의 소재는 의외로 미식축구이다. 이영화는 쿼터백들의 주전 경쟁, 구단주와 감독 간의 힘겨루기나 팀 동료 간의 갈등처럼 인간 사회의 어두운 면 까지를 다루지만, 마지막 5분의 감동적인 연설이 영화를 본 모든 사람들에게 기억되고 회자되는 명화이다.

알 파치노가 연기한 토니 다마토 감독은 최종전을 앞두고 대기실에서 선수들에게 입을 연다. 운동 경기가 아닌 자기의 인생에서 겪어온 많은 일들, 특히 후회했던 것들을 털어놓은 후, 그는 '삶이 몇 인치 단위로 결정되는 것'임을 강조한다. 너무 빠르거나 늦어도, 조금 앞서거나 뒤쳐져도 인생이 바뀔 수 있는 것처럼, 경기의 모든 순간, 단 1인치의 거리도 승부를 결정짓는 중요한 요인임을 설득한다. 이때까지만 해도 선수들은 감독의 설명을 조용히 듣고 앉아 있다. 다마토 감독은 서서히 그 '1 인치'의 중요성을 위해 목소리를 높이며, 연설은 클라이

맥스로 접어든다.

> "싸움이 나면 죽을 각오로 임하는 놈이 그 1인치를 가져간다. 그리고 내가 만약 인생을 더 산다면 바로 그 1인치를 위해 싸우고 죽으려는 이유이다. 그게 삶이기 때문이다.
>
> 내가 자네들을 그렇게 하도록 만들 수는 없다. 옆에 있는 사람들의 눈을 보라. 자네와 함께 그 1인치를 위해 싸울 사람이 보일 것이다. 팀을 위해 자네가 희생할 것임을 알기 때문에, 아무런 망설임 없이 그도 같이 희생할 것이다.
>
> 그게 바로 팀이다, 제군들. 그래서 우리는 팀으로서 치유되던가 아니면 개인으로 자멸할 것이다.That's a team, gentlemen. And, either we heal, now as a team, or we die as individuals."

많은 대사를 빈스 롬바르디 감독의 연설에서 따왔다고 하는 이 영화에서 알 파치노의 마지막 대사는 "자네들은 할 수 있어!You can do it!"나 "자 갑시다!Go for it!"와 같은 외침이 아니다. 그는 선수들을 바라보며 차분한 목소리로 마지막 한 마디를 던지고, 이에 고무된 선수들은 열정과 각오가 가득한 표정으로 큰 함성을 지르며 대기실을 나선다. 그의 마지막 대사는 간단하다.

> "Now, what are you gonna do?" ●

6

진정성이 나타나는
모습

얼마 전 유튜브에서 우연히 우리 육군의 3군단장을 역임한 나상응 중장의 일화를 보았다. 대한민국 기갑 부대의 최고 권위자 중 한 사람으로 경북 영천에 위치한 육군3사관학교 출신인 나 중장은 사단장, 군단장 시절에 완전 군장을 하고 병사들과 함께 행군을 하여 유명해진 분이다. 훈련소에 자식을 맡기고 불안한 표정으로 지켜보는 부모님들을 향해 감사하다며 큰 절을 한 3성 장군의 어록 중에는 군 간부들에게 한 말로 유명해진 것이 있다. 상관이 부하들을 어떻게 바라보아야 하는지, 또 후배 간부들을 어떻게 코칭 해야 하는지를 단순 명료하게 말해주는 문장이다.

> "지금의 병사들이 나중에 제대하면 우리가 지켜야 할 시민들이니, 그들을 함부로 대해서는 안 됩니다."[42]

이런 말을 들은 장교나 부사관들이 병사들을 무례하게 대할 수 없는 것은 당연하다. 그뿐만 아니라 군대 내의 조직문화도 달라질 수밖에 없다. 실제 나장군은 병영문화 중 많은 부분을 긍정적으로 바꾸기도 했다. 제20기계화보병사단장 재직시에는 신임 장교들을 신병으로 위장 투입하여 병영 내에 부조리나 바꾸어야 하는 문화가 없는지를 직접 파악하기도 했다. 군 장성임에도 상당한 융통성을 가지고 있어 위장크림 대신 안면 마스크 착용을 허락한 바도 있으며, 인간적으로는 덕이 많아 아버지의 간 이식 수술로 병원비가 부족한 병사를 위해서 2,500만 원의 후원금을 직접 걷기도 했다. 여단장 시절에는 휴가차 떠나며 경례하는 병사들을 터미널까지 태워준 일화가 있고, 직접 커피를 타주며 병사 한 명 한 명의 이름을 불러주는 자상한 리더였다.

반면에 훈련에 대해서는 양보가 없었다고 한다. 모든 것이 원칙대로 이루어져서, 정규 훈련 외의 예행연습도 지나치는 법이 없을 뿐 아니라, 다른 훈련들이 많아 혹한기 훈련의 시기를 놓치기라도 하면 미루어서라도 반드시 실행했다고 한다. 그의 지휘 하에서 군 복무를 한 사람이나 소문을 들은 사람 모두 그를 평가하는 단어는 간단하다. '참군인'. 원칙을 지키면서도 사람을 사랑할 줄 아는 그의 모습에서 리더의 진한 향기가 풍겨난다.

탤런트 김수미 씨가 진행하는 「밥은 먹고 다니냐?」라는 프로그램을

---

40 유튜브, '캡틴 김상호―군대의 모든 것', 〈3사출신 기갑 3스타(중장) 참군인 나상웅 장군〉, 2020.09.29.

몇 번 본 적이 있다. 제목부터 마음에 짠하게 전해져 오는 감동이 있더니, 역시나 식사 자리에 초대받아 오는 사람들마다 제각각 기구한 사연이 많았다. 여러 번 이혼의 아픔을 겪은 사람, 억울하게 범죄 혐의를 받아 수년간 고생하다가 무죄로 판명되었으나 활동 재개가 힘든 사람 등, 방송에서는 그토록 화려해 보이던 연예인들 삶 속의 아프지만 진솔한 이야기를 담아낸 프로그램이다. 거기에 더해, 사고와 병으로 식구들을 잃고 경제적 어려움에 빠져 신음하는 사람들, 부부 갈등으로 인해 힘들어하는 우리 주변 이웃들의 모습까지 그려내는 덕에, 마음 졸이며 그들이 대화하는 내용을 지켜보게 된다.

이 프로그램에서 가장 주목하게 되는 사람은 다름 아닌 김수미 '회장님'이다. 후배들의 마음 아픈 사연을 들어주면서 간간히 조언을 해주는 대선배의 차분하며 진지한 모습은 출연자뿐 아니라 시청자도 함께 아픔과 치유를 경험하게 하는 매력이 있다. 그는 말을 끊거나 많이 하지 않는다. 때로 상대가 당혹스러울 만한 질문을 던지기도 하지만 어색하지 않고, 출연자는 무슨 마력에 이끌린 듯이 속내를 털어낸다. 어떤 출연자는 과거를 이야기하다 김회장님의 다리에 얼굴을 묻고 한참을 일어나지 못하는가 하면, 어떤 사람은 마치 엄마 품을 찾듯 안겨서 오열한다.

몇 편의 방송분을 보면서 특히 기억에 남았던 장면이 있다. 30대 중반의 일반인 출연자였는데, 애완견 때문에 남편과의 갈등으로 힘들어하는 분이었다. 김수미 씨는 이야기를 들어주면서 간간이 자신의 경험으로 위로를 해준다. 그러나 가장 힘이 되는 말은 불과 세 마디의 짧은 문장이었다.

| "나는 자기 편이야……."

김수미 씨의 결론은 항상 비슷하다. 조언을 줄 때는 객관적이고, 때로 따끔하다 싶을 정도의 날카로운 지적과 충고를 해주지만, 결국은 '잘 될 거야.'와 '난 네 편이야.'의 메시지를 전한다.

김수미 씨는 1971년에 공채로 MBC에 입사해 1980년부터 방영한 농촌드라마 「전원일기」에서 '일용 엄니' 역으로 무려 21년 동안 활약했다. 수많은 드라마와 영화에 출연하면서 국민 배우로서의 이미지를 다져온 그는 1949년생으로, 「밥은 먹고 다니냐?」가 방송되던 2020년 당시 이미 칠순을 넘긴 나이였다. 고민거리를 안고 찾아온 자식 또래의 후배 연기자나 일반인 출연자들을 엄마와 같은 모습으로 항상 따뜻하게 대했던 그의 모습은 늘 인상적이고 감동적이었다. 「밥은 먹고 다니냐?」의 촬영 장소인 식당 벽에는 재미있는 액자가 걸려있다.

| '국밥 먹을래? 욕 먹을래?'

드라마에서나 영화에서 욕 잘하는 역할을 많이 해온 김수미씨의 캐릭터를 살리려는 의도의 광고 문구다. 그러나 그는 욕을 해도 찰지고 정감이 있다. 쓴 소리를 할지라도 선후배나 동료가 고마워할 수 있는 매력의 원천은 바로 진정성이다. 이러한 그의 진정성은 말뿐 아니라

행동으로도 드러난다. 요즘 유행하는 트로트의 1세대 가왕이라 할 수 있는 '쩅하고 해뜰날'의 송대관 씨 편에서 나온 이야기다. 가수로 부와 명예를 누리고 잘 나가던 송대관씨의 부인이 곤경에 처한 일이 있었다고 한다. 거액의 투자금이 들어간 큰 사업에 문제가 생겨 자금이 급한 상황이 생긴 것인데, 이때 숨통을 트게 해준 사람이 다름 아닌 김수미 씨였다. 그것도 한 달 반 정도 남은 딸의 결혼 자금을 선뜻 건네주어 그 위기를 피하게 했다는 것이다.

김수미 씨는 선배 탤런트 김혜자 씨와도 절친한 사이라고 하며, 이 두 사람 간에도 기묘한 인연이 있다. 과거 김수미 씨가 경제적으로 어려운 시기에 김혜자 씨가 선뜻 도움을 준 일이 있었는데, 주변의 여러 사람에게 급전을 구하러 다니는 후배의 이야기를 듣고 왜 자기한테 찾아와서 말을 안 하느냐고 오히려 꾸지람을 했다고 한다. 아마도 그런 기억이 있어서 자신의 도움이 필요한 사람에게도 선뜻 손을 내밀 수 있었는지 모르겠으나, 아무튼 그의 선행은 보통 사람들이 생각하기 어려운 대범함이고 자상함이다.

나상웅 중장의 부하 사랑이나 김수미 씨의 후배 사랑은 모두 진정성과 공감 능력이 헌신과 배려라는 행동으로 나타난 사례이다. 이런 리더를 둔 조직이라면 참 행복할 것 같다. 어려울 때면 찾아가 밥 한 끼 같이 먹으며 이런저런 이야기를 나누고 고민거리를 털어놓으면서 삶의 지혜를 닮아갈 수 있는 선배가 리더라면 정말로 직장에 다니는 맛이 날 것 같다. ●

7

위기의 순간에
발휘해야 하는 것은?

태릉에 위치한 육군사관학교 교정에는 그 학교 졸업생인 강재구 소령의 흉상이 있다. 대한민국의 수많은 장교 중에서 특히 강재구 소령을 국민들이 기억하고 추모하는 데는 그럴만한 이유가 있다. 1937년 인천에서 출생한 강재구는 1956년 육군사관학교 16기로 입교하여, 육군 소위로 임관하였다. 그 후 육군보병학교를 거쳐 수도사단 제1연대 소대장, 1군 부사관학교 수류탄 교관을 역임한다. 1965년에 그는 맹호부대라는 별명으로 잘 알려진 수도사단의 제1연대 3대대 제10중대장에 임명된다. 그리고 그해 10월 4일 베트남 파병을 앞두고 강원도 홍천군 부근의 훈련장에서 큰 사고를 당하여 목숨을 잃게 된다.

사고 현장은 수류탄 투척 훈련장이었다. 한 이등병이 안전핀을 뽑은 수류탄을 실수로 놓치는 사고가 발생했고, 수류탄은 그의 몸 뒤로 빠져 중대원들 쪽으로 굴러갔다. 강재구 대위는 본능적으로 몸을 던져 수류탄을 덮쳐 막아 100여명의 목숨을 구하고 스물 아홉의 젊은 나이에 산화한다. 이후 국가에서는 육군장을 치러 그의 희생을 추모하고 태극무공훈장과 1계급 특진을 추서하여, 오늘날 우리에게는 강재구 소령으로 기억되고 있다. 이 사건으로 인해 맹호부대 3대대는 '재구대대'로 이름이 바뀌고 그를 위한 추모 기념관이 생겼다. 이 밖에도 그의 이름을 딴 부대명들이 여럿 있는데, 육군사관학교에서는 그가 생도시절 소속되어 있던 생도대 2중대의 공식 명칭을 '재구2중대'로 지정하여 기념하고 있다고 한다.

홍천에 있는 강재구 소령 추모공원 입구에는 '희생정신'이라는 글자가 새겨진 바위가 있다. '굵고 짧게 살자'는 그의 좌우명대로 후대에 고귀한 가치와 이름을 남기고 떠난 그가 사망할 당시 군복 주머니에서는 작은 성경책이 발견되었다고 한다. 현재 육군사관학교 박물관에 소장되어 있는 그 성경책은 신약의 요한복음 15장이 펼쳐진 채로 전시되어 있는데, 빨간 펜으로 밑줄이 그어진 15장 13절 말씀은 홍천의 추모 공원에도 액자로 남겨져 있다. 가장 긴박한 위기의 순간에 희생이라는 고귀한 행동이 가능했던 것은 그가 늘 묵상하던 성경 구절이 신념과 가치관이 되어 그의 정신을 지배하고 있었기 때문이었을 것이다.

> '사람이 친구를 위하여 자기 목숨을 버리면 이에서 더 큰 사랑이 없나니' (요한복음 15장 13절)

내가 공부하던 버지니아 공대Virginia Tech는 미국의 수도 워싱턴 D.C.에서 4시간가량 떨어진 블랙스버그Blacksburg라고 하는 작은 도시에 위치해 있다. 공과대학 프로그램뿐 아니라. 화학, 호텔 경영학 등 다양한 분야에서 상당수의 유학생과 교포 자녀들이 공부하는 곳이다. 애팔래치안 산맥 끝자락에 위치한 평화롭고 조용한 이 소도시에서 2007년 4월, 역사상 최악의 학내 총기 사고가 일어난다. 32명의 사망자를 비롯해 60여명의 사상자가 발생한 '버지니아 공대 총기 난사 사건Virginia Tech Shooting'이다. 이 사고가 일어난 장소 중 한 곳은 내가 유학 시절에 많은 강의를 듣던 건물인 노리스 홀Norris Hall이고 내게도 익숙한 204호 강의실이었다.

비극적인 사고가 발생한 그날 긴박한 순간들이 많았겠지만, 내게는 특별히 기억되는 인물이 있다. 범인이 총을 쏘며 강의실로 다가오는 것을 알아차리고, 문을 막아 범인을 저지하면서 시간을 벌어 학생들을 피신시킨 노교수님이다. 결국 총에 맞아 세상을 뜨는 그분은, 당시 뉴스에서도 여러 차례 보도가 되었던 루마니아 출신의 학자 리비우 리브레스쿠Liviu Librescu교수이다. 내가 공부하던 학과의 교수님이라 직접 강의를 듣기도 했고 개인적으로도 잘 알고 지내던 분이었기에, 그 총기 사건은 아직도 가슴 아프게 내 기억에 남아 있다.

교수님은 홀로코스트에서 살아남은 유태인으로, 루마니아에서 교육을 받은 후 이스라엘에서 교편을 잡고 살다가 교환교수로 미국에 오게 되어 정착을 한 세계적인 공학자이다. 아들 한 분은 태권도를 했고, 한국인 제자도 여럿을 두었던 그분은 복도에서 마주칠 때마다 특유의 걸쭉한 목소리로 "Hi, Mr. Ahn. How are you?"라고 손을 들어 인사하며 환한 웃음을 지었다. 한국 사람을 유독 좋아했던 분이 한국 교포의 총에 맞아 돌아가셨다는 비극이 서글프다.

지금도 교수님을 생각할 때면 그 다급한 순간에 어떤 생각을 하며 학생들을 위해 자신의 목숨을 내던질 생각을 했을지가 궁금해진다. 어린 시절 당했던 핍박이나 강제수용소로 끌려가던 아버지의 모습이 떠올랐을까? 아니면 수용소에서 죽음을 기다리던 어린 아이들이 눈에 어른거렸을까? 아마도 그의 마음에는 당장 자신이 나서지 않으면 어떤 봉변을 당할지 알 수 없는 눈앞의 학생들 외에는 다른 아무것도 생각나지 않았을 것 같다. 자식을 지키려는 부모의 사랑이 아니고서는 그분의 희생을 설명할 길이 없어 떠올릴 때마다 숙연해진다.

2020년 가을 어느 날, 이사 갈 준비를 하면서 20년 이상 오래 된 짐들을 정리하다가 리브레스쿠 교수님의 강의 노트 두 권을 발견했다. 이제는 더 이상 필요 없을 그 강의 노트를 한 순간의 고민도 없이 '보관할 것'이라 구분된 박스 안에 넣어두었다. 휘날려 쓴 그분의 수학공식들이 담겨있는 강의 자료를 가지고 있다 보면, 가끔씩이라도 노교수님의 희생을 떠올리며 진정한 리더십이 무엇인지 고민하게 되지 않을까 하는 생각 때문이었다.

리더십은 때로 희생을 요구한다. 강재구 소령이나 리브레스쿠 교수처럼 목숨을 바치는 희생까지는 아니더라도, 외부의 압력으로부터 '내 사람들'을 막아주고, 문제가 생길 때 자진해서 책임을 지는 희생은 어디서든 필요하다. 이스라엘에서 있었던 리브레스쿠 교수의 장례식에는 조지 부시 당시 미국 대통령이 참석했다고 한다. 그러나 그분의 진정한 가치는 동료나 선후배, 그리고 나와 같은 제자들이 더 잘 안다. 오랜 세월 함께 하며 겪어보았기 때문이다. '리더십의 본모습은 사랑과 희생'이라는 사실을 깨우치게 해주신 리브레스쿠 교수님의 단단한 체구와 넓은 어깨가 강의노트 위로 겹치며 떠오른다. 항상 상기된 듯 불그스레한 얼굴로 열정적인 강의를 하시던 그분의 마음이 따뜻하게 전해져 오는 것만 같다. ●

8

사람의 내면을 바꿀 수 있는 나눔

마블Marvel의 히어로 영화 중 하나인 「블랙 팬서Black Panther」는 많은 인기를 끌었지만, 2020년 8월, 오랜 대장암 투병 끝에 43세의 젊은 나이로 세상을 떠난 주연배우 채드윅 보스만Chadwick Boseman에 대해 자세히 아는 사람은 많지 않다. 사우스 캐롤라이나 태생의 보스만은 워싱턴 D.C.에 위치한 흑인 명문 대학인 하워드 대학교Howard University에서 연출과 각본을 전공한 감독 지망생이었다. 감독 역할을 잘 하기 위해서 연기에 도전했으나 그다지 성공을 거두지 못하고, 10년이라는 오랜 기간동안 무명배우로서 역경의 세월을 이어간다. 우여곡절 끝에 36세의 나이에 처음으로 주연을 맡은 그는, 영화 '42'에서 전설적인 흑인 야구 선수 재키 로빈슨Jackie Robinson의 모습으로 등장한다.

그 후 실제 인물인 가수 제임스 브라운James Brown, 최초의 흑인 연방 대법관인 서굿 마셜Thergood Marshall 역할을 통해 인지도를 높인 후, 2018년에 개봉된 할리우드의 흥행작 블랙 팬서에서 와칸다라는 국가의 티찰라 왕 역할을 맡으며 본격적인 스타의 길로 들어선다. 2018년 북미 영화 흥행 순위에서 「어벤저스 인피니티 워」를 누르고 1위를 기록하며 주가를 올린 그는 2022년 개봉 예정이었던 「블랙 팬서 2」에 이미 주연으로 낙점이 되어 있었다. 거기에 2019년에는 영화 「21 브릿지: 테러 셧다운」에서 주연으로 열연을 펼치며 꽃길을 걷고 있던 중 암을 이기지 못하고 세상을 뜨게 된 것이다.

　그러나 채드윅 보스만의 사망이 많은 팬들의 안타까움을 자아낸 것은 단지 그가 보여준 기본기 탄탄한 연기력이나 잠재성 때문만이 아니다. 길지 않은 인생 가운데 지켜온 품위와 주변에 베푼 선행, 그리고 암 투병이라는 고통을 겪으면서도 여러 편의 영화를 연달아 촬영한 의지가 지금까지도 큰 감동을 주고 있다. 2018년에 있었던 「블랙팬서」 개봉 당시 인터뷰에서 그는 말기 암 환자로 어린 나이에 세상을 떠난 두 아이 이안과 테일러에 대해 이야기를 한다. 어떤 아이들에게는 영화가 크리스마스나 생일처럼 기다려진다는 것을 깨닫고 자신의 일에 더 많은 노력을 기울이겠다는 생각을 했다고 한다. 이야기를 하는 그의 마음은 조만간 자신도 그 아이들을 따라 하늘나라로 갈 것이라는 사실로 인해 감정이 북받쳐 올라왔을 것이다. 그가 왜 눈물을 보이는지 인터뷰를 지켜보던 우리가 몰랐을 뿐이다.

　사망하기 몇 달 전인 2020년 4월에 그는 420만 달러($4.2 millon)라는 거액을 코로나 바이러스로 피해를 입은 아프리카계 미국인 병원에 기부하겠다고 발표한다(4.2는 재키 로빈슨의 등번호 42에서 따온 것으로 보인다). 몰라보게 야윈 모습으로 방송에 등장한 그가 어떤 병을 앓고 있는 것은 아닌지 많은 소문이 나돌았으나 보스만은 자신의 병을 언급하지 않았다. 사람들은 오히려 다음 작품의 캐릭터를 위해 그가 체중 감량을 하고 있다고 생각했었다. 그러나 사실은, 죽음이 임박해 온 것을 안 그가 자신의 도움이 필요한 사람들에게 마지막 선물을 남기고자 기부를 결정한 것이었고, 초췌한 모습에도 불구하고 동영상을 공개한 것이다. 오랜 무명배우 시절까지 줄곧 경제적으로 어려운 시기를 겪었지만 주변에 선행 베풀기를 그치지 않았던 그의 삶은 마지막 순간까지 특유의 선한 웃음과 함께 사람들에게 희망을 주었다.

말기 암 판정을 받고도 2년이 지난 2018년 5월, 보스만은 자신이 졸업한 하워드 대학교에서 졸업생을 대상으로 축하 연설을 한다. 인생을 사는데 직업이나 경력보다 더 중요한 것이 '목적'이라고 강조하면서, 그는 구약성경 가운데 예레미야서의 한 구절을 인용한다.

> '나 여호와가 말하노라. 너희를 향한 나의 생각은 내가 아나니 재앙이 아니라 곧 평안이요 너희 장래에 소망을 주려 하는 생각이라' (예레미야 29:11)

이미 자신이 불치의 병에 걸린 사실을 알고 있으면서도 담담하게 그 운명을 받아들인 것인지, 아니면 성경 말씀을 의지하여 희망을 가지고 투병중이었는지는 이제 알 길이 없다. 그러나 인생의 가장 어려운 시기를 지나고 있었을 그 때에도 그는 졸업을 앞 둔 후배들에게 목적과 미래와 소망을 이야기한다. 연설의 마지막 부분에서 그는 "이제 당신들의 시간입니다."라고 호소하며 "자긍심과 목적을 가지고 미래로 나아가십시오."라고 당부한다.

보스만의 죽음 이후에도 그의 생애가 큰 반향을 일으키는 이유는, 스스로의 말처럼, 그의 삶에 목적이 있었기 때문이다. 어린 시절 인종차별을 당하며 흑인으로서 어떤 삶을 살아야 하는가에 대한 방향성이 정해졌고, 그 정체성을 지키고 전파하기 위한 노력을 쉬지 않았다. 도움이 필요한 사람들에게 어렵게 축적한 자신의 재산을 아낌없이 나누어 줄 수 있었던 것도 삶의 목적 가운데 '베푸는 것'이 뚜렷하게 새겨져 있었기 때문일 것이다.

보스만의 죽음과 관련된 소식을 접하면서 이전에 몰랐던 흥미로운 사실을 한 가지 발견했다. 그가 대학교를 다니던 시절 담당 교수님의 추천으로 영국에 유학을 갈 때의 일이었다. 옥스퍼드 대학교의 여름 프로그램에 필요한 학비가 없어 망설이던 그에게 교수님은 후원자를 구해주겠다며 등을 떠밀었는데, 그 후원자가 누구인지는 시간이 지난 후에 밝혀졌다. 다름 아닌 헐리우드의 명배우 덴젤 워싱턴Denzel Washington이었다. 워싱턴은 보스만뿐 아니라 8명의 학생 모두의 학비를 지원했다고 한다. 아마도 그 영향이 보스만의 생애 마지막 부분에서 다른 사람들을 향한 기부로 실천되었을 것이다.

그러나 흥미롭게도, 정작 두 배우의 만남은 덴젤 워싱턴의 선행 후 20년 정도가 지난 2018년, 「블랙팬서」 시사회장에서 처음으로 이루어진다. 자신이 도와준 사람들이 누구인지 모른 채 행사에 참석한 워싱턴은 축하의 의미로 "와칸다 포에버!"를 외친 후, 오래전 학비를 대준 데 대해 감사하다는 후배의 '깜짝 뉴스'를 듣고 그를 향해 농담을 건넨다.

> "That's why I'm here. You owe me money." (그래서 내가 여기 온 거예요. 당신이 나한테 빚 진 거 있어요.)

문득 워싱턴이 오래전 이름도 모르는 대학생에게 유학비를 지원하겠다고 약속했을 때 미래에 그가 유명한 배우가 될 수 있으리라는 생각을 했을 지가 궁금해졌다. 아마도 그렇지 않았을 것이다. 단지 자신의 위치에서 할 수 있는 선행을 베푸는 것이 그의 의도였을 것이다. 이런저런 생각을 하면서 두 배우의 입장에서 리더의 의미를 묵상해 보았다. 리더는 남에게 무언가를 기대하기보다 먼저 스스로가 남을 위해 할 수 있는 일에 최선을 다하는 사람이라는 생각이 들었다.

한 명의 리더가 남기는 유산은 이렇게 대를 이어 전해지고 사회를 풍요롭게 만든다. 선한 행위는 악한 행동보다 빠르게 전파되지는 않을지 몰라도 영향력은 오래 남는다. 사람의 내면을 바꾸기 때문이다. 자신이 남길 수 있는 최상의 것을 아낌없이 나눌 때, 훗날 후배들이 기대치 않았던 성과를 내고 또 멋진 리더로 성장한다면 얼마나 보람 있을지 머릿속으로 그려보며, 그날 일기장을 적어내려갔다.

'리더의 역할은 최고의 유산을 남기는 것까지이다. 그 후의 결과는 후배들에게 맡겨야 한다.' ●

9

조직구성원의 마음은
철학 그 자체로 열리지 않는다

사람을 만나는 재미는 비슷한 성향이나 취미를 가진 사람들끼리 생각이나 정보를 공유하는 것에도 있지만, 전혀 생각하지 못했거나 접하기 어려운 분야의 소식을 듣고 배우는 재미도 그에 못지않다. 나처럼 공학 배경을 가진 사람들은 과학이나 숫자 위주로 설명하는 것에 강점이 있는 반면, 인문학적인 접근방식에는 약하다. 간혹 전혀 다른 영역인 문학이나 철학을 공부한 사람들을 통해 신선한 충격을 받거나 깊이 있는 인생의 측면을 엿볼 수 있는 기회가 오기도 하는데, 그런 순간은 항상 기다려진다.

《여덟 단어》,《책은 도끼다》로 유명한 TBWA KOREA의 박웅현 조직문화 연구소장은 나하고는 모든 면에서 다른 방식으로 살아온 분이다. 그런데도 막상 만나서 얘기를 나누었을 때 많은 공감대를 이루며 잘 통했던 기억이 있다. 현대자동차 그룹의 인재개발원에서 진행하는 다양한 리더 교육 프로그램에서 박 대표는 인기 있는 강사 중 한 분이다. 그런 이유로 몇 차례 만날 기회가 있던 차에, 한 번은 내가 책임자로 있는 사업부 주관 외부 명사 초청 강의에 모시게 되었다. 이를 계기로 개인적으로 강남의 식당에서 만날 일이 있었는데, 50대 남자 두 사람이 세 시간이 넘게 수다를 떨고도 아쉬움이 남는 밤이었다. 당연히 배우는 쪽은 나였고, 박소장님은 '비법'을 전수하는 어려운 역할을 감내해 주셨다.

그분의 책이라면 줄까지 쳐가며 읽고 추천하는 책까지 찾아볼 정도로 '광팬'이었던지라, 사실 어떤 이야기도 귀담아들을 자세가 되어 있었지만, 그날 나눈 많은 대화 중에 특별히 기억에 남는 한 구절은 '철학을 문학화 해야 한다.'는 것이었다. 슬로건이나 비전이 조직원들의 마음에 잔상으로 남아 조직을 운영하는 길잡이가 되기 위해서는 심오한 철학이라도 간단 명료한 문학적 표현을 지녀야 한다는 것이었다. 설명 끝에 나이키의 광고 문구 "Just do it!"을 예로 들고 나니 한결 이해가 쉬워졌다. 문학의 중요성에 대해 박웅현 소장은 "내 생각인 줄 알았는데 책 속에 있더라."는 말로 설명을 더했다. 우리의 생각이라고 여겼던 많은 것들이 실상은 다른 사람에 의해 형성된 것이고, 그만큼 문학화 된 철학의 힘이 크다는 사실에 공감이 갔다.

철학이나 사상, 혹은 가치관이 일반인도 쉽게 이해되는 수준으로 변하는 과정이 문학화라면, 모든 것을 한 문장 안에 쏟아 부어야 하는 표어나 구호는 그 정점에 있다고 할 수 있다. 이런 결과물은 당연하게도 기억에 잘 남아야 하지만, 너무 경박하거나 반대로 너무 진지하면 그 값어치가 떨어진다. 적절한 톤tone이 필요하고, 메시지의 마지막 몇 퍼

센트는 여지를 두어, 보는 사람들 자신만의 해석을 가능하게 하는 여백의 미를 갖추고 있으면 더욱 좋다. 기업에서 중요시하는 비전이나 핵심가치도 짧은 몇 단어나 문장 안에 큰 가치를 담아내야 한다. 무엇보다도 중요한 것은, 표현 자체로서도 조직원들의 마음을 열어줄 수 있는 힘이 있어야 한다는 것이다. 박웅현 소장이 즐겨 쓰는 단어인 '울림'이 있어야 한다.

리더십과 조직관리에 관심 있는 두 사람의 모임이다 보니 자연스럽게 그런 주제에 대해 이야기가 오갔다. 보고와 회의 문화에 대한 대화를 나누던 중, 리더의 자격 가운데 조직원의 귀를 열어줄 수 있는 능력이 중요하다는 점이 소재가 되었다. 조직원의 귀를 열어주는 리더는 그 자신의 귀가 열려 있는 사람이다. 또한 리더는 경청과 더불어 '다청多聽'하는 통로를 항상 열어 두어야 한다. 가까운 측근의 말만 듣거나 제한된 경험에서 벗어나지 못하는 사람은 조직이 무너지는 소리도 듣지 못한다. 다수의 아웃사이더가 어떤 생각을 하는지 귀를 기울이지 않으면, 그 여파는 오랜 시간이 흐른 뒤에 부정적인 결과와 변명을 낳는다.

그런 관점에서 회의를 주관하는 가장 효과적인 방법은 리더가 가급적 입은 닫고 귀를 열어 두는 것이다. 윗사람이 먼저 한마디를 하면 회의 분위기는 그 사람이 원하는 방향으로 흘러간다. 평소에 카리스마가 있거나 부하직원들의 반론을 용납하지 못하는 리더일 경우 그럴 가능성은 한결 높다. 회의를 주재하다 보면 서로 다른 의견을 두고 대립하는 경우가 종종 생긴다. 서투른 리더들은 이 때 빨리 중재를 하기 위해 중간에 개입해서 결론을 내기도 하는데, 이렇게 되면 직접 해결을 하지 못한 당사자들 간에 앙금이 남는다. 서로 다른 의견을 제시한 사람들이 스스로 결론을 내리도록 기다려주는 것이 오히려 리더가 취할 자세다.

다만 중재가 필요할 때 개입하는 시점은 중요하다. 누가 봐도 한쪽으로 의견이 기울었지만 확실하게 결론이 나는 순간이 오기 전에 상황을 정리하는 것이 좋다. 이때는 설전舌戰에서 '이긴 사람(본인의 의견이 옳다고 판명된 사람)'보다 '진 사람'을 각별히 챙겨야 한다. 결론이 나기 전에 개입하라는 것은 어찌 보면 진 사람을 위한 배려인데, 혹시라도 사기가 떨어지거나 의기소침해질 수 있기 때문이다. 핀잔을 듣거나 자존심을 상하게 되면 다음부터는 좋은 생각이 있어도 자신 있게 이야기하기보다 윗사람이나 주변의 눈치를 더 살핀다.

회의를 주관하는 리더의 역할은 많은 사람의 의견을 도출하여 결론을 내고 참가자들의 동의를 얻는 일이다. 회의는 지시와는 구별되어야 한다. 좋은 리더는 참가자들이 긴장하지 않고 많은 의견을 내도록 할 줄 알아야 한다. 스스로가 많은 이야기를 하기보다 참가자들이 의견을 내는 가운데 자연스레 결론으로 유도될 수 있도록 하는 능력도 필요하다.

박웅현 소장은 회의를 주관하는 자세에 대해 언급하면서 '물살의 흐름'을 짚을 수 있어야 하고 '맑은 머리통'을 가져야 한다는 말을 했다. 이야기의 흐름을 파악하여, 때로는 그 줄기를 바꾸고 혹은 잠시 멈추기도 하는 것은 리더의 중요한 역할이다. 또한 편견이나 선입견 없이 상대방의 의견을 듣고 판단할 수 있는 머리가 있어야 비로소 '내 말'이 아닌 '남의 말'이 들린다.

회의는 언어를 통해 이루어지지만, 말로 의사를 전달하고 이해하는 것 이상의 커뮤니케이션 스킬communication skill이 필요하다. 그런 만큼 리더에게는 사람과 상황을 살필 줄 아는 섬세함과 함께 다양한 경험을 통한 인문학적 소양이 요구된다. 박웅현 소장은 오래전《책은 도끼다》를 출간하면서, 독서를 해야 하는 이유에 대해 '자신의 얼어붙은 감성을 깨뜨리고 잠자던 세포를 깨우는 도끼가 책이었다.'[41]라고 말하며 아래와 같이 덧붙인 바 있다.

> '책을 왜 읽느냐, 읽고 나면 달라지기 때문입니다. 볼 수 있는 게 많아지고, 인생이 풍요로워집니다.'[42] ●

---

41 박웅현,《책은 도끼다》, 북하우스, 2011.
42 박웅현, 위의 책.

글로벌 기업의 레거시

이탈리아 출장의 첫 방문은 모데나Modena라는 도시의 마세라티 공장이었다. 현지 직원이 운전하는 차를 타고 들어선 공장의 첫 인상은 평범했다. 건물 곳곳에 보이는 'Maserati'라는 브랜드 이름과 삼지창 모양인 트라이던트 엠블럼을 빼면, 국내의 공장에 비해 특이할 것이 없는 작고 오래된 시설이었다. 하지만 이탈리아 사람들 특유의 친절함으로 나를 맞이해준 공장 책임자의 억센 억양에는 자신이 제작하는 자동차에 대한 자부심이 그대로 묻어나왔다. 모든 차종을 전동화하려는 스텔란티스의 전략상 이곳에서도 전기차의 생산 준비에 여념이 없었는데, 이곳 저곳을 둘러보던 중 마침 브랜드의 가장 고급 차종인 세단형 스포츠카 MC20의 차량이 제작되는 현장을 방문할 기회가 있었다.

젊은 부유층을 타깃으로 2020년 처음 시판한 MC20은 일반 내연기관 차량의 한국 내 판매 가격이 3억 원을 넘으며, 고급 버전인 MC20 치엘로Cielo 컨버터블은 5억 원 이상인 고급차이다. 이탈리아 감성의 스타일리시한 외양도 멋지지만, 성능도 좋기 때문에 많은 이탈리아 사람들에게는 '드림카'인 MC20의 제조공장을 방문하는 것은 그 자체만으로도 설레는 일이었다. 허름하지만 전통이 스며든 공장 내부로 들어가니 공장 직원들이 수작업으로 차량 부품과 차체를 조립하고 있었다. 말로만 듣던 수제작 자동차가 낯설어, 안내하는 사람에게 한시간에 차를 몇 대나 만드는지 물어보았다.

"하루에 6대 정도 만듭니다"
"근무시간은 몇 시간인가요?"
"하루 8시간 일합니다."

흔히 UPHunits per hour라고 불리는 시간당 차량 제작 대수는 양산차의 경우 보통 50 이상이다. 생산성이 좋은 공장은 70대 초반까지도 나오는데, 생산 현장에서는 시간이 곧 비용이기 때문에 모든 자동차 업체는 이 수치를 높이기 위한 노력을 많이 한다. 그런 까닭으로 대화 중에 UPH가 1이 안된다는 이야기에 잠시 어안이 벙벙했다. 늘 양산 규모와 생산속도에 민감하게 살아왔던 나에게는 '이렇게 해서 수익이 남을까?'라는 질문이 가장 먼저 머리를 스쳤다. 마세라티는 1914년에 설립된 회사로 역사가 100년이 넘는다. 그룹 내의 미국 브랜드인 닷지Dodge와는 같은 해에 설립되었다. 1968년에는 시트로엥Citroen에 인수되었고, 이후 많은 난관과 우여곡절 끝에 1993년 피아트Fiat가 인수하면서 재기를 시도한다. 지금은 스텔란티스의 한 브랜드로 유지되고 있는 이 회사는 사실 적자 기업이다. 매해 2억불 이상의 적자를 보는데도 이 브랜드를 유지하는 이유는 기업이 가진 상징성 때문이다.

한때는 포르셰Porche를 능가하는 자동차로 인정받던 마세라티는 열악한 조립품질 문제로 인해 여러 위기를 겪었고, 갑부甲富들을 상대로 하는 최고급 슈퍼카와 중상류층을 타깃으로 하는 프리미엄 브랜드 사이에서 포지셔닝을 제대로 하지 못하며 상품성에 의문점을 자아내기도 했다. 그러나 알파 로메오와 더불어 그룹 내 스포츠카의 명맥을 이어가는 명품으로 그 가치가 인정되어, 이 브랜드를 논할 때 사실 생산, 판매 대수나 수익성은 더 이상 큰 관심거리가 아니다. 그룹을 대표하는 명품차로서의 이미지가 마세라티의 존재 가치이기 때문이다.

110년 전인 1914년에 설립된 회사가 그룹 내에 두 개나 존재하지만, 사실 이조차도 역사로 보면 이른 축에 끼지 못한다. 스텔란티스의 14개 브랜드 중 19세기인 1800년대에 설립된 회사만 3개이다. 가장 역사가 긴 푸조Peugeut는 1896년, 오펠Opel과 피아트는 1899년에 설립되었다. 이어서 1903년에 영국에서 복스홀Vauxhall, 1906년과 1910년에는 이탈리아에서 란시아Lancia와 알파 로메오가 생겨났다. 마세라티 이전에 설립된 회사만도 6개가 그룹 내에 포진하고 있다는 이야기다. 1914년 이후부터 1949년까지의 35년 동안에 설립된 현現 스텔란티스 브랜드는 시트로엥Citroen, 1919, 크라이슬러Chrysler, 1925, 지프Jeep, 1941, 아바스Abarth, 1949 등 4개이다. 근래에는 닷지 브랜드의 트럭 차종이었던 램Ram이 독립 브랜드로 2009년에 분리되었고, 2014년에는 프랑스의 프리미엄 브랜드로 DS 오토모빌DS Automobiles이 런칭되면서 총 14개의 브랜드 군을 완성하게 된다.

무려 130년에 가까운 긴 역사를 통해 설립과 합병을 거듭하여 이루어진 거대 자동차 기업인만큼 그 국적도 다양하다. 가장 역사가 긴 푸조를 비롯하여, 시트로엥, DS 오토모빌 등 3개가 프랑스에서 시작되었고, 피아트, 알파로메오, 아바스 등 3개사가 이탈리아 브랜드이다. 닷지, 크라이슬러, 램은 미국 국적이고, 여기에 독일에서 설립된 오펠과 영국의 복스홀까지 하면 총 5개의 출생국가를 자랑한다. 여기에 렌트카나 카셰어링, 충전과 같은 모빌리티 솔루션을 제공하는 리시스Leasys, 2001와 프리투무브Free2move, 2016까지를 포함하면 그룹사는 16개가 된다. 자동차뿐 아니라, 건설, 제철, 철도, 금융 등 다양한 사업군을 거느리는 현대자동차그룹의 종업원 수를 능가하는 40만 명을 거느리는 거대 기업이 모두 자동차와 연관된 사업만을 하고 있다는 사실도 상당히 흥미롭다.

국적과 생산 현장이 글로벌하다는 사실은 부품을 공용화하거나 기술, 인적 자원을 효율적으로 활용할 수 있다는 장점이 있는 반면, 체계적인 관리가 어렵다는 한계가 있다. 그리고 아무리 좋은 의도로 합병이 되었다고 해도, 기존 회사에서 헤게모니를 쥐고 있던 세력들 간에 긴장이 없을 수 없기 때문에 조직문화가 안정화되기까지는 상당한 시간을 요한다. 스텔란티스도 2021년 하나의 회사가 된 이후 지금까지 그런 과도기를 겪고 있는데, 연구개발은 미국이, 구매는 프랑스가, 판매는 각 브랜드가 주도하다보니 마찰을 완전히 피해가기가 어렵다.

조직의 복잡성은 내가 맡았던 배터리 사업도 예외는 아니어서, 공식적으로 런칭하는 4개의 플랫폼을 주관하는 지역이 서로 다르다. 배터리 시스템은 가장 작은 단위인 셀cell과 몇 개의 셀을 조립한 모듈 module로 이루어져 있으며, 최종 단계는 팩pack 혹은 시스템system이라고 부른다. 이 시스템이 차체의 근간이 되는 플랫폼 위에 장착되어야 하는데, 스텔란티스의 경우 셀과 모듈을 책임지는 리더는 미국에 있고, 소형과 중형 플랫폼인 Stella Small과 Medium의 팩은 유럽이, 대형인 Stella Large와 Frame은 미국이 이끌어간다. 여기에 개발 과정 중에 생기는 문제점을 해결하기 위한 별도 조직이 미국과 유럽에 있어 이탈리아에 있는 리더가 운영을 하고, 중국에는 또 별도의 팀이 존재한다. 이렇다 보니 회사가 24시간 쉬지 않고 움직일 뿐 아니라, 직원들은 지역에 따라 새벽부터 혹은 밤 늦게까지 업무에서 떠나지 못하는 특성이 있다.

2022년 6월 20일 Propulsion System 조직의 첫 글로벌 회의가 있은 후 바로 다음날은 배터리 사업부의 글로벌 스태프 회의가 있는 날이었다. 오자마자 내가 회의를 주관할 수가 없어, 내가 오기 전 직무대행을 하던 유럽연구소의 책임자가 한 달 정도 회의를 이끌어 주었다. 두 달째에 접어들면서 본격적으로 내가 모든 것을 리드해가야 하는 시기가 되었는데, 이런 일을 해본 적이 없는 나로서는 참 난감한 일이었다. 한국에서는 모든 자료나 회의가 사전에 조율되고 준비되어, 고위 임원은 자료를 미리 보고 가서 중요한 결정만 하면 되는 반면에, 여기서는 하나부터 열까지 대부분의 일을 리더들이 직접 챙겨야 한다. 전달할 내용도 정리해야 하고, 최고 경영층으로부터의 지시사항이 있으면 이 또한 놓치지 않고 기록해 두어야 한다. 말 그대로 모든 것이 자급자족이다.

과거 미국에서 직장생활을 할 당시만 해도 내 직급이 높지 않았고, 주로 엔지니어링에 관한 토의 위주였기에 대화에 크게 어려움을 느끼지 않았던 반면, 이곳 스텔란티스에서 내가 맡은 보직은 이전과는 규모나 성격이 전혀 달랐다. 큰 조직 내부의 주요 사안을 스스로 파악하고 준비를 알아서 해야 하는 것도 만만치 않았지만, 특히 어려웠던 점은 말을 많이 해야 한다는 것이었다. 현황에 대한 분석과 판단, 이에 따른 지시사항 전달과 확인까지, 회의 시간 중에 가장 중요한 발언은 대부분 리더의 입에서 나온다. 대부분의 시간 동안은 경청을 하다가 최종 결론을 내릴 시점에서나 입을 열던 국내 회의 문화와는 판이하게 다른 이곳 분위기에 적응하는 것은, 업무부담을 줄여서 여유 있는 삶을 살다가 멋지게 은퇴할 꿈을 꾸며 미국으로 옮겨왔던 나에게는 또다른 도전이었다.

입사 후 얼마 되지 않았을 때의 일이다. 유럽에 거주하면서 그룹의 엔지니어링 조직을 총괄하는 분이 미국을 방문했을 당시였는데, 회의 중에 배터리와 전동화에 대한 의견을 물어보셨다.

"무슨 일로 필요하신 건가요?"

"Carlos한테 전달을 해야 해서…."

"제가 자료 만들어서 드릴까요?"

"괜찮아. 그냥 간단히 내가 이메일 쓰면 될 것 같으니 내용만 알려 줘요."

평범한 대화이기는 했지만, 사실 'Carlos'는 우리 그룹의 CEO인 카를로스 타바레스Carlos Tavares였고, 나와 대화를 나눈 그 분은 몇 개 브랜드의 CEO를 거쳐 당시에는 4만명의 인원을 총괄하는 Chief Engineering Officer였다. 우리 식으로 이야기하면, 그룹 내 서열이 서너 번째쯤 되는 부회장님이 회장님께 직접 이메일을 쓸테니 자료는 필요 없고 내용만 알려달라는 이야기였다. 물론 항상 이런 식으로 가볍게 넘어가지는 않지만, 그날따라 그분이 공항에서 차를 렌트해 직접 몰고 와서 가방을 끌고 건물 복도를 지나가는 모습을 본 터라, 우리와는 다른 임원들의 업무 패턴을 절실히 느낄 수 있었다. 어쨌거나 내 입장에서는 이전에 받았던 수많은 '도움의 혜택'을 누리기 어렵다는 사실을 명확하게 인지한 작은 사건이었다.

유럽 사람들이 많아 영어가 생각보다 큰 부담이 아니었다고 해도, 회사의 표준어가 영어인 만큼 이로 인해 받는 스트레스는 작지 않았다. 회의를 이끌고 지시하고 또 면담하는 모든 일을 영어로 해야 하다 보니, 말을 알아듣는 수준으로는 업무가 불가능했다. 단지 참석해서 듣고 있기만 해도 되는 회의조차도 처음에는 버거웠다. 단어를 못 알아듣는 경우도 있었지만, 이 회사에서만 사용하는 약자略字나 약어略語에 익숙하지 않은데다가 특유의 업무절차나 조직에 대해서도 잘 모르는 상태였기에 상황 파악이 어려웠다. 전담 인력이 있어서 이런 일들을 단기간에 파악할 수 있도록 도와주면 좋았을 텐데, 그런 제도가 없다 보니 모든 것을 눈치로 파악해야 하는 것도 괴로운 일이었다.

그래도 시간이 흐르면서 어느 정도 적응이 되었고, 조금씩 영어 표현이 귀에 들어오기 시작했다. 특히 임원들의 회의에서 배우고 싶은 표현이 많이 나왔는데, 말을 직설적으로 하기보다는 돌려서 이야기를 하고 사용하는 단어도 상당히 고급스러웠다. 우리도 사장님이나 고위 임원들과 회의를 할 때는 표현에 신경을 쓰듯이, 이들도 예외는 아니라는 사실을 그제서야 깨달았다. 이후로는 특별히 어휘력이 좋은 몇 사람을 택해 그들의 표현을 수첩에 옮겨 적고 밤에 집에 와서 복습을 했다. 다행히 대부분의 회의가 노트북을 앞에 두고 하는 화상회의라 그 옆에 업무 수첩과 단어 수첩을 놓고 '영어 공부'를 하는데 큰 어려움은 없었다.

많을 때는 하루에도 몇십 개의 표현을 적다 보니 욕심이 생겼다. 미국 기업의 회의 중에 사용하는 표현을 익혀서 나도 그들처럼 말을 하고 싶다는 매우 '학생스러운' 욕심이었다. 우선 1,000개의 표현을 암기하는 목표를 세웠다. 생각보다 진행속도가 빨라 2023년 말까지 3,000개를 적어서 외우고 사용하자는 목표를 다시 수립했다. 내가 일상대화에서 말하는 속도를 측정해보니, 1분에 읽는 문장이 평균 13~14개였다. 1시간이면 약 800개의 문장을 사용한다는 이야기이고, 3,000개의 문장이면 거의 4시간을 떠들 수 있는 분량이다. 이렇게 쉬지 않고 말을 할 리는 없으, 3,000개의 문장을 익힐 수만 있다면, 일상 대화뿐 아니라 웬만한 회의에서 표현이 부족해서 말을 못 하는 일은 없겠다는 결론이 나왔다. 나이가 60이 되어서도 가장 중요한 과목 중 하나는 역시 '영어'였다. (그리고 2024년 1월 13일 저녁, 내 수첩에는 5,000번째 문장이 기록되었다.)

조직문화나 국민성이 다른 배경을 가진 몇 개의 기업이 합친 회사라, 스텔란티스는 여러가지 측면에서 아직은 더 정리해야 할 부분들이 꽤 있다. 그러나 거대 글로벌 기업에서 생활하면서 한국 사람으로서 느끼는 두려움이나 경외감도 상당하다. 우선 긴 세월동안 수많은 위기와 역경을 거쳐 살아 남고 지속적으로 변신을 거듭해가며 발전한 것 자체가 놀랍다. 중국의 알리바바를 창업한 마윈은 회사의 수명이 102년을 넘기는 게 목표라고 말한 적이 있다. 1999년에 세워진 회사이니 102년이면 2101년까지 '3세기'를 넘긴다는 농담이었지만, 그의 언급은 기업이 100년을 유지하기 어렵다는 것을 단적으로 나타낸다. 그룹 내 14개의 브랜드 중 9개가 100년을 넘긴 기업이라는 사실은, 비록 현시점에서는 과거만큼 명성을 누리지 못하고 있다고 할지라도, 그 저력은 무시할 수 없다는 증거다.

글로벌 기업의 정의는 대개 사무실과 공장, 연구소 등 시설과 인력이 고용되는 지역의 범위에 따라가지만, 최근에는 리더십에서도 글로벌화를 추구한다. 순혈주의를 벗어나 그 지역의 특성과 시장 현황을 가장 잘 아는 사람에게 책임을 맡기는 원리인데, 이제는 국내 기업들도 이런 방향성을 가지고 현지에서 리더들을 채용하고 있다. 또한 그 인재가 꼭 필요한 사람이라면, 파격적인 조건을 제공하며 영입에 힘쓴다. 특히 대기업보다 스타트업들이 이런 부분에서는 대처를 잘 하는 편이라, 디트로이트 인근이나 캘리포니아 지역의 신생 기업에서는 과거 Big 3에 몸담았던 사람들을 어렵지 않게 볼 수 있다. 높은 연봉이나 스톡 옵션과 같은 매력적인 조건 때문에 대기업을 떠나 작은 회사로 옮기는 일이 미국에서는 흔한 일이다 보니, 채용 조건을 변경하는 데 시간이 걸리는 거대 기업들은 애자일agile한 소규모 기업에 우수 인력을 빼앗기는 경우가 많다.

그러나 이런 인재확보 경쟁이 자본주의 경제체제 하에서는 기술이 이전하고 발전하는 경로가 되기도 한다. 따라서 다소 폐쇄적인 성향의 국내 기업들 입장에서는 향후 인재전쟁에서 어떻게 대처할 것인지가 큰 고민거리이다. 그렇다고 실력은 탁월한데 생각이나 철학이 아주 다른 리더를 영입해서 경영에 혼란을 빚을 수도 없는 일이다. 결국 기업의 입장에서는 어느 만큼 문을 열고 어느 만큼 '우리 것'을 지킬 것인지를 판단해야 한다. 이제는 과거만큼 단일민족의 우수성을 내세우지는 않지만, 세계적인 글로벌 기업의 잣대로 보면 아직도 우리나라 기업들은 국내 의존도가 지나치게 높다. 해외에 있는 지사에 점차 현지 인력이 많아지고는 있으나, 언제 떠날지 모르는 사람들에게 회사 기밀이나 중요한 결정권을 넘기는 일을 주저하다 보니, 그들이 융화되는 데도 한계가 있다.

외국 기업들도 이와 같은 난관이 없지는 않지만, 이들은 일단 자리를 주어 업무를 맡기면 그 위치에 있는 동안은 철저히 신뢰한다. 혹시 담당자가 그만 두면 후임자를 찾아 같은 과정을 되풀이하고, 이럴 때 필연적으로 발생하는 손실을 최소화하기 위해 사람보다는 시스템이

나 절차에 더 많이 의존한다. 근래 자동차 업계의 추세는, 지역을 불문하고, 가장 각광받는 영역이 전동화이다. 역사가 길지 않다 보니, 아직은 전략이나 절차가 불완전하여 사람에 대한 의존도가 높은 분야이다. 하지만 전기차의 핵심 부품인 배터리나 모터, 제어기 분야는 인력난이 상당히 심각하다. 기존의 내연기관 자동차에 특화된 업무에 종사하는 사람들은 직업을 잃을까 걱정하는 반면, 전동화와 관련된 인력은 없어서 못 구하는 현실이다. 불과 10여년 전만 해도 전혀 예측할 수 없었던 현상이다.

전동화를 중심으로 재편되는 자동차 산업의 구도는 정부의 환경 규제나 원자재의 산지와 같은 비기술적인 요소에 의해서도 큰 영향을 받는다. 대표적인 사례가 미국이 발의한 '인플레이션 감축법안(IRA)'이다. 큰 관점에서는 세계 양강 구도에서 G1을 넘보는 중국을 견제하기 위한 미국의 의도로 생긴 법안이지만, 전기차 분야에서 압도적인 우위를 보이는 중국의 성장이 향후 미국의 주력 산업인 자동차 분야에 위협이 된다는 판단 또한 크게 작용했다. 그리고 이 덕분에 혜택을 받은 대표적인 나라가 우리나라이다. 세계 최대의 배터리 제조업체로 성장한 중국의 CATL이나 전기차와 배터리 두 분야에서 강세를 보이는 BYD가 미국에서 사업을 하기 어려워지면서, 국내 배터리 3사인 LGES, 삼성 SDI, SK on의 입지가 넓어진 것이다. LGES는 GM, 스텔란티스와 조인트벤처 공장을 보유하고 있고, SDI는 스텔란티스와 첫 미국 공장을 짓기 시작한 뒤 GM과도 계약을 맺었다. SK on은 포드와 여러 개의 공장을 진행중이며, 현대자동차그룹의 전기차 사업 현지화를 위해 조지아주에도 추가로 공장을 건설하고 있다.

이뿐 아니라 현대자동차그룹이 오래전 조지아주와 알라바마주에 공장을 건설할 때 동반 진출한 부품사들의 위상도 높아진 덕에, 디트로이트의 자동차 3사에서도 이제는 한국 기업의 부품에 대한 신뢰가 상당하다. GM의 경우, 과거 GM대우 시절에 한국 인력의 우수성을 경험한 터라 연구소 내에 상당수의 한국인을 채용하기도 했는데, 최근의 한국 문화 열풍과 더불어 상승한 대한민국의 국가 신뢰도는 국내에서 생각하는 것보다 훨씬 높다. 여기에 미국에서 가장 인기있는 가전 제품이 삼성과 LG이고, 현대차나 기아차는 주문 후 오랜 기간을 기다리거나 웃돈을 주고 사는 진풍경이 벌어지기도 한다. 이런 모든 현상들은 현 시점이 미국을 시작으로 보다 공격적인 글로벌 진출을 도모해야 하는 시기임을 지적하고 있는데, 현지에서 느끼는 우리 기업의 적극성은 사실 기대에 미치지 못하고 있다.

배터리 업무를 맡다 보면, 배터리뿐 아니라 관련 전자 제품이나 소프트웨어 기업으로부터도 만나자는 요청이 많이 들어온다. 미국이나 유럽 기업들도 꽤 집요하게 방문을 요구하지만, 이메일이나 소셜 네트워크 채널인 링크드인LinkedIn 등을 통해 가장 빈번하게 연락을 하는 곳은 중국 기업들이다. 우리나라 기업들은 이들에 비하면 너무 점잖다. 제품도 우수하고 기술이 좋아 보이는데도 적극적으로 홍보를 하지 않다 보니, 구매 조직의 레이더 망에 포착되지 않아 사업 기회를 놓치는 경우를 여러 차례 보았다. 국내 기업의 다른 약점은 가격 경쟁력이 떨어진다는 것이다. 최근 몇 년간 급격하게 상승한 인건비의 영향과 품질을 중요시하는 기업문화로 인해 해외 경쟁사에 비해 높게 책정되는 가격은, 전기차의 비싼 가격 때문에 늘 원가절감의 압박을 받는 자동차 OEM 구매조직에게 큰 걸림돌이다. 초기에는 다소 손실을 감수하는 저가화 정책으로 시장을 개척한 후, 기술력으로 승부수를 던져 고가의 제품이라도 살 수밖에 없게 만드는 전략이 절실하다.

1970년대 해외 시장을 개척하던 부모님 세대의 사업 전략은 '부딪쳐 보고 도전하는 것'이라고 정리할 만큼 무모하고 단순했다. 극동 지역의 개발 도상국 기업에서 영업직원이 찾아와 서툰 영어로 손짓 발짓해가면서 제품을 홍보하고, 이에 선진국 구매자는 낮은 가격과 적극적인 공세에 높은 점수를 주어 한 번쯤 사용해 보는 시기를 거쳐 서서히 입지를 다져갔다. 그러나 현 시점에서 우리나라의 위상이나 국내 기업의 인지도를 고려하면, 이제 더 이상 '헝그리 정신'에 기반한 원시적인 방법으로 글로벌 기업을 상대할 수는 없다. 우선은 월등한 제품경쟁력을 갖추어야 하고, 세련된 매너를 통해 이를 효과적으로 홍보하고, 장시간에 거쳐 신뢰를 쌓아가야 한다. 또한 이를 위해서는 기업의 전반적인 문화가 글로벌화 되어야 할 뿐 아니라, 핵심 인재들이 글로벌 마인드를 갖추어야 한다.

글로벌 마인드는 단지 세계를 향한 비전이나 전 세계 시장으로 뻗어나가는 양적 성장하고만 관계있는 것이 아니다. 우리와는 다른 문화권에 사는 사람들을 이해하는 개방성, 그들의 다양성을 존중하는 포용성, 여기에 경쟁사나 경쟁 국가를 앞서 가는 미래 지향적인 마인드셋 mindset까지를 포함한다. 외국의 대기업들은 합병과 분리를 수시로 행하면서 점점 각박해져가는 시장 가운데 살아남기 위해 발버둥을 친다. 다양한 국적의 직원들이 하나의 목적을 위해 연합하는 과정은 '글로벌화'를 위한 필요조건이다. 가까운 대상, 서로 이해하기 쉬운 상대들과의 연합만으로는 세계 무대에서 성장해 나가는데 더 이상 한계가 있다. 직접 경험했던 한 예로, 나를 영입하려 했던 독일 자동차회사의 이사회 멤버가 해준 말이 있다.

"우리 회사의 매출이 중국에서 40%가 넘게 발생하는데, 아직 우리 핵심 임원진은 대부분 유럽 출신입니다. 이제는 다양성을 이해하기 위해 아시아계 임원들이 많이 필요하다고 판단해서 Mr. Ahn에게 연락을 하게 되었습니다."

타국 국적 보유자를 영입하는 것이 글로벌화의 유일한 수단은 물론 아니다. 다른 문화권의 인재를 영입하는 것은 단기간으로 볼 때 오히려 혼란을 야기할 가능성이 더 많다. 그러나 국내 기업들이 역발상으로 자문해 보아야 하는 것은 '비슷한 생각을 가진 사람들의 집단이 어느 수준까지 글로벌화 될 수 있는가?'이다. 나 역시 이 의문에 대해 아직 확실한 답을 찾지는 못하고 있지만, 글로벌화의 극한까지 갔다고 해도 과언이 아닌 스텔란티스에 근무하면서 느끼는 사실이 있다, 세계 시장을 목표로 하는 기업이라면 글로벌화는 피할 수 없는 트렌드이고, 어느 정도의 과도기는 2보 전진을 위한 1보 후퇴로 감내해야 한다는 것이다. 그리고 지금이 글로벌화의 적기敵機라는 데는 의심의 여지가

없다. 전 세계가 대한민국을 주목하고 있는 지금, 우리 기업들도 이제
는 100년 대계를 갖춘 글로벌 기업으로서의 위상을 확보해야 한다. ●

Chapter

4부

주변을 통해
배우는 교훈

아빠의 안경,
닮고 싶은 리더

이제는 결혼해서 가정을 꾸리고 사는 큰 딸은 아기였을 때 '안경' 발음을 못해서 늘 '안가'라고 불렀다. 어린 아이의 눈에도 아빠는 아침에 안경을 써야 하루가 시작된다고 보였는지, 주말에 늦게까지 자고 있는 아빠를 깨울 때는 안경을 가지고 와 씌워주면서 "아빠 안가!"라고 하면서 매달렸다. 세월이 흐른 후 어린 시절의 큰 딸이 아빠의 안경에 대해 매력을 느끼고 있었다는 사실을 알게 된 계기가 있었다. 아이가 라식수술을 하고 아직 눈이 완전히 회복되지 않을 때 이야기다. 거실에 식구들이 모여 앉아 이런저런 이야기를 하다가 아빠의 시력이 어느 정도인지를 묻게 되었다.

30대에 난시가 오고 40세경에 노안이 와서 안경을 쓰긴 하지만, 나는 사실 눈이 그렇게 나쁜 편이 아니다. 가까운 것이 잘 안 보일 뿐이지, 운동을 할 때는 안경이 필요 없고, 2~3미터 거리에 있는 책 표지의 큰 글씨 제목은 어렵지 않게 읽을 정도의 시력은 가지고 있다. 이 이야기를 하자 큰 아이의 반응이 재미있었다. 완전히 속았다는 것이다. 어 렸을 때 아침이면 항상 안경을 쓰는 것으로 시작한 아빠가 멋있어 보 였고 자기도 언젠가는 안경을 쓰겠다는 생각에 시력이 저하되는 것도 개의치 않았는데, 막상 아빠는 좋은 시력을 가지고 있다니 말도 안 된 다는 것이다.

세 아이 중에 나를 가장 많이 닮은 둘째 딸도 아빠에 대한 재미있는 추억들이 있다. 둘째는 공부에 대한 욕심이나 걱정이 많은 면도 그렇 고, 글 쓰는 것을 좋아하는 것도 나와 비슷하다. 중학교 1학년 때 자 기가 써 놓은 글을 모아 책을 만든 것이 있는데, 1부는 '외모가 다야?' 라는 동화로 꾸미고, 2부는 여러 편의 시와 그림으로 엮은 50페이지 짜리 책이다. 동시童詩 중에는 어린 시절 써 놓은 글도 여러 편이 포함 되었는데, 그중 하나가 초등학교 2학년 때 쓴 〈아빠는 청소기〉라는 시 이다.

> 아빠는 청소기
> 1분이면 밥을 다 먹는 아빠는 청소기
>
> 나는 가족 중에서 밥을 제일 늦게 먹는데
> 아빠는 그렇게 일찍 먹으니 정말 부럽다
>
> 만약에 내 남편도 1분이면 다 먹는 청소기라면
> 나는 이렇게 말해줘야지

| 우리 아빠 쏙 빼닮았다!!

어린 딸아이에게는 밥을 빨리 먹는 아빠가 그토록 인상적이었던가 보다. 딸들의 모습을 보면서 어른이 아이들에게 끼칠 수 있는 영향에 대해 생각했던 적이 있다. 가정에서 아빠의 모습을 아이들이 관찰하고 닮고 싶어 하듯이, 조직에서 리더가 주는 영향력 역시 크리라는 것이다. 윗사람은 어떤 형태로든지 아랫사람들에게 영향을 준다. 선한 영향력이든 그렇지 않든, 조직장의 성품이나 행동은 그 조직문화를 형성하는 기초가 되기 때문이다.

국내에 있을 때나 지금이나 '오랜 시간이 흐르면 내가 후배들에게 어떤 모습으로 기억될 것인지'에 대해 많은 생각을 하고 산다. 내가 선배님들께 느끼는 그런 감정을 후배들도 나에게 느끼게 될 텐데, 과연 그 모습이 '흥부 닮은 선한 모습일까 아니면 심통 많은 놀부의 모습일까'가 궁금하다. 먼 훗날 나를 잘 모르는 사람들이 내 얘기를 듣게 될 때, 그들에게 비친 내 모습이 일만 챙겼던 보스일지, 인간적인 면까지 챙겨주는 리더일지도 적잖이 신경이 쓰인다. 리더의 일거수일투족이 조직원들에게는 두려움의 대상일 수 있고 따라하고 싶은 매력일 수도 있다. 모든 리더의 바람이 그렇듯이 나 역시 트라우마를 남기는 보스가 아니라 친근한 매력을 남기는 리더로 기억되고 싶다.

미국으로 이직해서 생활을 한지 벌써 2년이 다 되어가지만, 지금도 옛날 부하직원들로부터 종종 연락을 받는다. 나도 어쩔 수 없이 이기적인 사람이라, 가장 행복한 대화는 내가 조직장으로 있었을 때 일어난 일들을 회상하며 "그때가 좋았어요."라는 이야기를 들을 때이다. 영어에도 'good old days'라는 표현이 있듯이, 지나간 일은 늘 좋은 기억으로 남는 법이다. 그리고 나에게 연락을 줄 정도의 사이라면 나를 따르고 좋아했던 직원이었기에, 그들의 긍정적인 평가가 반드시 객관적이지는 않다는 것도 안다. 그래도 과거 상관을 잊지 않고 연락을 주는 후배들 전화를 받으면 '내가 잘 못 살아온 건 아닌가 보다.'라는 위안을 받는 것은 어쩔 수 없는 사실이다.

리더는 줄 수 있는 것이 많은 사람이다. 오랜 기간 쌓아온 경험이나 지식을 후배들에게 넘겨줌으로써 후배들을 키우고 조직을 더 발전시킬 수 있는 특권을 가진 위치이기도 하다. 그러나 주는 것이 받는 것보다 더 어렵다는 사실은 그 특권을 포기하거나 혹은 충분히 누리지 못하게 하기도 한다. 돌려받을 것이 없기에 선뜻 주는 것이 어렵고, 주는 대상이 고마운 것을 알까 싶은 생각에 베푸는 것을 주저하게 되기도 한다.

우리가 흔히 사용하는 단어에서도 주는 것이 더 수고스럽다는 의미를 찾을 수 있다. 거래 시 발생하는 '수수授受' 행위에 사용되는 한자는 앞의 수授 와 뒤의 수受가 다르다. 준다는 의미의 앞 글자에는 손 수手변이 있고 받는다는 의미의 글자에는 없다. 받는 자는 편하게 받을 수 있어도 베푸는 자는 수고를 더해야 한다는 의미로 해석해도 지나치지 않을 것이다. 이 단어의 의미를 리더십과 연결해보면서, 줄 것이 있는 자, 즉 리더가 더 열심히 움직여야 한다는 생각을 했다. 그런 조직은 밝고

활기찰 뿐 아니라, 상호간에 존중이 있고 효율적으로 움직인다. 조직 문화에서 중요한 요인으로 꼽히는 소통의 성공 여부는 누가 먼저 마음을 열고 관심을 보이는지가 좌우하는데, 이 역할은 당연히 리더의 몫이다.

이제는 성인이 된 두 딸과 막내 아들은 지금도 해마다 아빠의 생일이나 기념일이면 자기들끼리 서프라이즈 파티를 준비한다. 아이들과 나 사이에 서로 주고받은 내용을 계산하면 베푼 것의 천분의 일도 돌려받지 못했을 것이지만, 내 기쁨은 아이들이 아빠의 수고와 사랑을 이해해 주는 것이고 그들이 멋진 청년으로 살아가고 있다는 사실이다. 어느 부모나 그렇듯이 나도 아이들을 위해 최선을 다해서 일하고 그들을 보살피며 키워왔다. 다행히 아빠의 좋은 면들을 기억해 주는 아이들 덕분에 지금도 'The happiest daddy in the world'임을 자부하며 살아간다.

내 자식에게 베푼 만큼은 아니겠지만, 내 부하직원들을 향하는 내 마음도 크게 다르지 않다. 그들이 잘 되기를 바라고, 나를 넘어서는 리더가 되기를 늘 응원한다. 내가 그들로부터 대가나 인정을 받지 못한다 할지라도, 나는 이미 나 자신이 'The happiest leader in the world'라 믿는다. 내 아이들에 대한 아름다운 추억만큼 그들에 대한 멋진 기억도 수없이 간직하고 있으니까. ●

2

화 안내기
100일 작전

많은 리더들이 소통을 어렵게 생각하는 이유는 '어떤 말을 해야하는
가?'에 대해 고민하기 때문이다. 게다가 그 어떤 말이 '가르침'이어야
한다고 착각한다. 자신의 오랜 경험과 지식을 전수해 주겠다는 의도
자체는 바람직한 일이지만, 그 방법이 어떤가에 따라 결과는 사뭇 달
라진다. CEO리더십 연구소의 김성회 소장에 따르면, 부하직원들이 입
을 닫는 이유는 상사가 '무서워서'가 아니라 '우스워서'라고 한다. 그
는 '조직 실어증'의 원인으로 '3무(무력, 무익, 무시)'를 꼽았는데, 무력無
力은 상사와의 관계에서 빚어지는 두려움, 무익無益은 말해 봤자 얻을
것보다 잃을 것이 많다는 위험성을 의미한다. 마지막 무시無視는 아무
리 이야기를 해도 기대하는 대책이나 반응이 없기 때문에 오는 단절감
이다. 이 3가지 '무' 중에서 무력보다 무익, 무시로 인한 침묵이 2배 이
상 많다고 하며, 김소장은 이런 요인들을 없애야 직원들이 입을 연다
고 이야기한다.[45]

윗사람의 지시는 대개 고운 말보다 짜증 섞인 말로 나오고, 상세한 설명보다 함축적인 표현으로 전달된다. 과거처럼 대놓고 무시하는 발언이나 막말을 하지는 않더라도, 무언중에 '그걸 의견이라고 가지고 왔어?', '일을 그렇게 밖에 못 해?'라는 질타가 고스란히 전달된다. 물론 그런 내용 가운데는 조직을 위한 충언이나 조언이 포함되어 있기도 하고, 부하직원이 성장하기를 바라는 기대가 담겨 있을 수도 있다. 그러나 사람의 감정은 언어를 초월해 전달된다. 눈빛이나 손짓으로도 기분은 전해지며, 특히나 부하직원들 입장에서는 그런 시그널에 훨씬 민감하다.

윗사람의 말이 무섭기보다 우스워서 한 귀로 듣고 한 귀로 흘리는 경험을 나는 집에서도 겪어본 적이 있다. 10년 전쯤 어떤 책을 읽던 중에 미국의 한 교회에서 고무 손목밴드를 가지고 '화 안내기' 운동을 했던 글을 접하게 되었다. 그 교회에서는 화를 한번 낼 때마다 오른손 왼손으로 번갈아 가며 고무밴드를 옮기는 운동을 했는데, 처음에는 하루에도 수십 번씩 위치를 바꾸다 보니 몇 달이 지나면 밴드가 끊어지는 지경에 이르렀다고 한다. 그러다 점차 감정이 조절되고 마음이 평온해지면서 밴드의 이동 횟수가 줄어들고, 시간이 흐른 뒤에는 며칠이 지나도 밴드를 옮기지 않게 되었다는 내용이었다.

여기에 자극을 받아 나도 화 안내기 운동을 자체적으로 시도해보았

---

43   김성회, 《센 세대, 낀 세대, 신세대 3세대 전쟁과 평화》, 샘앤파커스, 2020.

다. 마음이 약해질 것에 대비해 먼저 가족들에게 그런 의도를 설명하고 향후 100일 동안은 사소한 짜증조차도 내지 않기로 약속을 했다. 처음 며칠은 본래 습성이 나와 여러 번을 실패했다. 사실 나는 직장생활을 하면서 남에게 화를 내는 경우가 거의 없다. 그렇다 보니 집에서도 나 스스로를 좋은 남편이요 다정한 아빠라고 생각해왔는데, 막상 가정에서의 내 실제 모습은 조급하고, 사소한 일에 발끈하며, 설득을 가장한 강요를 하는, 영락없는 소인배의 모습이었다. 아이가 셋이나 있어서 하루도 편하게 지나갈 날이 없기도 했지만, 많은 경우 회사에서 꾹꾹 참던 화를 집에 와서 내기가 일쑤였다.

그래도 굳게 마음먹고 연습을 반복한 효과가 있었는지, 몇 번의 실패 끝에 화를 안내는 날의 수가 점점 늘어났다. 그렇게 두 주 정도가 지나자 처음에는 설마설마하던 식구들이 내 변화를 인지하기 시작했고, 한 달이 지속되자 놀라운 시선으로 바라보았다. 하루에도 여러 번씩 찾아오는 위기를 넘긴 끝에 결국 180일 가까이 단 한 번도 집에서나 직장에서 화를 내거나 짜증을 부리지 않고 견뎌냈다. 하지만 지금도 기억나는 위험한 순간들이 있었다. 100일을 얼마 남겨두지 않은 어느 날은 둘째 아이가 바로 전날 사준 핸드폰을 떨어뜨려 액정을 깨뜨리고, 같은 날 막내 아들은 며칠 전에 사준 옷을 잃어버려 아빠의 인내심을 시험하기도 했다. 나는 약속 시간에 맞추어 움직여야 마음이 편한 사람인데, 느긋한 성격인 아내가 늑장을 피워 짜증을 유발하던 건은 셀 수도 없이 많았다.

우여곡절 끝에 첫 목표였던 100일을 지난 날 저녁, 식구들이 파티를 해주었다. 케익을 사서 축하해주면서 거실 벽에 메시지를 써 붙이고 사진을 찍었다.

'축, 인간'

단군신화에 나오는 곰이 100일동안 마늘과 쑥만 먹고 사람이 되었다는 데서 따온 문구다. 우리 식구들은 유독 곰이나 곰인형에 친근감을 느끼는 편이라 딱히 이상하거나 모욕적인 문구는 아니지만, 내가 그때까지 사람이 아니었다는 이야기처럼 들려서 식구들에게 물어보았다.

"내가 화를 내면 사람 같지가 않아?"

식구들의 반응은 재미있었다. 물론 가장이 화를 내면 부담은 있지만, 사실은 무섭기보다 우스워서 피한다는 이야기였다. 혼자 화를 내다가 시간이 지나면 풀어질 것을 알기에 그냥 기다린다는 말도 했다. 나는 나름대로 화를 내는데 이유가 있고 이성적이라고 생각했으나, 상대방이 그런 모습을 어떻게 받아들이는지에 대해서 이전에는 실감하지 못했었다. 이후로도 전혀 화를 내지 않는 천사의 모습을 갖추었다면 더 할 나위 없이 좋았겠으나, 그런 일은 일어나지 않았다. 그러나 이전에 짜증을 내던 수많은 일들에 굳이 그렇게 대응할 필요가 없었음을 깨달았고, 자연스레 화를 내는 횟수도 줄어들었다.

이 경험을 통해 나름대로 얻은 것이 많아, 부하 직원들에게도 사례로 소개를 했다. 몇 명은 나를 따라 한번 해보겠다고 다짐하고, 실제로 100일 이상 전혀 화를 내지 않는 인내심을 발휘한 직원도 있었다. 김성회 소장의 분석이나 내 경험으로 볼 때, 부하직원에게 화를 낼 때 그들은 겉으로는 긴장된 표정을 하고 있지만, 속으로는 우습게 생각하거나, 혹은 말하는 사람보다 더 짜증이 나 있을지도 모른다. 의사전달이 효과적으로 되기 위해서는 듣는 사람의 입장을 항상 고려해야 한다. 말이 많거나 달변일 필요는 없다. 침묵함으로 권위를 세우고, 적절한 말로 덕을 세우는 것이야말로 요즘처럼 변화가 심하고 세대 간의 갈등이 심한 시기에 필요한 리더십이자 소통 능력이다. ●

3

다음 세대에게 무엇을
넘겨줄 것인가?

나이 마흔이 넘어 생긴 늦둥이는 뭘 해도 사랑스럽지만, 버릇없이 컸다는 소리를 듣지 않게 하려고 어려서부터 신경을 많이 썼다. 공부보다는 인성과 신앙교육에 더 치중했는데, 특히 사회 약자층에 속한 사람들을 배려하는 마음을 갖도록 가르치려고 노력했다. 우리 가정이 사는 아파트는 동마다 경비실이 있고 두 분의 경비원이 밤낮으로 교대 근무를 서신다. 아들의 산 교육을 위해, 이분들을 만날 때마다 내가 먼저 가서 인사를 하고 아들에게도 인사하도록 시키는 것부터 시작했다.

어려서부터 하던 행동이라 몸에 밴 덕에 대학생이 된 지금도 항상 먼저 인사를 하고 다니는 아들은 예의 바른 학생으로 동네에 소문이 나 있다. 그리고 해마다 설날과 추석 무렵이면 아들에게 주는 숙제가 있다. 그분들께 감사편지를 쓰고 봉투에 돈을 넣어 드리고 오는 일이다. 이 일도 처음에는 내가 직접 하다가, 아이가 글씨를 쓸 수 있는 나이가 되면서는 연 2회 실행하는 중요 프로젝트로 넘겨주었다.

조직관리도 이와 크게 다르지 않다. 직원의 성장에 도움이 되고 필요하다고 생각되는 부분은 리더가 먼저 본을 보이고 따라서 행동하게 해야 한다. 말로 지시를 하는 것도 중요하지만, 직접 보고 배워서 실천까지 해본 행동이라야 오래 간다. 리더의 행동이 큰 영향을 주는 것은 그들이 가진 권한과 영향력 때문이다. 또한 리더의 일거수일투족은 사람들의 주목을 받을 수밖에 없기 때문에 파급력이 크다. 선하게 사용하면 건강한 조직문화를 만들 수 있지만, 반대의 경우도 빈번하게 일어난다.

내가 아이들에게 좋은 교훈을 남겨주려고 하는 것은 내 유익을 구하는 행동이 아니라, 그들의 미래를 위한 간접 투자이고 그들이 살아갈 사회를 위한 기여이다. 또한 세상을 넓게 살펴보면서 많은 사람들을 위해 수고하고 봉사하는 인물이 되기를 바라는 마음이다. 이런 부모의 마음으로 팀원들을 한번 바라보자. 그들의 성장을 위해 어떤 유산을 물려주어야 하는지 생각하게 되고, 다양한 성격과 배경, 전문성을 고려하여 내가 가진 많은 것들 중 어떤 것을 누구에게 넘겨주어야 하는지 고민하게 된다. 후배 개인을 위하는 마음일 뿐 아니라 내가 속한 조직의 미래를 위해 포석을 두는 행동이다.

아들에게 편지를 써서 직접 전달하게 한 데는 또 다른 이유가 있었다. 어려서부터 말하고 글 쓰는 것을 좋아하기도 했고, 우리 식구들 중 가장 외향적인 성격을 가진 아이라, 편하게 할 수 있는 일을 먼저 시킨 것이다. 글 쓰는 것은 좋아하지만 낯선 사람 대하는 것을 어려워하는 둘째 딸이었으면 아마 편지만 쓰게 하고 전달은 내가 했을 것이다. 이렇듯 좋은 의도로 본을 보이고 교육을 시킨다고 해도, 상대의 성격이나 특성을 고려하는 것은 중요하다. 너무 어렵지 않은 일부터 시작하는 것이 좋고, 무엇보다도 각자의 장점을 파악하는 것이 우선이다.

2017년 현대모비스 연구소에서 친환경설계실장직을 맡고 있을 당시였다. 실 조직 안에 4개의 팀과 그 아래로 15개 정도의 파트가 있었는데, 연말에 각 파트장들에게 숙제를 주었다. '자기 파트 소개와 부하 직원들 자랑하기'였다. 조건은 하나, 오직 장점만을 이야기하는 것이었다. 이런 과제를 생전 처음 받아본 파트장들은 고민스러워했다. '단점을 찾으려고 하면 잘 보이는데, 막상 장점을 찾기는 너무 힘들다.'는 하소연도 많았다. 조직원들의 긍정적인 면을 보는 훈련이 안 되어있던 리더들이 전혀 다른 안경을 쓰고 연구원들을 바라보는 일이 쉽지 않던 것이다.

몇 주 후 발표하는 날이 되었다. 아직까지도 기억에 생생한 결과가 몇 가지 있는데, 그중 하나는 과거 인기 만화 캐릭터인 '꼬마자동차 붕붕'에 자신이 맡은 파트를 비교한 것이었다.

"저희 파트는 꼬마자동차 붕붕입니다. 우선 붕붕은 화석연료가 필요 없이 꽃 향기를 맡으면서 가는 자동차이기 때문에 최고의 친환경차라고 생각합니다. 여기에는 엔진, 모터, 배터리 등이 필요한데, 우리 파트의 김 연구원은 추진력이 강해서 엔진에, 이 연구원은 항상 필요한 에너지를 공급하는 배터리에 비교해 보았습니다…"

또 다른 파트장은 파트원들을 삼국지의 인물에 비교했다. 누구는 아이디어가 좋아 제갈량과 같은 존재이고, 누구는 맏형과 같은 푸근함을 지닌 유비와 비슷하고, 또 다른 사람은 돌파력이 있어 장비 같은 성품이라고 하면서, 만화 삼국지의 인물 그림까지 가져와 설명하며 부하직원들 자랑을 했다. 과제를 내 준 나조차도 상상하지 못한 재미있는 내용들이 등장했고, 모두가 즐거운 시간을 보냈다. 그 행사 이후 우리 실은 조직 리더들과 연구원들 사이가 부드러워지고 더 활기가 넘쳤을 뿐 아니라, 이는 이듬해 전동화 사업부를 조직할 때 큰 구심점 역할을 했다.

하루 8시간을 함께 보내는 팀원의 성격을 파악하는 일은 리더의 중요한 의무이다. 개성을 살려주면서 각자의 재능을 발굴해 시너지 효과를 이루게 하는 일도 리더의 역할이다. 또한 책임을 묻고 질책하기보다, 긍정적인 면, 장점을 부각시켜서 사기를 북돋아 주는 '분위기 메이커'의 역할도 할 줄 알아야 한다. 그러나 항상 기억해야 하는 일은, 말이 앞서서는 안 된다는 사실이다. 오히려 말이 없어도 행동을 보이면 부하직원은 따라가게 되어있다. 모비스 연구소의 파트장들이 실장의 어색한 요구에 따라와주어 '칭찬 프로젝트'를 할 수 있었던 이유도, 그들 자신이 나에게 많은 칭찬을 들은 경험이 있었기 때문이다. 그들이 조금이라도 더 성장하기 바라는 마음으로 장점을 부각시켜주려고 한 내 노력을 이해해준 덕분이다.

이런 리더십을 고민하게 된 동기는 다양했지만, 그 기본은 나 역시 그런 대접을 받았기 때문이다. 나 스스로 책을 통해 연구하고 개발한 것은, 존경하는 선배님들의 배려와 따뜻한 리더십이 어디서 나왔는지가 궁금해지기 시작한 이후이다. 수많은 직장 상사와 선배님들을 모셨지만 그 가운데서도 특별히 기억나는 분들이 있다. 당연하게도 나에게 칭찬과 격려를 아끼지 않으셨던 분들이고, 내 부족한 점보다는 강점을 드러내면서 대해주신 분들이다.

나이 40이 넘어 미국에서 들어와 이듬해에 부장으로 승진했으니 국내 첫 직장생활부터 이미 리더로 시작했음에도, 나는 그 때부터 지금까지 그분들이 해 주신 많은 말씀들을 마음에 담고 산다. 힘들었을 때 용기를 주셨던 말씀이나 먼저 가야 할 길을 보여주시고 이끌어 주셨던 모습을 아직도 생생하게 기억한다. 내가 후배들에게 같은 마음으로 대하는 것은, 선배님들로부터 받은 사랑을 내리사랑으로 갚는 것뿐이다. 그들 또한 그런 마음으로 살기를 바라면서. ●

4

'나 때는 말이야'
하더라도

미국에서 귀국해 현대모비스에 입사한 때가 2004년 5월, 이후 2006년 2월에 현대자동차 연료전지개발실로 자리를 옮기기 전까지 모비스에 근무한 기간은 1년 9개월이다. 2017년에 다시 모비스로 돌아오기까지 현대자동차에서 지낸 기간이 11년이었으니 모비스 재직 기간이 상대적으로 짧았음에도 국내에서의 첫 직장이라서인지 그 당시의 추억이 많다. 특히 그 기간 동안 상사로 모셨던 임원들에 대한 좋은 기억이 많은데, 그분들로부터 받은 사랑과 신뢰는 이십 년이 흐른 지금까지도 내가 후배들을 대하는 태도에 많은 영향을 끼치고 있다.

오랜 부장 시절을 거쳐 2013년 나이 50에 임원에 올랐을 때는 많은 분들로부터 축하의 메시지를 받았지만, 가장 기억에 남는 축하는 모비스에서 모시던 분들의 축하였다. 현대자동차로 전출한 후 거의 7년이나 지난 때임에도 소식을 듣고 일찍 연락을 주셨는데, 마치 당신 일처럼 기뻐하셨다. 같은 그룹 안에 있는 회사라도 내 품에서 멀리 떨어져

간 부하직원이 잘 적응하고 있을지 걱정하던 중에, 승진 소식을 들으니 기분이 좋으셨다고 한다. 축하 회식을 소집한 분은 모비스 근무 당시 연구소장으로 계셨던 분이었다. 작은 체구지만 인품은 거인이신 그분은 여느 때처럼 기분 좋게 술을 몇 잔 하시고 대뜸 이런 질문을 하신다.

"나같은 늙은이들은 언제가 기분 좋은 지 알아?"
"잘 모르겠습니다. 언제 그러십니까?"
"너처럼 내 똘마니들이 잘 되는 거 볼 때야."

순간 가슴에 울컥 하는 무언가가 느껴졌고, 눈에서 흐르는 눈물을 참으려고 애썼던 기억이 아직도 생생하다. 리더십이 뭔지를 뼈저리게 느끼게 한 순간이었고, 리더가 부하직원에게 보여줄 수 있는 사랑의 의미를 생각할 수 있는 말씀이었다. 나는 아직까지 그 장면을 한 번도 잊어본 적이 없고, 그 후부터는 이런 모습을 후배에게 보여줘야 한다고 수도 없이 다짐을 하면서 산다.

지금은 모두 은퇴를 하고 여유롭게 지내시는 옛 상사분들을 모시고 골프를 했던 적이 몇 번 있었다. 이날은 새벽부터 차를 몰고 한 분씩 댁으로 모시러 가는 일로 일과가 시작된다. 사시는 지역이 모두 우리 집 근처인 분당과 죽전 쪽이라 한 분 한 분 시간을 정해 댁 앞으로 간다. 이날 하루는 50대 중반을 훌쩍 넘어간 임원인 나도 '막내'이자 '똘마니'가 된다.

대선배님들과의 골프 모임을 처음 갖던 날 첫 몇 홀은 얼마나 긴장을 했는지, 공을 어떻게 쳤는지 잘 기억도 나지 않는다. 그런데 시간이 지날수록 재미가 있었다. 오래전 추억을 살리며, 회사의 기라성같은 옛 선배 임원들에 대한 재미있는 일화들이 등장한다. 노선배님들은 연신 "나 때는 말이야"의 다양한 버전을 구사하며 과거 이야기를 하시지만, 지겹지 않고 오히려 정겹다. 모르던 비화를 듣는 재미도 있고, 회사의 미래를 진심으로 걱정하는 조언도 귀담아듣는다. 이제는 골프가 격식이나 비즈니스의 일부일 필요가 없는 분들이라 그런지, 말 그대로 재미있게 노신다. 젊은 사람들과 플레이할 때보다 몇 배는 웃고 오는 시간이다.

운동이 모두 끝나면 이제 다시 골프채를 싣고 식사 장소로 향한다. 술을 좋아하시는 분들이라 운전을 맡은 나를 제외하고는 거나하게 한 잔씩 하신다. 모두들 내가 맡은 환경차 분야의 일이 얼마나 중요한지 강조하고, 일을 잘 해야 한다는 부탁을 하시는 시간이다. 수도 없이 '위하여!'가 나오고 얼굴이 벌게지는 시간대가 되면, 후배를 이렇게 생각해 주시는 대선배님들이 내게는 정말 '큰 바위 얼굴'처럼 보인다.

식사 후에는 골프장에 올 때의 역순으로 한 분씩 모셔다드린다. 모두들 이렇게 잊지 않고 불러줘서 고맙다고 하시지만, 사실 나는 그분들로부터 받은 은혜의 100분의 1도 못 갚아 드린다. 오래 전, 별 준비도 없이 귀국한데다 국내의 직장 분위기도 모르는 사람을 믿고 일을 맡기신 것도 감사하고, 짧은 기간동안 데리고 있었던 부하 직원을 두고두고 챙기시는 것도 감사하다. 이런 것도 내리사랑인지, 늘 안부가 궁금하고 식사 자리를 마련해야겠다고 생각하면서도, 당장의 하루하루가 더 급하고 내가 챙겨야 하는 식솔들이 많아 마음만큼 챙겨드리지도 못한다.

헤어질 때면 또 고맙다는 말씀을 하시면서 때로는 안아 주신다. 60을 바라보는 옛 부하직원을 안아 주시는 대선배님의 품은 참 따뜻하다. 그리고 이럴 때마다 스스로에게 질문을 던진다. '나도 이런 선배, 이런 상관이 될 수 있을까?' '내가 은퇴한 후에도 후배들이 나를 이렇게 찾아줄까?' 참 어려운 일이다. 하지만 해내야 하는 과제다.

《인연》은 수필가 피천득 선생이 남기신 수필의 제목으로 잘 알려져 있지만, 신희상 시인도 인연에 관한 글을 남겼다. 〈인연을 살릴 줄 알아야 한다〉는 그의 시 일부를 소개해본다.

> 어리석은 사람은 인연을 만나도 인연인 줄 알지 못하고
> 보통 사람은 인연인 줄 알아도 그것을 살리지 못하며
> 현명한 사람은 옷자락만 스쳐도 인연을 살릴 줄 안다
> 살아가는 동안 인연은 매일 일어난다

오래전, 신입사원을 대상으로 10년 후 내 모습을 생각하며 미래의 나에게 보내는 편지를 타임캡슐에 담아 땅에 묻는 행사를 한 적이 있었다. 누구에게든지 10년 후 내 미래를 그려보는 일은 설레고 기분 좋

은 일이다. 발전된 내 모습을 현실로 만들기 위한 노력을 하겠다는 각오를 다지고, 10년이 지난 후 이 캡슐을 열어볼 때 과거의 바람들이 실제 이루어진다면 얼마나 행복할지도 상상하면서 즐거운 시간을 보냈다. 하지만 이런 행사에 '나'가 아닌 '주변'사람'을 담아보면 어떨까? 내 옆자리에 앉은 동료가 10년 후에 얼마나 성장할지, 지금 우리 팀원이 그때는 어떤 모습이 되어있을지를 상상해서 적어 놓은 후, 훗날 확인해 보는 것이다. 우리의 인연은 생각보다 오래, 그것도 진하게 자취를 남긴다. ●

5

가르치기보다
보여주기

어느 사무실에서나 흔히 볼 수 있는 풍경이지만, 커피 머신이 있거나 믹스커피를 마실 수 있는 탕비실에는 커피를 젓는 티스푼을 꼽아 둔 물컵이 있다. 티스푼을 오래 사용하다 보면 묻어 있는 커피나 크림이 물에 섞이게 되는데, 시간이 지나면서 물이 탁해져 사람들이 사용하는 것을 주저하기도 한다. 이런 물컵을 발견할 때 우리가 취할 수 있는 방법은 세 가지다. 티스푼을 사용 안 하고 다른 방법을 찾거나, 그렇지 않으면 본인이 물을 갈아 넣든지 다른 사람을 시켜야 한다.

　오래전 실장 시절에 사무실을 옮기고 얼마 안 되어 비슷한 경우를 겪었다. 서무 여직원도 있었고 관리과장도 있었기에, '왜 이렇게 관리를 제대로 안했나?' 하는 생각이 먼저 들었다. 그러나 컵에 있는 물을 갈아주는 것이 어려운 일도 아니고, 누구든지 그 간단한 일을 하고 나면 다음 사용자가 기분 좋게 커피를 마실 수 있겠다 싶어, 아무에게도 시키지 않고 직접 간단히 설거지를 한 후에 깨끗한 물에 숟가락을 넣

어두었다.

　이런 일이 몇 번 반복되자 어느 날부터 재미있는 일이 일어났다. 지켜보는 사람들이 있고 소문이 퍼졌는지, 누군가에 의해 물이 항상 깨끗하게 유지되기 시작한 것이다. 이렇듯 윗사람의 행동은 보는 눈이 많다. 잔소리를 하기보다 직접 움직이면 부하직원들은 자연스레 따라온다. 그 이후로도 커피를 마실 때마다 그 컵을 유심히 보게 되었지만, 컵은 항상 깨끗했다. 이미 문화로 정착한 것이다.

　후배들에게 본을 보이는 또 다른 좋은 사례는 선배들 대접을 잘 하는 것이다. 현대자동차 그룹은 대기업이다 보니 직원 수가 많고 과거에 그룹에서 일하셨던 분들이 퇴직 후 부품 협력사로 가는 경우도 많다. 협력사의 임직원들 중에는 과거 그룹 임원이었거나 관리자급 직원이었던 분들이 상당수인데, 내 기준으로도 선배님들이 꽤 있다. 나를 찾아오는 이유는 제품 소개를 해서 사업권을 따려는 경우가 대부분이고 그럴 때는 사실 내가 '갑'의 입장이지만, 그분들을 대하는 나름대로의 원칙이 있다.

　그 원칙 중 하나는 협력사에서 오는 분들을 항상 공손히 맞이하고 예의를 갖추는 것인데, 특히 상대가 회사 선배님이나 동료일 경우에는 더 신경을 쓴다. 업무를 마치고 돌아갈 때도 내 사무실에서 배웅을 하지 않고 엘리베이터 앞까지 나가 정중히 인사를 한다. '을'의 입장인 협력사 소속이라 이런 행동을 부담스러워하며 손사래를 치지만 내 입장은 한결같다.

"이래야 후배들이 배웁니다."

'보고 배운다'는 말처럼 리더들이 하는 행동은 직원들에게 무언의 행동강령이 된다. 내가 우리 직원들에게 보여주려는 것은 별 게 아니다. 작은 회사나 협력사 분들이라고 함부로 대하지 말고 예의를 갖추라는 기본이다. 지금은 더 이상 큰 영향력이 없는 과거 선배들을 대하는 내 태도로 지금의 부하직원들이 훗날 나를 대하게 마련이다. 대접을 받으려는 의도가 아니라, 기본적인 인격을 갖추지 못한다면 사회에서의 성공은 별 의미가 없다는 사실을 가르치고 싶은 내 욕심이다.

그렇게 기본을 갖춘 사람들이 모인 조직의 문화는 부드러운 듯 하나 강하고, 유약할 것 같지만 위기의 순간에 힘을 발휘한다. 현대모비스에서 전동화 사업부를 발족하여 첫 해를 마무리하던 2018년 가을이었다. 모비스가 제조하는 배터리 시스템의 주요 부품이 협력사로부터 공급되지 않아 우리도 현대자동차 공장에 계획된 물량을 납품하지 못하게 되는 일이 일어났다. 연구개발만 할 때는 한 번도 겪어보지 못한 결품 사태로 나는 무척 당황할 수밖에 없었고, 사업부는 긴급상황 체제로 들어갔다.

내 조직 중에 이 일에 책임 있는 부품개발팀은 잠을 설치고 동분서주했으며, 부품을 공급하는 협력사 대표도 수시로 전화를 해서 변동상황을 알려주었다. 결과적으로, 모든 사람의 노력에도 불구하고 결품은 발생했고, 정해진 규칙대로 우리 사업부는 생산에 지장을 준 만큼 벌금을 지불해야 했다. 그리고 이 사건은 내 혈압이 120에서 160으로 올라가는 데 작지 않은 역할을 했다.

그러나 이런 와중에도 나는 우리 개발팀장을 질타하거나 협력사 대표에게 '갑질'을 한 일이 없다. 그런 사고가 생기지 않았으면 더 좋았겠으나, 이미 벌어진 상황에서 잘잘못을 따져봐야 시간 낭비이고, 오히려 사기를 떨어뜨려 문제 해결에 도움이 되지 않는다고 생각했기 때문이다. 대신 우리 물건을 기다리는 고객사에 연락해서 양해를 구한다든가, 수시로 변동 상황을 점검하고 생산량을 확인하는 등, 내가 해야 할 일에 총력을 다했다. 그리고 비록 시련을 통해서이지만, 우리는 큰 교훈을 얻었으며, 배터리 케이스 품질문제에 대한 전문가가 되었다.

이런 위기 상황이 발생하면 조직 안팎에서는 리더가 어떻게 사태를 수습하는지 지켜본다. 고함을 치고, 질책하면서 시끄럽게 문제를 해결하는 리더가 있고, 차분하게 사태 파악을 하는 사람도 있다. 어떤 쪽이 더 좋은 방법이라고 단언할 수는 없으나, 분명한 사실은 있다. 주변에서는 리더가 문제 해결의 중심에 서있는지, 아니면 방관자처럼 남들에게 미루고 있는지를 보고 있다는 것이다.

리더가 앞장서서 해결하고자 하는 의지를 보이면, 조직원은 역량의 120%를 발휘한다. 상사가 곤란을 겪고 있는데, 마음 편하게 뒷짐 지고 바라보는 부하직원은 없다. 반면에, 이미 자신의 실수임을 알더라도 윗사람으로부터 호된 질책을 당하면 방어기제가 작동한다. '그 일이 나 혼자만의 실수가 아닌데 왜 내가 모두 책임을 져야 하는가?'라는 의구심이 고개를 든다. 당연히 문제 해결에 초점을 맞추기보다 사

후에 일어날 귀책논란에 대비하려는 심리적 압박감이 크게 작용한다.

그런 까닭에, 어차피 한사람이 문제 해결을 할 수 있는 상황이 아니라면 부하직원의 사기를 떨어뜨리지 않고 함께 해결하도록 이끌어야 한다. 질책은 사태가 수습된 이후에 해도 늦지 않으며, 문제가 해결되고 난 후라야 객관적으로 모든 정황을 파악할 수 있다. 또한 문제 해결 시 리더 스스로 한 역할이 크더라도 '공'을 자신이 가져가서는 안 된다. 그런 일을 하라고 직책이 주어진 것이고, 그런 기회에 그 공로를 조직 전체에 돌리면 그만큼 사기는 올라간다. 지혜로운 리더는 '공과功過'를 따질 때 공은 부하직원에게 과는 자신에게 돌릴 줄 안다. 그런다고 해서 리더의 권위가 약해지지 않는다는 사실을 알기 때문이다.

누구나 바람직한 조직문화에 대해 이야기하지만, 사실 이를 몇 단어로 압축해 정의하기는 어렵다. 하지만 좋은 조직문화라는 '샐러드'에 반드시 들어가야 하는 야채나 과일은 있다. 배려, 존중, 소통이라는 신선한 과일이 필요하고, 정직, 인내, 겸손이라는 푸른 채소가 들어가야 한다. 여기에 열정이나 통찰력과 같은 토핑을 얹고 비전과 전략이라는 드레싱을 적절하게 섞어주면 아주 먹을만한 샐러드가 만들어진다. 이 밖에도 각자의 기호에 따라 용기, 호기심과 같은 재료를 추가로 넣으면 조직에 가장 적합한 모델이 만들어진다.

절대적으로 필요한 것은 리더가 조직문화의 중요성을 인식하는 것이다. 지금까지의 관례나 자신에게 익숙한 모형으로 새로운 시대, 젊은 세대의 문화를 한정 지으려는 실수를 범하지 말아야 한다. 좋은 조직문화란 구성원들 스스로가 만족할 수 있는 문화이면서도 이차적으로 우수한 성과를 낼 수 있는 것이라야 한다. 다만 분명한 것은, 이 모든 도전과 변화의 중심에 리더가 서있어야 한다는 것이다. ●

6

전문가 놀이터를
만드는 '자율'

최근 국내에서 자주 다루는 사회 문제 중 하나는 세대 간의 갈등이다. 베이비붐 세대, X세대, MZ 세대로 구별되는 3세대의 갈등은 대가족 제도 안에서 오랜 기간 살아온 우리 민족에게는 다소 생소한 주제였으나, 점차 핵가족화되고 개인주의적 성향이 짙어지는 가운데 피할 수 없는 현상이 되었다. 이 문제를 다룬 흥미로운 책 가운데《센 세대, 긴 세대, 신세대, 3세대 전쟁과 평화》라는 것이 있다. 저자인 CEO리더십 연구소장 김성회 박사는 많은 예화를 들어 세대 간의 차이를 설명하는데, 요즘 직장에서 자주 논란이 되는 회식 문화에 대해 재미있는 예화를 다룬다.

> **베이비부머 세대(센세대):** 회식도 업무의 연장이야. 전원 참석해!
>
> **X세대(낀세대):** 회식은 내부 영업이야. 내부 영업을 잘하는 사람이 외부 영업도 잘하지.

MZ세대(신세대): 고객 접대만 하지 말고 직원 대접도 해주세요. 회식은 솔직히 재미도 없고 신경 쓸 일만 많아요.[44]

센세대와 낀세대에게는 회식이 업무의 일부인데 반해 신세대는 이를 업무 외의 선택 사양이라고 생각한다. 다수가 참석하는 모임에 혼자 빠지게 되면 따돌림을 당하거나 차후에 불이익을 당할 수도 있다는 불안감이 신세대에게는 별로 없다. 그러나 구세대라고 해서 모두 생각이 같은 것은 아니다. 자라난 가정 분위기나 성장 환경, 혹은 사고방식에 따라 차이가 클 수 있다. 베이비붐 세대의 막내인 나만 해도, 굳이 개인 사정이 있는데 회식에 참석하라고 강요하지 않고, 식사 시간을 길게 끌지도 않는다. 술을 마시고 싶은 사람들은 알아서 택하고, 중간에 자리를 떠야 하는 사람들은 원하는 대로 행동하게 한다. 누구에게나 즐거운 자리여야 한다는 생각 때문이다.

간혹 부하 직원들이 식사 자리에 초대할 때도 그 모임의 성격을 보고나서 가야 하는지 그렇지 않은지를 결정한다. 나이 든 임원이 '낄끼빠빠(낄 때 끼고 빠질 때 빠지라)'를 제대로 못 하는 것처럼 볼 성 사나운 것도 없다. 상사가 같이 있으면 당연히 젊은 세대는 불편하고, 반대로 상사는 무슨 말이든 해야 한다는 부담을 느낀다. 꼭 필요한 자리가 아니면 상사는 회식에 사용 가능한 법인카드만 쥐어서 보내주는 것이 좋다. 소통은 좋지만, 굳이 여기저기 참석해서 입을 열려고 하다

---

44 김성회, 앞의 책.

보면 부작용이 더 커진다.

구세대가 신세대를 이해하지 못하는 또다른 부분이 복장이다. 과거에 교복을 입고 학창생활을 했던 구세대는 짧은 바지에 슬리퍼를 신고 출근하는 젊은 친구들이 못마땅하다. 하지만 근래 들어 많은 기업에서 편한 복장을 장려하는 문화가 자리 잡아가고 있다. 사실 개방적이라고 하는 미주나 유럽 문화권에서도 아직까지 교복을 고집하는 사립학교들이 있고 직장에서도 비즈니스 캐주얼을 요구하는 곳이 있다. 이에 비하면 우리 문화의 변천 속도가 빠르다는 느낌이 없지 않으나, 이런 변화를 추구하는 시도 자체는 상당한 의미가 있다. 복장이나 규율이 주는 구속력이 그만큼 크기 때문이다. 규율에 잘 순종하는 우리 국민성을 생각하면, 복장 자율화만큼 내적 변화를 빠른 시기에 유도할만한 다른 방법이 흔치 않다.

조직의 특성을 고려한다면, 외부 손님이나 내부 경영층을 대할 기회가 많은 본사 조직에 비해 연구소는 복장을 자유롭게 할 수 있는 여지가 더 많다. 주요 업무가 책상에 앉아 개발에 대한 고민을 하고 프로그래밍을 하거나 설계 도면을 그리는 것인데 굳이 불편한 복장으로 하루 종일 앉아 있을 이유가 없다. 오래전 미국에서 직장 생활을 할 당시에 편하게 입고 오는 직원들을 늘 봐오던 터라 나도 언젠가는 그런 문화를 만들어보고 싶다는 욕심이 있었는데, 국내에서 복장에 대한 규율이 완화되어가던 2016년에 현대자동차 남양연구소 환경기술시험개발실 직원들에게 이런 주문을 했다.

"옷 색깔도 좀 색다르게 입고, 헤어 스타일도 좀 특이하게 하고 오는 사람이 있으면 좋겠어요…"

몇 주가 흐르고나서 한 연구원이 나름 과감한 복장을 하고 출근을 했다. 길이가 발목을 가리지 않을 만큼 짧은 짙은 주홍색 바지를 입고 나타난 것이다. 그의 모습에 많은 사람들이 당혹해했으나, 내가 직원들에게 던지고 싶었던 메시지는 분명했다.

'복장은 업무의 본질이 아니다.'

내게는 직원들이 어떤 옷을 입고 오는지가 중요하지 않았다. 스티브 잡스나 마크 저커버그가 옷에 신경을 쓰지 않고 업무에 집중하려고 같은 옷을 여러 벌 옷장에 걸어 놓는 것처럼, 우리 직원들도 생각이 자유로워지고 업무에 몰두하기를 바랐던 것뿐이다. 2017년 현대모비스로 옮겨온 이후에도 같은 이야기를 반복했는데, 이번에도 선구자 한 사람이 있었다. 머리 양 옆을 짧게 자르고 가운데는 길게 놔 둔 독특한 헤어스타일을 하고 등장한 것이다. 이번에도 역시 별다른 말을 하지 않았다. "머리 스타일 멋지네!"라는 코멘트가 전부였다. 며칠이 지나고 이 연구원이 찾아와 조심스레 질문을 던졌다.

"실장님, 저 귀고리를 하고 와도 괜찮을까요?"

아이를 두 명이나 둔 X세대 아빠인 이 책임연구원은 개성이 강한 사람이었는데, 대기업 연구소라는 틀 안에서 그 '끼'를 발휘할 수 없었던 것이다. 내 대답은 간단했다.

"Why not?"

며칠 후 그 연구원은 보란듯이 한 쪽 귀에만 귀고리를 하고 나타났다.

이런 행동들은 아무래도 외국 생활을 오래 한 나에게는 그다지 낯설지 않은 일일 수 있으나, 사실 거쳐온 환경보다는 사고의 틀을 어떻게 바꾸는가의 문제이다. 내가 생각하는 본질은 간단하다. '업무에 부정적인 영향을 주는 것이 아니면 최대한으로 자율을 보장하자.'는 것이다. 리더가 부하 직원들을 이해하고 믿어주는 이상으로 그들은 리더를 따른다. 최대한의 자율을 보장하는 대가로 책임을 요구하는 리더를 위해서는 최선을 다하지만, 잔소리를 늘어놓는 윗사람에게는 잘 치장된 결과물을 만들기에 급급해진다. 어떤 의미에서는 자율을 부여하는 것이 다른 어떤 규율보다 강제성이 크다.

새로운 조직문화를 형성하다 보면 과도기가 있고 갈등이 생길 수도 있지만, 이런 시기를 지나며 융화되면 조직은 강해진다. 또한 상사와 부하 직원들 간에 대화가 통하고 상호 신뢰가 있는 팀은 추진력이 강하다. 마치 작은 스노우볼이 굴러가면서 탄력을 받고 더 큰 눈덩이가 되듯이, 이런 조직은 실력 있는 직원들이 모이는 전문가들의 '놀이터'이자 '꿈터'가 되어 엄청난 관성으로 성과를 이루어낸다. ●

7

비전, 최종 승인자의
역할

재일교포이자 세계적인 사업가인 소프트뱅크의 손정의 회장은 아직 신생 기업이었던 중국의 알리바바에 거액을 투자해 7,000배의 수익을 거둔 것으로도 유명하지만, 위워크나 우버와 같은 신규사업에 대한 투자 실패로 거액의 손실을 입기도 했다. 그는 2020년 6월에 열린 주주 총회에서 투자 실패에 대한 책임을 묻는 주주들에게 다음과 같이 대답했다.

"반대를 무릅쓰고 추진한 내 책임이 제일 크다. 책임을 지는 의미에서 인사부에 '내 보수를 제로(0)로 해달라.'고 전했다."

그는 1억엔 감봉을 요청했는데, 이미 나머지 액수는 기부를 하고 있었기 때문에, 실질 소득은 말 그대로 '0'이 되는 제안이었다. 그는 이어 "나는 소프트뱅크 그룹의 대주주이기 때문에 주가가 하락하는 것이나 자신에게 가장 큰 벌이다."라고 덧붙이며 투자의 성공이 자신에게도 절실했음을 강조했다.

손회장의 연봉은 사실 소프트뱅크의 전문경영진에 비해 턱없이 적다. 2019년 7월에 집계한 이전 해의 통계를 보면 336억원을 받은 로널드 피셔 부회장을 비롯해 일본의 연봉 상위 10위중 절반이 소프트뱅크 임원이었지만, 손회장의 연봉은 23억원으로 66위에 위치해 있다. 보유한 자산이 십 수조 원에 이르는 만큼 수십억 원은 큰 액수가 아닐런지도 모른다. 그러나 연봉 자체를 포기한 그의 행동은 상징적으로 리더의 책임이 어떤 의미인지를 보여준다.

리더는 비전의 최종 승인자이다. 그런 면에서 그 비전으로 시작한 일의 결과가 나왔을 때 그 최종 책임 역시 리더에게 있다. 손정의 회장과 비교할 수준은 아니지만 매일 수많은 사안을 다루는 내 입장에서도 올바른 결정에 대한 기본적인 기준은 필요하다. 미래를 볼 수 없는 시점에서 후회 없는 결정을 하는 일은 그 자체로 큰 고민거리다. 오랜 기간의 조직관리를 통해 나름대로 정한 원칙이 있다면, 내가 생각하는 기준의 첫번째는 '사람'이다. 어떤 결정으로 인해 금전적인 손해를 볼지, 조직원이 피해를 볼 것인지를 놓고 가늠을 할 때는 언제나 사람이 우선이다. 이런 신념 때문에 단기적으로 문제나 손실이 발생하기도 하지만, 긴 안목으로는 조직원들에게 심리적 안정감을 주는 효과가 있다고 보기 때문에 이 가치관을 고집한다.

조직생활을 하다 보면 일을 챙겨야 할 때가 있고 사람을 챙겨야 할 때가 있다. 대부분의 조직장들은 당장의 성과 달성을 위해 업무에 집착하게 되는데, 특히 임기가 길게 보장되지 않는 고위 임원일수록 이런 성향은 더 강하다. 하지만 조직의 장래를 위한다면 리더는 사람을 챙겨야 한다. 원대한 계획, 중요한 사업일수록 단기간에 승부가 결정되지 않는다. 그만큼 심사숙고가 필요하고 비전을 함께 수행할 조직원들이 있어야 한다, 이처럼 '숙성의 시간'이 필요한 과업을 위해서는 팀워크가 무엇보다도 중요한데, 업무만 앞세우는 리더십을 발휘하는 것은 누구에게도 도움이 되지 않는다. 상식이 통하는 자연스러운 조직문화를 만들고 투명한 리더십으로 이끌 줄 알아야 한다. 또한 성공할 때는 그 몫을 나누지만, 책임은 오롯이 지는 모습을 보여주어야 한다. 그래야 팀이 돌아간다.

현대모비스에서 전동화 사업을 맡고 있을 당시 아이오닉5와 EV6의 모터공급 부족 사태가 있었다. 이전의 배터리 부품 결품과는 비교하기 어려울 만큼 심각한 상황이었다. 양산 후 첫 2~3개월 동안은 목표한 물량의 30%도 못 만들어 내는 바람에 그룹 전체에 비상이 걸렸다. 하루하루가 어떻게 지나는지 모를 정도로 초초하게 지나는 위기 속에서, 전동화 부품 사업을 총괄하는 내 말 한마디가 중요하고 민감하다는 사실을 충분히 인지하고 있었다. 그러나 나 자신도 점차 지쳐가는 상황에서 허덕일 때 주변에 힘이 되어 주던 분들이 계셨다. 그 중에서도 가장 연락을 많이 주셨던 분은 현대모비스 대표이사로 계시다가 현대자동차 연구소로 자리를 옮기셨던 분이다. 거의 매일, 늦어도 이삼일에 한번은 연락을 주셨던 이 분이 주문하셨던 내용은 사실 한 가지였다.

"안 전무, 이럴 때일수록 사람을 잘 챙겨야 해."

현실은 단 한 개의 모터라도 더 생산해서 완성차 공장의 일정에 차질을 주지 않게 해야 하는 것이었으니, 상식적으로는 직원들과 협력사를 압박해서 한 개의 물건이라도 더 만들어 내도록 요구하는 것이 내 책임이었다. 그러나 나 스스로도 느꼈듯이, 우리 직원들은 이미 최선을 다하고 있었고 누구 하나 이 사태의 심각성을 모르는 사람이 없었다. 여기에 관련 업체의 대표들도 적극적으로 나서서 도와주시는 덕에, 적어도 팀워크만큼은 기대 이상으로 잘 돌아가는 상황이었다. 문제는 시간이 지나면서 점차 지쳐가는 사람들이었다.

이러한 문제의 본질을 누구보다 더 잘 꿰뚫고 계셨던 이 분의 관심은 당연히 업무보다는 사람이었다. 생산 공장을 맡고 있던 상무와 팀장에게도 수시로 연락을 하며 상황을 점검하시고, 과거 모비스 재직 당시 부하직원이던 사람들을 독려하며 용기를 갖도록 권면하셨다. 이제는 고객사의 사장님이 된 분이 직접 상황을 챙기시다보니, 그룹 전체의 분위기가 우리에게 협조를 하려는 방향으로 선회되었음은 물론이다. 내 멘토이시기도 한 이분의 리더십 철학은 항상 간단하고 명료하다.

"부하직원은 관리의 대상이 아니고 육성의 대상입니다. 또한 위기의 시기일수록 업무가 아니라 사람을 챙겨야 합니다."

나보다 훨씬 많은 업무를 담당하심에도, 늘 책을 가까이하고 사람에 대해 고민하시는 이 분은, 리더십에 대한 강의 자료도 손수 만드신다. 현대자동차에서 R&D 업무를 총괄하시다 명예롭게 은퇴하시고, 60대 후반에 접어든 지금도 여러가지 신기술 강의와 코칭 자격증을 위한 수업을 받느라 바쁘게 지내신다고 한다.

사람을 챙기는 일이 얼마나 중요한지 가르쳐 주신 많은 분들이 계시지만, 그 중에 가끔씩 인사를 드리는 전직 현대자동차 부회장님들이 계신다. 한 분은 과거 1990년대초 알파 엔진이라는 독자 엔진을 개발할 당시 주역으로, R&D를 총괄하시다가 이후 타그룹으로 자리를 옮겨서 또 큰 영향력을 발휘하셨던 분이다. 지금은 서울 소재 사립 대학교 이사장으로 재직중이시다. 다른 한 분은 현대자동차의 환경차 개발을 위한 초석을 놓으시며 오늘날의 전동화 시대를 미리 예견하고 준비하신 분이다. 두 분 모두 자동차 업계에서 워낙 큰 어른이시다 보니 따르는 후배들도 많고 챙겨야 할 일도 많으신데, 이분들 역시 후배들을 돌보는데 일가견이 있으시다. 십수 년이나 후배인 부하직원들을 대할 때도 늘 깍듯하시고, 수많은 모임에 참여하시지만 대부분 자신이 아닌 타인을 위해 도움이 되는 일들이다.

2022년 6월에 현대모비스에서 미국의 스텔란티스로 이적할 때도, 그룹 외부에 소문이 돌면서 가장 먼저 연락을 주신 분이 지금은 대학교에 계시는 전 부회장님이셨다. 직장을 그만 두었다는 소식은 들으셨는데 타의로 그렇게 되었다고 생각하셨는지, 내가 갈만한 직장을 직접 수소문해서 알아보신 후 연락을 하신 것이었다. 위에서 언급한 다른 부회장님은 내가 미국으로 출발하기 직전에 식사 자리를 마련하셔서 일부러 내가 사는 근처에 식당을 예약하고 찾아와 주셨다. 이런 대접을 받으면 참 감사하고 죄송하다. 이제는 내가 보살펴드려야 할 때인데, 아직도 도움을 받고 있다는 사실이 특히 그렇다.

사람을 챙기는 리더십, 문제가 있을 때면 본인이 책임지는 리더십은 공통점이 있다. 사람들에게 감동을 준다는 점이다. 현실에서 시간을 쪼개어 바쁘게 일을 하다 보면 이런 감성적인 요소들이 끼어들 틈이 없을 것 같지만, 사실 우리의 업무 역량이나 사기는 주변 사람, 특히 상사의 말 한마디나 행동 하나에 크게 영향을 받는다. 그런 이유로, 어떤 조직이든 '업무보다 사람을 더 챙기는 사람'을 리더로 세워야 한다. 그런 사람의 DNA가 후배들에게 전달되어 몇 세대를 거듭하면, 그 조직은 뿌리 깊은 나무처럼 흔들리지 않는다. 100년 기업을 꿈꾸는 리더들이라면 특히 마음에 새길 일이다. ●

8

관리의 대상
vs 육성의 대상

리더는 귀를 많이 열고 입은 조심해서 사용해야 하는 위치이지만, 어렵더라도 반드시 입을 열어야 하는 순간이 있다. 조직원을 챙겨야 하는 때이다. 가령 연말에 승진을 기대하다가 탈락한 사람이나 인사평가에서 좋지 않은 점수를 받은 사람이 있다면 특별히 살펴봐야 한다. 직원 개개인의 성과를 냉정하게 평가하여 연봉에 반영하고 승진이나 퇴사를 결정하는 서양의 직장문화와는 달리, 우리의 평가는 아직 조직의 상황을 고려하는 부분이 크다. 연차가 낮은 직원들은 승진이 임박한 선배들을 위해 좋은 점수를 양보하고, 지난해에 하위 평가를 받은 사람을 금년에 챙겨주기도 한다.

이러다 보니 본인의 실적에 비해 안 좋은 평가를 받는 사람이 나오게 될 뿐 아니라 승진에 불이익을 받는 직원도 생긴다. 이럴 때의 따뜻한 말 한마디는 몇 잔의 술보다 더 효과가 있다. 진정한 마음을 담은 글 한 줄이 의외로 치유의 효과가 있고, 다가가서 어깨를 두들겨 주는 리더의 손이 퇴사를 고민했던 팀원의 마음을 되돌리기도 한다.

오래전 팀장 시절이었다. 능력 있고 열심히 일을 했는데도 상대평가라는 함정에 걸려 가장 낮은 평가를 받아 좌절하는 입사 1,2년차 팀원이 몇 명 있었다. 상처받은 이들의 마음을 어떻게 달래주고 다시 한번 열정을 가지고 일할 수 있게 할까를 고민하다가, 손편지를 쓰기 시작했다. 미안하다는 말과 함께 그런 평가 결과가 나오게 된 배경 설명, 그리고 앞으로는 절대 이런 점수를 받지 않을 것이라는 약속까지를 적어 아침 일찍 자리에 두고 왔다.

다행히 조금은 위로가 되었던지 고맙다는 이메일과 문자들을 보내왔고, 그 후로 마음을 다잡아 적응을 하면서 지금까지 모두 잘 다니고 있다. 그들 중에는 어려운 시기를 지나 팀장으로 활동하는 사람도 있고, 지금까지 연락을 주는 고마운 후배도 있다. 내가 편지를 쓰느라 들인 시간은 불과 한 시간도 되지 않았지만, 전달된 마음은 십수 년이 지난 아직도 나와 그들 가슴에 남아 있는 것이다.

팀원의 모든 경조사에 빠지지 않고 참석하는 부하직원이 있었다. 이 사람은 팀원의 표정만 봐도 오늘 기분이 어떤지 짐작이 된다고 하면서 그에 따라 팀원의 사기를 고려하여 업무 지시를 미루든지 이야기하는 강도를 조정한다고 했다. 그와는 대조적으로, 모든 업무를 자신의 시간표대로 진행되도록 마이크로매니지 하는 리더가 있었다. 단기적으로는 철저하게 관리감독하는 리더의 성과가 좋은 것 같았는데, 문제는 그 아래 사람들이 견디지를 못했다. 장기적으로 어느 리더의 조직이 더 많은 성과를 내고 단합이 잘 되었는지는 설명이 필요 없다.

부하직원의 사정을 고려하여 배려를 해주면 그 몇 배의 보상이 다양한 형태로 돌아온다. 우선 조직문화가 따뜻해지고, 구성원들간의 단합을 통해 시너지 효과가 나와 좋은 성과를 도출하는 선순환이 이루어지기도 한다. 큰 형님과 같은 리더십, 어머니와 같은 리더십은 군림하는 데 있지 않다. 낮은 자세로 '내 사람들'을 섬기는 데서 오히려 강한 힘이 나온다.

"부하직원은 관리의 대상이 아니라 육성의 대상입니다."라는 선배님의 가르침이 진한 울림을 주던 몇 년 전 우연히 도종환 시인의 시를 한 편 보게 되었다. 《담쟁이》라는 시집에 〈연두〉라는 제목으로 실린 이 시는 알에서 갓 깨어난 아기새를 바라보는 어미새의 사랑, 아직 눈도 뜨지 못하고 엄마 젖에 매달려 작은 입을 꼬물꼬물 움직이는 갓난 아이를 바라보는 엄마의 행복을 상상하게 만드는 작품이다.

> 초록은 연두가 얼마나 예쁠까?
> 모든 새끼들이 예쁜 크기와 보드라운 솜털과
> 동그란 머리와 반짝이는 눈
> 쉴 없이 재잘대는 부리를 지니고 있듯
> 갓 태어난 연두들도 그런 것을 지니고 있다
> 연두는 초록의 어린 새끼
> 어린 새끼들이 부리를 하늘로 향한 채
> 일제히 재잘대는 소란스러움으로 출렁이는 숲을

이 시를 여러 번 읽으면서, 연두를 바라보는 초록의 시각으로 아랫사람들을 바라보는 리더들이 많아진다면 얼마나 좋을까 하는 생각을 했다. 이렇게까지 감성적은 아니더라도, 조직의 미래를 위해 부하직원들을 사랑의 눈으로 볼 수 있는 리더가 있다면 기업 전체의 조직문화를 바꿀 수도 있지 않을까라는 상상도 해보았다.

GE의 잭 웰치는 리더들이 자기 시간의 75%를 '사람'과 관계되는 일에 사용해야 한다고 했다. 1%도 되지 않는 소수의 임원들이 후계자를 발굴하고 양육하고 자신들의 노하우를 전수하지 않는다면 조직의 영속성은 떨어질 수밖에 없다. 잭 웰치는 선임 CEO인 레그 존스에게 리더십을 이양 받은 20년 후 제프리 이멜트에게 그 자리를 이어주고 멋진 멘토로 남았다. 이처럼 리더들이 해야 하는 가장 마지막 임무는 자신이 키운 후계자에게 담담하게 '바톤'을 넘기는 것이다. 한편으로는 기대와 믿음이 필요한 행동이지만, 다른 한편으로는 사랑과 보살핌이 요구되는 순간이기도 하다.

2018년 5월에 일본 미쯔비시의 사장인 오나무 마쓰코씨가 현대모비스에 와서 강의를 한 적이 있었다. 미쯔비시와 현대자동차 그룹은 한때 선생과 제자 같은 사이였으나 지금은 오히려 제자가 선생을 넘어서서 세계 시장에서도 영향력이 더 커진 미묘한 관계이다. 당시 우리 회

---

45   도종환,《담쟁이》, 시인생각, 2012.

사의 CEO와 개인적인 관계가 있어 초청해 기꺼이 응했던 오나무 사장의 강의는 회사의 굴곡과 위기극복에 대해 많은 흥미로운 예화를 담았었는데, 제조업에서 사고가 나는 주요 원인에 대해 그가 지적한 내용은 특이했다. 그는 네가지 경우가 사고를 많이 유발한다고 했는데, 그 중 하나가 바로 '주목받지 못하는 곳'이었다. 많은 것이 자동화되어 사람 손이 별로 필요하지 않을 것 같은 제조 현장에서도 마음이 전달되지 않는 곳이 약한 고리가 된다는 것이다.

조직문화나 리더십을 보는 수많은 접근 방법이 있지만, 결국 돌고 돌아 나오는 결론은 '업무보다 사람'이다. ●

9

소외된 이들에게
관심을 주기 시작하면

사람들이 무의식적으로도 개인주의적이며 '자기애' 성향이 강하다는 사실을 증명한 재미있는 실험이 있다. 참가자들이 여러 명의 이성 사진을 놓고 마음에 드는 사람을 고르는 것인데, 10여 명의 대상자들이 호감을 느낀 대상이 사실은 자신의 사진을 이성처럼 합성하여 만든 것이었다. 우리는 알게 모르게 자기 중심적으로 행동한다는 인간 본성에 대한 연구이다. 이런 이기적인 본성을 비꼰 유머를 들은 적이 있다. 세상에는 오로지 두 가지 병(病)이 있다고 한다. 고칠 수 있는 병과 그렇지 못한 병, 고통이 심한 병과 그렇지 않은 병처럼 서로 대조되는 것을 생각하겠지만, 아니다. '내 병'과 '남의 병'이 그 답이다. 그만큼 사람은 자기 중심적이고 다른 사람의 문제에는 별 관심없이 산다.

2020년 우리나라를 강타한 장마와 홍수는 상당한 인명과 재산 피해를 불러왔다. 이듬해인 2021년 10월까지 중앙환경분쟁조정위원회에 제기된 피해 배상 조정 신청 액수만 해도 5개 시군의 8,134 가구가 제기한 3,720억 원이나 된다. 큰 홍수로 인해 온 나라가 들썩이고, 4대강 사업에 대한 찬반양론으로 나라가 시끄러웠지만, 정작 일반인들이 가장 관심을 가졌던 뉴스는 폭등하는 집값과 전세 시장이었다. 일반 국민이 보유한 자산의 2/3 이상이 부동산에 묶인 나라이다 보니 주택 시장에 민감할 수밖에 없는 현실은 감안한다 치더라도, 홍수 피해가 몰고 온 파장을 생각하면 부동산 이슈는 좀 시간이 지난 후에 생각해도 될 듯싶었으나, 현실은 그렇지 않았다. 사람들은 타인의 큰 고통보다 내 현실 문제에 더 관심과 염려가 많다는 사실을 보여준 일례라고 해도 과언이 아니다.

이런 이기주의적인 성향이 조직생활이라고 안 드러날 리가 없다. 가능하면 업무강도가 심하지 않은 일을 맡으려 들고, 수행하던 업무에 문제가 생기면 다른 팀에서 원인을 찾으려고 한다. 조직 간에서뿐 아니라 개인간에도 자주 발생하는 이와 같은 문제는 리더와 조직원들 사이에서도 심심치 않게 일어난다. 피해를 보는 쪽은 대개 부하직원이 되게 마련인데, '잘 되면 내 탓, 잘 못 되면 당신 탓'이라는 상관의 논리를 깰 방법을 찾기가 어렵기 때문이다. 직급의 차이는 많은 경우 논리를 무마시킨다.

만약 이기심으로 인한 갈등이 조직원들 사이에서 생긴다면, 이를 조율하고 해결해야 하는 사람은 리더가 된다. 어느 조직이건 '인싸'와 '아싸'가 있게 마련이다. 늘 관심의 대상이 되는 사람들은 스스로 동기부여가 되기 때문에, 이런 갈등 상황에서 조직의 사기를 진작하거나 유지하기 위해서는 관심 밖의 대상, 즉 약자弱者들을 살필 줄 알아야 한다. 리더의 배려심, 특히 주목받지 못하거나 소외되는 사람들을 향한 관심은 조직문화를 긍정적으로 바꾸는 데 큰 역할을 한다.

서로 길이가 다른 조각을 세로로 붙여 만든 물통에서는 가장 짧은 조각을 통해 물이 새기 마련이다. 이처럼 조직의 사기도 가장 약한 구성원에 의해 좌우되는 경우가 많다. 개인이 이기적으로 행동하는 것을 전적으로 방지하지는 못한다 할지라도, 조직 차원에서 이기심의 부정적인 영향을 최소화하는 방법은 이처럼 소외된 사람이나 조직을 챙기는 것이다. 2020년 홍수 당시로 보면 폭등하는 집값에 전전긍긍하는 많은 국민들이 아니고 홍수로 삶의 터전을 잃은 소수의 사람들이다.

내가 이끌었던 조직에서도 이와 비교될만한 경우들이 있었다. 현대모비스는 한때 에어컨, 히터와 같은 공조산업을 시작할 계획을 가지고 경쟁사로부터 우수한 인력을 영입했었다. 그러나 사업성 재검토 후 추진하지 않기로 최종 결정이 되어 해당 인력들은 딱히 소속감 없이 직장생활을 하고 있었다. 내가 전동화 사업을 맡을 당시만 해도 공조사업과 전기차 간에 특별히 공통분모가 있어 보이지도 않았고, 공조사업이 무산된 경위가 나와는 무관했기에 큰 관심이 없었다. 그러나 그 인력을 어떻게 활용해야 하는 지에 대한 논의가 몇차례 진행된 후 마음이 바뀌었다. 한때 야심찬 계획을 진행하기 위해 스카우트한 인재들을 회사의 계획 변경 때문에 방치하는 것이 안타깝다는 생각이 들었다.

결국 그 인력을 전동화사업부에서 흡수하기로 결정했다. 타조직에 비해 전동화는 미래 가능성이 큰 분야여서 연구 인력이 더 필요할 것이라는 생각과 공조의 핵심부품인 압축기를 언젠가는 이용할 수도 있다는 기대감이 겹쳐서였다. 그렇게 몇달이 지나면서 생각하지 못했던 해결책이 생겼다. 전기 자동차의 배터리 용량이 급격히 커지면서 기존의 냉각 시스템으로는 부족하게 되었고, 공조 전문가들을 신개념 냉각 방식 개발에 활용할 필요가 생긴 것이었다. 이후 공조개발 인력들은 배터리 시스템 개발에 큰 역할을 했고, 몇몇 인원은 사업부 내에서 관심이 있는 다른 분야로 자리를 옮겨 지금도 자기 몫을 톡톡히 해내고 있다.

유사한 경우가 모터 개발 조직에서도 있었다. 요즘은 모비스의 회사 광고에도 종종 등장하는 '인휠모터In-Wheel Motor'라는 신기술이 있다. 우리에게도 익숙한 원통형의 모터가 차축 중간에 있어서 양쪽의 바퀴를 회전시키는 것이 아니고, 네 바퀴 안에 독립적으로 작은 모터가 하나씩 들어가는 새로운 개념이다. 바퀴 사이에 연결된 축이 없다보니 네 바퀴가 90도로 회전하는 것이 가능하여 주차시에 직각으로 차를 움직이는 것이 가능하다. 현대자동차 그룹에서 인휠모터에 관심을 가지기 시작한 것은 2005~2006년경 부터였으나, 상용화할 기술개발이 한계에 부딪치자 개발조직을 유지할 필요성이 도마에 오르기 시작했다.

현대모비스 연구소에서는 이 조직이 샤시를 개발하는 부서에 있었는데, 긴 논의 끝에 이 조직도 전동화사업부에서 흡수하기로 했다. 기존에 개발하던 모터와는 전혀 다른 형태인데다 접근 방법에도 차이가 있었기에 사업부 내부에서도 일부 반대 의견이 있었으나, 우리가 아니면 우수한 인력들이 갈 자리를 찾기 어려운 상황이었다. 난항 끝에 인휠모터 엔지니어들을 영입한 이후 가장 긍정적인 변화는 이동한 사람들이 활기를 찾기 시작한 것이었다. 그리고 이들이 가지고 있던 노하우는 기존의 모터 개발 인력들과 어우러져 바람직한 시너지 효과를 가져왔고, 단기간에 경쟁사에 비해 앞선 기술을 개발할 수 있었다. 조직이 없어질 뻔한 위기에서 소외당하는 사람들을 챙기려던 배려가 기대 이상의 성공적인 결과를 가져온 것이다.

이런 조직관리 방식이 효과가 있음은 미국에서도 여러 차례 경험할 수 있었다. 회사가 합병하면서 조직이 재편될 때 이전 직급보다 낮은 직급으로 하향 이동을 했던 매니저들을 챙겨서 원래 위치로 올려놓기도 했고, 하루 열 몇 시간씩 일하는 것이 버거워 퇴사를 고민하는 부하직원을 위해서는 인사조직과 협의하여 파격적인 임금 인상을 끌어내기도 했다. 다분히 인정에 기반을 둔 이런 방식이 서구 사회에서도 통할까 하는 의아심이 없지는 않았으나, 인간적으로 접근하는 리더십은 인종이나 문화에 상관없이 효과가 있었다.

나는 지금도 직급이 낮은 직원이 부탁하는 일이 있을 때 거절하거나 뒤로 미루지 않는다. 비자 문제로 어려워하는 외국인 직원을 위해서는 이민국에 추천서를 써 주기도 했고, 한국 기업과의 업무에서 문제가 생기면 바로 내 지인 네트워크를 이용해 도와준다.

한국과 미국을 오가며 이런 식으로 살다 보니, 이제 사람들 사이에서도 소문이 퍼졌는지 도움을 요청하는 사람들이 제법 많아졌다. 그리고 스텔란티스 직원들도 단계를 거치치 않고 나에게 직접 보고하는 것을 좋아하고 편하게 생각한다. 도움을 받으면 고마움을 잊지 않고 어떤 형태로든 감사 표시를 하는 사람들이 있는가 하면, 그렇지 않은 사람들도 많다. 그러나 도움이 필요한 사람들에게 손을 내밀어줄 때 가장 행복한 사람은 도와주는 바로 그 사람이다. 미국 친구들에게 '내가 생각하는 리더십은 이런 거야.'라고 얘기할 때 종종 쓰는 표현이 있다.

'Helping others is the best way to make yourself happy!' ●

리더십의 작은 열매들

후배들과 부하직원들을 아버지와 같은 마음으로 돌보고 성장시키려는 내 마음은 미국에서도 다르지 않았다. 문화와 언어가 다르지만 사람의 마음은 비슷하다는 생각으로, 국내에 있을 때와 같이 늘 그들을 이해하고 도와주려고 했다. 내가 맡은 조직의 규모에 비해 수행해야 하는 업무가 너무 많다 보니 결과적으로 원했던 만큼의 업무 성과를 내지 못했다는 생각은 들지만, 조직관리의 차원에서는 언제 생각해도 행복해할만한 크고 작은 성과가 있었다. 이곳에서도 내가 생각하고 발휘하는 리더십은 업무보다는 사람 중심이다. 이런 방식이 효과적으로 운영되기 위해서는 자주 만나 대화를 나누면서 서로에 대해 이해를 높여야 하는데, 워낙 여기저기 떨어져 있는 조직인데다 회의마저 주로 화상으로 이루어지다 보니 어려움이 적지 않았다. 대신 가까이 있는 미국 근무자들과는 더 많은 대화를 나누고 만날 수 있었기에 이들을 먼저 목표로 삼았다.

지금도 자주 연락을 하는 옛 부하직원 중에 레바논 출신의 미국인이 있다. 콜로라도 주 덴버에서 대학을 다녔고 한때는 자기 사업으로 중고차 판매업을 하기도 했던 열정적인 사람이다. 내가 맡은 영역이 너무 광범위한데 비해 별도로 업무 상황을 챙기는 사람이 없어서 이 직원을 내 technical assistant겸 program manager로 채용했는데, 여기에는 몇 가지 이유가 있었다. 우선 일하는 속도가 한국 사람만큼 빨랐고, 나에 대한 절대적인 신뢰가 있었으며, 내가 아는 전문지식을 배우고 싶어 했다. 거기에 다소 공격적인 그의 성향은 내가 당시 가장 고민하던 문제를 해결하는 데 큰 도움이 되는 요소였기에, 인사조직과 상의해서 그 친구에게 양산개발이 아닌 프로그램 관리 업무를 맡기게 되었다.

한살이 갓 넘은 딸을 둔 딸바보 아빠였던 그 직원은 취미가 사냥과 양봉이었다. 가을 사냥철에는 사슴 고기로 직접 만든 소시지와 육포를 갖다주기도 하고, 싱싱한 꿀을 채취해 주기도 했다. 중동 지역 출신이고 대가족으로 살던 사람이라 내 동양적인 리더십에 끌린다는 생각은 해왔지만, 몇 달을 일하다가 궁금해서 물어보았다.

"넌 왜 나를 그렇게 잘 따르는거니?"

그의 첫 대답은 내 경력과 관련된 것이었는데, 나에 대해 처음 들은 날부터 호기심에 내 링크드인LinkedIn 프로필뿐 아니라 구글에 나온 내 기사들까지 검색했다는 것이다. 국내에서의 경력이지만, 자동차 산업의 본거지인 미국에서도 인정받는 부분이 있다는 사실에 기분 좋게 대화를 이어갔는데, 이어서 의외의 대답을 했다.

"You are the first boss who has my back all the time."

'당신은 항상 나를 밀어주는 첫 보스입니다.'라는 이 문장은 사실 의미가 크다. 이 직원의 잠재력을 개발하고 주변에서 인정받도록 도와주기 위해 기회 있을 때마다 발표를 하게 시켰고, 잘 했을 때는 칭찬하고 미비한 점이 있을 때는 방어를 해주었는데, 그런 점이 두고두고 고마웠던 것이다. 그에게 더 큰 의미가 있었던 것은, 직장생활을 십년 넘게 해왔지만 지금까지 그 누구도 자기를 그렇게 믿으면서 대해준 사람이 없었고 그 때문에 지금은 자기 능력의 120%를 발휘해서 일한다는 사실이었다. 그의 고백은 역시 힘든 업무로 항상 스트레스를 받고 있던 나에게 가뭄에 단비와도 같았다.

그렇게 몇 달이 흐른 후 어느 날이었다. 회의실에서 현안을 논의하기 위해 만난 자리에서 싱글벙글하며 할 얘기가 있다고 말을 꺼냈다. 직감적으로 타사로부터 잡 오퍼Job offer를 받았다는 느낌이 왔다. 표정을 보니 그렇다고 떠날 생각이 있는 것 같지도 않아 직설적으로 물어보았다.

"너 Job Offer 받았지?"
"네"

"그런데 갈 생각은 없지?"

"없어요."

"왜?"

"당신한테 더 배우고 싶어서요."

이 친구는 몇 달 후 자기 사업을 하기 위해 6개월간의 휴직계Leave of absence를 사용하여 시간을 갖다가 결국 회사를 떠났지만, 그 당시 나에게 보여준 타사로부터의 스카우트 조건은 거절하기에는 너무나 좋았다. 30대 중반의 젊은 친구인데도 임원급인 디렉터 자리를 주고 이듬해에는 부사장 자리를 약속했으며, 본봉과 스톡옵션을 합하면 스텔란티스에서 받던 연봉의 거의 3배 수준이었다. 거기에 회사 차까지 포함되어 있는, 나라도 거절하지 않았을 듯싶은 최고의 조건이었다. 이렇다 보니 나에게 배우고 싶은 점이 있어서 남겠다고 하는 그의 말이 부담으로 다가왔다. 그래서 아내와는 상의했냐고 물었다.

"상의했는데, 그냥 남으래요. 대신 당신이 떠나면 그 때는 조건 좋은 데로 가라고 했어요."

그 대화는 미국에 온 후 내가 들었던 어떤 칭찬이나 격려보다도 더 의미가 있었다. 사람을 챙기는 리더십을 미국 땅에서 발휘해보고 싶었던 욕심에 대한 작은 열매이기도 했고, 내 사람이 생겼다는 만족감이기도 했다. 이 직원이 대인관계가 좋고 적극적이었던 탓에 내 소문이 좋은 방향으로 주변에 퍼지기 시작했는지, 직원들이 한두 명씩 찾아와 고민을 상담하기 시작했다. 업무가 너무 힘이 들어 못 있겠다는 실무진의 하소연부터, 사람이 없어 일을 챙기기 힘들다는 관리자의 고민까지를 들어주고 함께 대책을 논의했다. 모비스 시절처럼 내 조직 안에 인사팀을 포함한 모든 기능이 있었다면 일 처리가 쉬웠겠지만, 나는 엔지니어링 소속 임원이었던 탓에 사실 내가 도와줄 수 있는 데는 한계가 있었다. 그럼에도 소통을 위해 애쓰는 내 모습이 고마웠던지 직원들로부터 감사의 문자가 오곤 했다.

직원들이 나에게 특히 많이 의지했던 부분은 공급사와 업무회의를 할 때였다. 한국 기업이나 중국 기업과 이야기를 할 때는 아무래도 내가 나서는 것이 효과적인 면도 있고, 그런 경우가 아니라도 윗사람의 한마디는 미국에서도 힘이 있기 때문이다. 하지만 임파워먼트가 중요하다고 생각하는만큼, 담당자에게 권한을 실어주기 위해 발언권을 많이 주는 편인데, 상대방이 계속 내 의견을 물을 때면 농담 삼아 이렇게 이야기하곤 한다.

"In the org chart I'm his boss, but in real life I work for him."

Org chart는 organization chart의 약자로 우리말로 하면 조직도이다. 그리고 영어 표현에 'I work for him'이라는 표현은 '저 사람이 내 상관입니다.'라는 의미이다. 즉, 내가 에둘러 표현한 내용은 '조직도 상에서는 내가 저 사람의 상관이지만, 실제로는 내가 저 사람을 위해서 일하고 있어요.'라는 것인데, 행간의 뜻을 읽은 당사자나 내 말의 의도를 알아차린 공급사 직원들 모두 고개를 끄덕인다.

한국처럼 일이 척척 진행되지 않아 답답한 마음은 항상 있지만, 미국에서도 나는 문제가 생겼을 때 내 부하직원을 나무란 적이 없다. 업무의 과실에 대해서는 명확히 선을 그어 설명하고 알려주더라도, 잘한 점은 치켜세우고, 특별히 걸리는 부분이 없으면 실무진이 계획한 대로 진행하도록 허락을 한다. 이렇게 직원을 대하다 보면 이들도 진심 어린 문자를 보내오는데, 이중에 특히 기억에 남는 간단한 영어 표현이 있다.

"It means a lot to me."

이 문장은 함축된 의미가 크다. 많은 경우 '당신이 격려해 준 것이 나에게는 정말 큰 의미예요.', '내가 제안한 대로 하게 해 주신 것이 정말 힘이 되었어요.' 처럼 당신의 상대의 말 한마디, 행동 하나가 나에게는 기억에 남을만큼 의미 있는 것임을 뜻한다. 대개는 기대하지 않았던 칭찬을 들었을 때나 정말 바라던 보상을 받았을 때, 혹은 오랜 소망이 이루어졌을 때와 같이 긍정적이고 행복한 순간에 사용한다. 부하직원들이 "It means a lot to me."라고 이야기를 하면 대개 "That's why I'm here."라고 대답하지만 사실 마음 속으로는 나 역시 이렇게 말한다.

"It means a lot to me, too."

내 리더십을 인정하고 고마워해주는 그들의 감사가 나에게는 감사할 거리이기 때문이다.

내 담당 업무를 배터리 시스템 양산에서 전동화 R&D로 변경하고 얼마되지 않았을 때의 일이다. 배터리를 총괄할 때 부하직원이었던 사람에게 문자가 왔다. 새벽부터 밤까지 일을 하느라 너무 힘이 들어서 다른 직장을 알아보고 싶은데 도와줄 수 있겠냐는 것이었다. 잠시 난감했다. 이제 더 이상 내가 맡은 조직이 아니기는 했지만, 내가 근무하는 회사의 직원을 다른 데 소개하는 일 자체가 마음에 걸렸다. 그런데 이 직원이 그 다음에 한 말이 상당히 부담스러웠다.

"당신한테 가면 도와줄 거라고 사람들이 얘기를 했어요. 내가 내성적이라 다른 방법을 찾아보겠다고 했는데, 그러지 말고 직접 B.K.한테 연락을 하라고 해서요."

나중에 알고보니, 나를 잘 아는 직원들이 굳이 여기저기 알아보지 말고 나한테 직접 이야기를 하면 어떻게든 도와줄거라고 이야기를 했다고 한다. 그 직원은 나하고 직급 차이가 꽤 났기 때문에 직접 보고를 할 기회가 없었던 터라 이야기하기가 망설여졌는데, 용기를 내서 연락을 한 것이라는 설명이었다. 이 정도가 되니 도와주지 않을 수가 없었다. 다행히 그 직원은 회사 내에서 스스로 자리를 찾아 다른 팀으로 옮겨가게 되었지만, 진심으로 도와주려고 나섰던 내 마음을 이해하고 지금도 연락을 준다.

내가 다른 보직으로 자리를 옮긴 후에도 배터리 조직의 부하직원들로부터 오는 연락은 끊이지 않았다. 배터리의 주요 공급업체가 한국 기업들이다 보니 실무선에서 풀리지 않는 문제가 있으면 도움을 요청해왔고, 이럴 때면 나는 부하직원들이 내준 '숙제'를 해주고 결과를 알려준다. 개인적인 상담도 가끔씩 하는 편인데, 더 좋은 조건을 찾아 다른 직장으로 떠나는 사람이 연락을 해오면 꼭 식사를 하면서 대화를 나눈다. 특히 이런 자리는 좀 더 자유롭게 이야기할 수 있는 여건이라서, 회사를 떠나는 사람들이 하는 이야기를 귀담아듣는다. 어떤 일이 어려웠는지, 지금 문제가 되는 일이 어떤 것인지 솔직하게 해주는 말에 때로 놀라기도 하지만, 가장 당혹스러운 경우는 이런 설명을 전제로 할 때다.

"Maybe it was not escalated to your level (아마 당신에게까지는 보고가 안 올라갔을 거예요)."

국내 기업과 마찬가지로, 어느 직장이든 실무진에서 임원으로 올라오는 보고는 제한되거나 축소된다. 문제에 대한 해결책이 당장 없는 사안이라면 더더욱 보고는 왜곡될 가능성이 많아진다. 퇴사한 직원들의 속내를 들을 때면 내부 의견을 더 경청해야겠다는 다짐을 하게 되는데, 특히 중간 관리자가 아닌 실무 담당자의 가감 없는 이야기에 귀를 기울여야 한다는 생각을 한다.

미국에서도 내가 담당한 업무를 멋지게 한번 성공시켜보고 싶다는 내 꿈은 사실 아직까지는 원하던만큼 이루어지지 못했다. 생각하지 못했던 조직의 복잡성이나 부족한 인력 등으로 인해 입사 후 몇 달이 지나면서부터 한계가 보였고, 따라서 단기간의 성과에 집착하기보다 장기적인 포석, 즉 사람에 대한 투자를 하는 것이 더 필요하겠다는 판단을 했다. 이를 위해 먼저 내 아래 직급의 직원들 중에서 차후 내 업무를 이어갈만한 사람들을 몇 명 택해 자주 대화를 나누고, 내가 생각해 오던 리더십 철학의 '영어 버전'을 전수하려고 노력했다.

지금도 그들과 대화를 하면서 고맙게 느끼는 점은, 내 앞에서 문제점들을 솔직하게 이야기한다는 것이다. 미국의 직장생활에서도 상관에게 '문제가 많다', '어렵다'라고 말하는 것은 자신의 직장 수명을 재촉하는 것이라는 인식이 있어, 웬만큼 가까운 사람이 아니고서는 피하는 주제이다. 그런 이야기를 어느 때든 자신을 해고할 권한을 가진 상관에게 털어놓으려면 상호간에 상당한 신뢰가 뒷받침되어야 하는데, 서로 소통해야 한다는 내 생각을 오랜 시간에 거쳐 이야기하고 행동으로 보여주다 보니 솔직한 대화가 가능해진 것이다.

한국과는 전혀 다른 환경이라 아직 갈 길은 멀지만, 후배들을 육성하고 내가 가진 지식과 경험을 전수해서 더 좋은 리더가 되게 하려는 목표에 대해 조금씩 작은 열매를 거두고 있다는 사실은 행복하다. 지난 20년간 지속적으로 추구하던 섬기는 리더십이, 문화가 다르고 사람이 다른 외국 땅에서, 그것도 전세계 사람들을 대상으로 영향력을 미칠 수 있다는 사실도 뿌듯하다. 인간적인 면을 강조하는 리더십, 감성적인 리더십이 인종과 문화가 달라도 통한다는 것은, 사람의 근본은 크게 다르지 않다는 사실을 잘 반영한다. 칭찬 들어서 싫어하는 사람 없고, 도와주는 사람을 마다하는 사람도 없다.

앞서 이야기한 레바논계 직원과는 더 이상 업무 관계가 없는 지금도 가끔 만나 수다를 떤다. 금년에 채취한 첫 꿀이라며 정성껏 유리병에 담아온 그와 대화를 나누면 행복하다. 지난번 모임에서는 회사 밖에서 작은 모임을 만들어서 세상 사는 이야기도 하고 기술적인 토론도 하면 좋겠다는 의견을 주어 추진해 보기로 했다. 한국산 김을 유난히 좋아하는 어린 외동딸 지나Zena에 대해 이야기를 할 때면 만면에 웃음을 멈추지 못하는 이 친구가 나에게 딸의 결혼식에 와줄 수 있냐는 이야기를 한 적이 있다. 딸이 결혼하면 자기 아버지를 가장 중요한 자리에 모실건데, 나를 그 옆자리에 앉게 하고 싶다는 것이었다. 그래서 나도 물어보았다. "내 둘째 딸은 미국에서 결혼할 가능성이 많은데, 올래?" 일말의 망설임도 없이 나온 그의 대답은 "I will be sad if you don't invite me (안 불러주면 섭섭하지요)."

내 관리 하에 운영되는 협력사 공장 직원까지 하면 3,000명을 넘는 대조직을 이끌었던 때가 있었다. 내 목표 중 하나는 더 큰 조직을 성공적으로 이끌어 세상에 이름을 알리고 내 리더십의 성과를 증명하는 것이었다. 하지만 그런 꿈이 '내려놓음'을 유산으로 남기기로 마음먹으면서 더 이상 큰 의미가 없게 되었다. 여기에 더해 요즘은 리더로서의 진정한 행복은 더 큰 조직, 더 많은 사람처럼 규모의 여부에 있지 않다는 사실을 깨달아 간다. 리더로서 누릴 수 있는 작은 행복은 어디에서든 찾을 수 있으며, 내가 보살피고 배려해 준 한 사람이 그 선한 영향력을 주변에 전파함으로써 조직이 변할 수 있다는 단순한 진리를 하루하루 체험하며 산다. 리더들에게도 '소확행'은 의미가 크다.

배터리나 전동화의 특성 상, 기존의 내연기관을 개발하는 마인드셋이 우세한 자동차 기업에서 담당자들은 늘 갈등을 하며 살아간다. 100년이 넘은 역사를 가진 엔진의 개발 기간 내에 모터나 배터리의 개발을 완수하라는 요구도 사실 감당하기 어렵고, 가끔씩 터지는 사고나 품질불량 문제에도 민감할 수밖에 없다. 요즘 가장 이슈가 되고 있는 배터리 화재 방지에 대한 대책을 세우느라 과거 부하직원들과 만나 회의를 할 때였다. 쉽게 해결책이 안 나오다 보니 본인들도 힘들지만 그들의 부하직원들이 다른 조직으로 옮기고 싶어해서 걱정이 크다는 말들이 나왔다. 이런 저런 이야기를 하다가 늘 마음에 담고 있는 리더십 철학, 내 멘토께서 전해주신 가장 소중한 가르침으로 그들을 격려했다.

"When your team is in turmoil like now, you should take care of your people first, not the task. And you are the one to take blame when something comes up because you are leaders. (이런 혼란기일수록, 업무보다는 사람을 먼저 챙겨야 해요. 그리고 무슨 일이 일어나면 책임은 당신 몫이에요. 왜냐하면 당신은 리더이니까)." ●

Chapter

5

내가 꿈꾸는
조직

1

당신이 꿈꾸는 조직을
만들고 싶다면

내가 만들고 싶은 조직의 모습은 열정 넘치는 직원이 가득한 조직이다. 사람을 중시하는 문화가 가져오는 긍정적 효과로 '일할만한 조직'을 만드는 것이 1차 목표라면, 그런 사람들이 많아져서 '즐거운 조직'을 만드는 것이 그 다음이다. 이런 단계에서 오는 다른 욕심이 있다면, 조직 내의 모든 직원을 경쟁사에서 탐낼만한 인재로 육성시키는 것이다. 이런 중간 목표들이 달성되고 나면 최종 목표로 '누구나 오고 싶은 조직'을 만들고 싶다. 직원들 간에 협력과 선의의 경쟁이 아우러져 재미있게 일하면서도 성과가 나오는 조직, 그래서 경쟁사에서 아무리 좋은 조건을 제시해도 직원들이 떠나고 싶지 않은 분위기를 만드는 것이 리더로서 이루고 싶은 꿈이다.

'다니고 싶은 직장'을 흔히 'GWPgreat work place'라고 한다. 모든 리더들이 만들고 싶은 조직이고, 모든 직장인이 근무하고 싶은 일터이다. 이런 직장이 되기 위해서는 오랜 기간 동안의 노력이 요구되지만,

특히 열정을 일으키고 그 불을 꺼뜨리지 않는 문화 형성이 필요하다. 자유로운 대화와 소통이 가능해야 하고, 부하직원이 상사를 만날 때 업무 이외의 일로 긴장을 하거나 마음에 부담을 느끼지 않도록 해야 한다.

리더가 권위의식을 내세우며 항상 주도권을 쥐려고 하거나, 다른 사람의 이야기를 경청하지 않고 섣부른 결론을 내게 되면 팀원 전체가 리더 한 사람의 눈치를 보면서 움직인다. 이런 부작용을 피하려면 무엇보다도 조직문화를 유연하게 만들어야 하는데, 잔소리나 야단치는 일부터 없애는 것이 중요하다. 열린 토론을 자주 하고, 황당한 아이디어를 제시해도 진지하게 받아들여져야 하며, 토론하는 동안만큼은 직급의 상하가 무의미해져야 한다.

어떻게 하면 이런 조직을 만들고 바람직한 리더십을 발휘할 수 있을까에 대해 한참 고민하던 무렵 전문가의 가르침을 받을 기회가 있었다. 리더십 분야의 전문가이자 《사람을 남겨라》의 저자인 연세대학교 정동일 교수가 2018년 봄 현대자동차 그룹의 신임사업부장들을 대상으로 한 교육 프로그램에서 강의한 내용이었다. 리더십도 리더 나름의 강점을 살려 발휘하도록 하는 것이 좋다는 강의 가운데, 마음에 깊이 와닿았던 두 문장이 있다.

"Leaders are those who accomplish goals through other people(리더는 타인(조직원)을 통해 목표를 달성하는 사람들이다)."

리더는 스스로 업무를 수행해서 인정받는 위치가 아니라는 사실을 명쾌하게 설명한 이 문장만큼 내 마음을 사로잡은 또다른 내용은 "당신만의 리더십으로 당신의 사람을 남겨라."라는 것이었다. 이 단순한 명제는, 오랫동안 크고 작은 조직의 리더 역할을 하면서도 항상 내 리더십이 옳은 방향에 있는지, 더 보완할 것이 무엇인지 궁금해하고 불안해하던 내게 큰 힘을 주었다. 조직원의 특성이 각자 다르듯이 리더의 색깔도 다를 수밖에 없는 것이 당연한데도, 내 장점을 리더십에 적용하려고 하기보다 끊임없이 보완하고 개선하려고만 했던 부담을 한순간에 털어버린 느낌이었다. 그 이후로는 한결 마음 편하게 내가 추구하는 리더십의 모양을 다듬고 적용해왔다.

《결정적 순간의 리더십》 저자이자 코칭경영원 대표인 고현숙 국민대학교 교수도 '자신의 강점을 살려서 리더십을 발휘하라.'[46]는 주문을 많이 한다. 더 나아가 '다른 사람이 될 필요가 없다.', '자기다움을 가지고 리드하라.'는 그의 조언은 당연한 듯 들리나, 사실상 리더들에게 어려운 숙제를 던져준다. 선례를 따라 업무를 수행하고 다른 조직의 벤치마킹에 익숙한 리더들이 스스로 자기다움을 개발하기가 어려운 것이다. 이를 위해서는 다른 사람들의 이론을 이해하고 모방하는 것 이상의 노력이 필요하다. 좋은 사례들을 공부하고 그 중에서 자신과 가장 잘 맞는 모형을 택해 자신에게 적합한 스타일을 만들어가야 한다.

IT가 산업의 다방면에서 중추역할을 하는 요즘 미국에서는 인도

46　고현숙,《결정적 순간의 리더십》, 샘앤파커스, 2017

계 인물들의 리더십이 상당히 주목받는다. 인도에서 태어나고 자라서 대학교까지 마치고 미국으로 유학을 가 대학원을 마친 뒤 직장생활을 시작한 사티아 나델라Satya Nadella가 2014년 2월에 미국 IT분야의 상징 기업인 마이크로소프트MS의 CEO가 되더니, 유사한 이력을 가진 순다르 피차이Sundar Pichai가 2015년 10월부터 구글의 CEO를 맡아 순항중이다. 순다르 피차이는 펜실베니아 대학교 와튼스쿨에서 MBA학위를 받은 후 맥킨지 컨설팅에서 잠시 일하다가 2004년에 구글에 평사원으로 입사한 후 11년만에 CEO자리에 오른 신화적인 인물이다.

이들 이외에도 pdf파일 생성 프로그램으로 유명한 어도비Adobe의 산타누 나라옌Shantanu Narayen, 마이크론 테크놀로지의 산제이 메로트라Sanjay Mehrotra가 인도 출신이다. 2020년에는 이들 명단에 두 명의 인도계 CEO가 더해졌는데, 사무실 공유업체 위워크의 CEO 샌디프 매스라니Sandeep Mathrani와 IBM의 아르빈드 크리슈나Arvind Krishna가 그 주인공들이다. 크리슈나 역시 인도에서 대학교까지 졸업하고 미국으로 건너간 인물이며, 이로서 미국의 대표 기업들인 구글, 마이크로소프트, IBM의 수장들이 모두 인도 출신이 되었다.

인도계가 미국 산업계, 특히 IT영역에서 두각을 나타내는 이유가 여러 각도로 분석되고 있는데, 2020년 2월 이코노미 조선에서는 그 이유로 크게 네 가지를 꼽았다. 첫 번째 수학에 강함. 두 번째 높은 교육 수준. 세 번째 타고난 생존 능력. 마지막으로 능통한 영어이다. 숫자 0을 발명하고 구구단 대신 19단을 외운다는 인도의 수학 실력이나, 영어를 공용어로 사용하기 때문에 오는 유리함은 이미 잘 알려진 내용들이지만, 이코노미 조선의 기자는 이에 더해 교육 수준과 생존 능력을 장점으로 들어서 설명했다.

이와 더불어 내가 꼽는 인도인들의 또다른 강점을 요약하면 동서양의 공집합적인 요소들을 바탕으로 그들 나름의 리더십을 구축해냈다는 사실이다. 인도 사람들은 인종학적으로 인도 유럽족에 속한다. 피부는 갈색이지만 골격이나 외모는 서양 사람들에 가깝다. 반면에 문화는 80%의 힌두교와 13%의 이슬람교가 주축이 되는 아시아계이다. 동양적인 문화 특성은 이들의 언어 능력과 결합되어 상당한 호감을 자아내는 요인이다. 겸손함이나 차분함이 우리나라 사람들처럼 소극적으로 표현되는 것이 아니고, 적극적이면서도 적절하게 구사된다. 게다가 지금도 대가족과 씨족 중심으로 구성되는 인도의 문화는 요즘 현대사회에서 요구되는 배려와 소통을 체득하기에 더할 나위 없이 좋다.

미국이라는 거대한 나라에서 아시아 출신의 소수민족이 이처럼 성공적인 리더십을 발휘하고 있다는 사실은 우리에게도 큰 도전을 안겨준다. 인도 출신 리더들에 관해 내가 가장 궁금했던 부분은, 리더가 되려는 목표로 전진해 갈 당시 그들의 마음가짐이었다. 만약 이들이 미국적인 문화, 서구적인 리더십을 모방하고 따라가려고 했다면 과연 오늘날 세계 IT계를 주름잡는 인물들이 될 수 있었을까? 아니면 기존 미국 산업계의 리더십과는 모양이 다르지만 자신들의 장점을 십분 살린 특유의 리더십을 고민했고 그 결과로 인정을 받은 것일까? 그 정답이 어디에 있는지는 모르겠으나, 그들이 나름대

로의 리더십 모델을 이루어 낸 것만은 분명하다. ●

2

시대가 바뀌어도 변하지 않는
인간관계의 핵심

김보라는 2019년 독립영화 「벌새」로 그 이듬해 여름까지 전세계 영화제에서 59개의 상을 휩쓸며 주목을 받은 촉망받는 영화 감독이다. 그는 인터뷰에서 영화 벌새가 자신의 기억, 트라우마, 상처 등 기억의 조각을 엮어 만든 작품이라고 설명한다. 2002년에 첫 단편 영화를 만든 후 몇 편의 영화를 통해 지난 10여년간 다양한 상을 받은 그는, 2019년에 벌새로 청룡영화상 각본상을 받았고, 2020년에는 대종상 영화제 신인 감독상과 백상예술대상 영화부문 감독상까지 거머쥔다.

내가 그의 이름을 처음 접한 건 2020년 7월 어느 날 아침 출근길 라디오 프로그램을 통해서였다. 그는 자신을 '자기 인생의 전문가'라고 독특하게 묘사한다. 자신의 일생에 전문가가 되어야 다른 사람의 인생도 이해할 수 있다는 말을 하며, 그 이유를 우리 모두가 연결되어 있기 때문이라고 설명했다. 그의 말대로 자기 자신을 모르는 사람이 다른 사람을 이해하기는 어렵다. 아마 다른 사람에 대해 알려고 하는 시도

조차 하지 않을 것이다. 반대로 스스로에 대한 애착이 있는 사람이라면 그 대상을 확대해 타인을 사랑하고 이해하는 것이 가능하다. 이렇게 이루어 낸 공감대는 소통의 바탕이 될 뿐 아니라 더 나아가 바람직한 리더십의 모태가 된다.

김 감독이 강조했듯 현대는 연결시대이다. 이제는 사람과 사람뿐 아니라 사람과 기계, 기계와 기계까지 서로 연결되어 있어서 '초연결시대'라고 부른다. 2020년 초 전세계를 강타한 코로나 사태를 겪으면서 우리는 다시 한번 인터넷과 SNS의 위력을 체험했다. 재택근무가 일상화되기 시작했고 코로나 확진자의 동선이 그대로 노출되는 등 이제는 과거와는 확연하게 달라진 현실을 자각하게 되었다. 회의실에 모여서 진행하던 모임들이 화상 회의로 대체되면서 이제는 직급 간의 위계 질서도 물질적 공간에서만큼 위협적이지 않다.

초연결사회는 그 속성상 다른 조직 간의 협업이나 소통을 더 절실하게 요구할 것이며, 한편으로는 전세계가 하나의 가상공간 안에서 만날 수 있어 다양성에 대한 이해의 요구가 커질 것이다. 이와 더불어 직접 방문하지 않고도 영상을 통해 많은 상황을 파악하는 것이 가능해진만큼, 전 세계가 하나의 거대한 시장과 공급처가 된 것으로도 볼 수 있다.

이처럼 지금까지 겪어보지 못한 환경에서 조직을 관리하고 리더십을 발휘하기 위해서는 과연 어떤 패러다임이 필요할까? 이미 여러 차례 강조했듯이, 우선 소통능력이 더욱 중요해질 것이다. 이제는 얼굴을 보면서 하는 소통뿐 아니라 불특정 다수와의 소통도 중요한 시대다. 전 세계의 다른 문화권 사람들이 Zoom이나 Teams와 같은 영상 회의 수단을 통해 교류하는 일이 더욱 빈번해지고 있다. 과거 베이비부머 세대를 '부머boomer'라고 부르던 것에 대비해 요즘 신세대는 '주머zoomer'라고 할 정도로 보편화된 현상이 화상회의다.

리더의 입장에서는 내가 한 말 한마디가 순식간에 조직 전체에 퍼질 수 있다는 사실을 인식해야 한다. 그만큼 조심성이 요구된다. 또한 얼굴을 마주보고 대화할 때에 비해 비대면으로 소통을 하려면 상대방에 대한 배려가 더 중요해진다. 아무래도 대화 가운데 오해의 소지가 많아질 수 있기 때문이다. 이런 이유로, 다양성에 대해 관심을 갖고 상대방의 입장을 고려하는 태도는 리더뿐 아니라 모든 사회 구성원들이 갖추어야 하는 필수적인 요소로 인식될 것이다.

프랑스 파리에 거주하는 미국 작가 에린 메이어Erin Meyer는 저서 《The Culture Map》에서 문화적 차이의 복잡성을 극복하는 방법을 제시한다. 기본적인 원리는 타문화와 타민족에 대한 이해다. 명문 경영대학원인 인시아드INSEAD에서 조직행동학을 가르치는 교수이기도 한 저자는 학교 내에 모여든 세계 각국의 학생들을 통해 다양한 문화권의 행동 차이를 분석하고 이를 비즈니스에 적용하는 방안을 설명한다. 물론 사람의 성향 차이는 문화뿐 아니라 개개인의 환경에 따라 영향을 받기도 한다. 그러나 넓은 범위의 문화에 대한 이해가 없이는 개개인을 이해하는 틀이 부정확 할 수 있다는 측면에서 그의 연구는 많은 시사점을 던진다.

의사 소통 방식을 예로 들어 나라마다의 차이를 설명하는 부분에서 저자는 고맥락high context 문화권과 저맥락low context 문화권의 차이를 설명한다. 대표적인 저맥락 문화권인 미국에서는 암시적이지 않고 직설적인 표현이 선호되는 반면, 고맥락 문화의 대표적인 국가인 일본에서는 암묵적이고 다중적인 메시지에 대한 이해가 중요하다. 일반적으로 앵글로 색슨 민족이 저맥락 문화권에, 아시아 국가들이 고맥락 문화권에 속하며, 이탈리아, 스페인, 프랑스나 라틴 아메리카 국가들은 중간이나 그보다 좀 더 고맥락 쪽에 위치한다고 한다.

저자는 개개인성의 중요성에 대해서 공감하면서도 문화적 맥락에 대한 공부의 필요성을 강조한다. 글로벌 환경에서 성공적인 비즈니스를 이끌기 위해서는 다양한 지역에서 온 사람들의 개인적인 차이뿐 아니라 문화적 차이에 대해서도 관심을 기울여야 한다는 것이다. 이 책은 점차 다양해지는 구성원으로 이루어진 조직을 이끌기 위한 아이디어도 제공하는데, 하루가 다르게 변화하는 기업 환경에 조직을 융화시키기 위한 리더십의 유형을 아래와 같이 설명한다.

'효과적인 리더십은 구성원들이 시스템을 개선하고, 새로운 업무 방식을 도입하고, 혹은 시장, 기술, 비즈니스 모델에서 새로운 흐름을 따르도록 설득하는 능력에 기반을 두고 있다. 이러한 점에서 여러분이 지금 다양한 문화들로부터 온 직원들로 이루어진 조직을 이끌고 있다면, 청중을 설득하는 기술을 배우는 일은 여러분에게 대단히 중요한 과제가 될 것이다.'[49]

리더가 다양한 문화와 배경을 받아들이고 이해하기 위해서는 포용성이 필요하고, 이해를 기반으로 사람들을 설득하는 작업은 공감능력을 요한다. 포용성과 공감능력의 두 가지 특성은 불가분의 관계라고 해도 좋을 만큼 서로를 보완한다. 공감능력이 발휘되기 위해서는 공유할 수 있는 부분이 존재해야 하는데, 그런 부분이 미미하거나 서로 간에 차이가 클 때는 한 쪽이 다른 한쪽의 차이를 포용하는 배려가 있어야 하기 때문이다.

하지만 사람 간의 관계가 보다 성숙하려면 어느 시점이 되든 서로가 마음의 문을 열어야 하고, 이 때는 누가 먼저 그 문을 여는가가 관건이다. 정답은, 경험이나 아는 것이 더 많고, 또 먼저 손을 내밀어도 창피하지 않을 만큼의 여유가 있는 사람, 즉 더 성숙한 사람이 열어야 한다. 조직 내에서 그 역할은 리더의 몫이다. 넓은 마음과 따뜻한 가슴으로 다가가는 역할이기도 하고, 많은 경우 주연이 아닌 조연의 역할이다.

이렇듯 대면보다 화상을 통한 접촉이 많아지고, 국경이 무의미해지는 초연결사회에서도 공감과 배려를 동반하는 소통의 중요성은 희석되지 않는다. 리더의 소통 능력이 사업과 조직관리의 성패를 항상 좌우하지는 않더라도, 세계 무대를 꿈꾸는 사람들이라면 당연히 타문화의 다양성과 그에 대한 포용성에 관심을 가져야 한다. 대인관계의 핵심이 공감과 설득이라는 사실은 시대나 지역을 가리지 않는다. ●

47 에린 메이어, 박세연 역, 《컬처 맵》, 열린책들, 2016.

3

존경받는 리더의
특징

위기가 닥칠 때 그 사람의 진면모를 알아본다는 말이 있다. 평소에는 차분하고 합리적인 것 같다가 해결하기 어려운 문제 앞에서는 완전히 다른 모습을 보이는 사람을 주변에서 심심치 않게 본다. 문제의 원인을 분석해서 해결하기보다 책임을 전가하고 탓할 대상을 먼저 찾거나, 자신이 나서야 할 때 부하직원을 내모는 사람이다. 존 맥스웰은 이런 이유에서 '위기가 성품을 형성한다고는 할 수 없지만 성품을 드러낸다는 것만큼은 분명하다.'고 했다. 리더의 조건 중 성품을 첫번째로 꼽은 그는 이어서 역경은 성품과 타협이 만나는 교차로라고 하며, 타고나는 재능과는 달리 성품은 우리가 선택할 수 있는 요소라고 주장한다.

저서 《리더의 조건》에서 맥스웰은 또한 용기를 중요한 리더의 조건으로 꼽는데, 위기의 상황에서 반드시 갖추어야 할 덕목인 용기에 대해 특이한 언급을 한다. '두려움 없이는 용기도 있을 수 없다.'[50] 이 명제는 사실 역설적이면서도 보완적이다. 두려움과 용기는 서로 상반된 개념이라는 면에서는 역설적이지만, 두려워할 것이 없으면 용기가 굳이 필요 없다는 면에서는 상호 보완적이다.

용기의 중요성을 실생활에서 적용하면, 리더가 어려운 상황에서 나서야 하는 이유가 잘 설명된다. 누구나 느끼는 두려움이 존재할 때 부하직원의 두려움은 아무래도 더 클 수밖에 없다. 큰 위기를 수습하는 회의가 열린다고 가정해보자. 예상대로 관련 조직 간에 공방전이 일어난다. 마치 전투와 같은 이 상황에서 부하직원이 기댈 수 있는 사람은 리더 외에는 없다. 이런 의미에서 위기는 오히려 용기라는 리더십을 보여줄 수 있는 좋은 기회이기도 하다. 그것이 리더십의 진면모이다. 빌리 그레함Billy Graham 목사의 말처럼 '용기는 전염된다.'는 사실 또한 기억해야 한다.

하지만 어디에도 완벽한 사람은 존재하지 않고, 어떤 리더이든 한계가 있게 마련이다. 우리 모두는 누구나 약점이 있고 어느 정도는 페르소나persona라는 가면 뒤에 숨어서 산다. 그 가면이 얼마나 두꺼운지, 또 그 가면을 얼마나 자주 쓰는지가 개인의 성품이나 인격에 달려있을 뿐이다. 존 맥스웰이 성품과 용기를 중요한 리더의 자질이라고 꼽은 것처럼, 나 역시 리더의 가장 중요한 덕목은 성품이라고 생각하지만, 약간 다른 표현으로 이를 언급하곤 한다. 바로 인테그리티Integrity 와 인듀어런스Endurance이다. 인테그리티는 우리말로는 고결함, 인격

48　존 C. 맥스웰, 앞의 책.

등으로 번역되나 좀 더 광범위하게는 그 사람을 존경할 수 있도록 만드는 선한 인격적 특성이다. 도덕성과 온화한 성품, 또 한편으로는 함부로 대할 수 없는 권위 등이 이 단어에 함축적으로 포함된다.

인테그리티를 지니기 위해서는 오랜 기간의 자기수련이 필요하고 삶의 굴곡도 겪어야 하며 이를 통해 다른 사람을 품는 인격을 갖추어야 한다. 스스로에게는 엄격하지만 타인에게는 관용을 베풀 수 있어야 하고, 언행이 가볍지 않아 기품을 갖추되 가까이 다가가기 어려운 오만함도 없어야 한다. 이런 고결함을 갖춘 리더들이 자주 보이는 행동이 배려이다. 자존감과 겸손이 어우러지지 않으면 나타나기 어려운 행동인 배려는 어떤 형태로 이루어지든 조직내의 불필요한 긴장감을 감소시키는 효과가 있기에, 리더로서의 중요한 자질이다.

실수한 직원에게 두번째 기회second chance를 주는 행동은 조직생활 가운데 가장 자주 요구되는 배려의 리더십이다. 이를 관찰하는 모든 조직원들에게 '우리 팀장은 실수한 사람을 다그치기보다 한 번 더 믿고 기회를 주는구나.'라는 무언의 메시지를 전한다. 많은 리더들은 이런 경우 조직의 긴장감이 떨어지는 것을 염려하여 일벌백계一罰百戒로 다스려야 한다고 생각하지만, 배려하는 문화 속에서 기회를 한 번 더 부여받은 직원의 실수가 반복된다는 증거는 찾기 어렵다. 또한 실수를 지적하더라도 그 사람 자체를 탓해서는 안 되며, 그 최종 책임을 리더가 진다고 할 때 오히려 응집력은 강해진다.

배려가 반드시 실수에 대한 이해나 관용에만 적용되는 것은 아니다.

성과가 좋거나 큰 업적을 이루었을 때 합당한 포상을 하거나 특별 대우를 해주는 것도 배려의 일종이다. 기업의 미래에 공헌할만한 특허를 개발한 연구원이 있는데 별다른 포상도 없이 유야무야 지난다고 하면, 이는 타팀원에 대한 배려가 아니라 해당 인원에 대한 역차별이 된다.

인테그리티나 배려 등 인격적인 요소를 논할 때 많이 나오는 이야기는 '타고난 성품과 훈련된 성품'이다. 사람들의 성격을 이야기할 때 국민성이나 지역적 특성, 혹은 가풍을 이야기하듯이 누구에게나 타고난 부분이 없지는 않을 것이다. 그러나 변화하려는 의지로 끊임없이 노력과 훈련을 쌓아 가면, 외면뿐 아니라 내면도 변화시킬 수 있는 존재가 사람이다. 리더는 조직의 변화를 책임지는 사람이다. 스스로의 변화를 거부하거나, 변화에 소극적인 사람이 타인을 변화시킬 수는 없다. 타고난 장점은 더 개발하고, 부족한 부분은 보완하는 노력 역시 리더가 취할 태도이다.

지금은 고인이 되셨지만 일제강점기에 신사참배를 거부하며 독립운동을 하다 옥고를 치르고, 이후 미국으로 건너가 로스앤젤레스 지역에서 목사 사모가 되신 안이숙 사모님의 간증을 오래 전에 접한 적이 있다. 사모님은 성경에서 '원수를 사랑하라'고 하는 부분이 말이 안 되는 가르침이라고 생각하셨다고 한다. 내 가족, 친척이나 친구도 사랑하기 어려운데 원수를 사랑한다는 것이 불가능하다는 생각은 사실 누구나 한번은 하게 마련이다. 그냥 상징적인 의미로 보고 넘어가는 사람이 대부분이겠으나, 안이숙 사모님은 오랜 묵상 끝에 이런 결론을 얻으셨다고 한다.

'원수를 사랑하는 것은 그냥 되는 것이 아니고 노력하고 연습을 해야 하는 것이구나.'

많은 리더들이 조직관리에 실패하는 이유는 관리를 쉽게 생각하기 때문이다. 대학교에서 학사 학위를 받는데도 4~5년이라는 시간이 필요하다. 전문성을 지닌 석사나 박사학위를 취득하려면 거기에 또 몇 년을 더 공부해야 한다. 하물며 그보다 더 어려운 '사람 다루는 일'이 자신의 경험만으로 해결할 수 있는 일이라고 생각한다면 지나친 오산이고 오만이다. 조직 관리는 1대 다수의 관계이다. 같은 환경이나 성격을 가진 사람이 한 명도 없는 현실에서 모두를 같다고 전제하고 리더십을 발휘한다면 제대로 될 리가 없다. 다양한 경우의 수에 대해 고민해야 한다. 또한 진정한 리더십은 존경받을만한 인격에서 시작되고, 그런 인격은 저절로 만들어지거나 하루 아침에 이루어지지 않는다는 사실 또한 잊지 말아야 한다. ●

인내의 크기가
만드는 변화

리더는 변화를 이끌어내는 주체일 뿐 아니라 변화를 수용해야 하는 주체이기도 하다. 조직 문화를 바꾸는 데 앞장서는 역할도 중요하지만, 조직원들이 주도하는 변화를 수용하는 것 또한 리더가 맡아야 할 부분이다. 변화가 어려운 이유는 불편을 동반하기 때문이다. 이미 익숙한 관습으로부터 벗어나야 하고, 새로운 시도를 할 때 수반되는 실패를 감당해야 한다. 결과의 불확실성은 변화하려는 추진력을 약화시키고, 혹시 좀 더 시간을 갖고 지켜봐야 하는 상황이 오면 지레 겁을 먹고 포기하게 만든다.

개혁, 혁신이라는 단어에 쓰이는 '혁革'이라는 한자는 가죽을 뜻하지만, 좀 더 정확하게는 '짐승의 가죽에서 그 털을 없앤 것'을 의미하여 단순히 '짐승의 가죽을 벗겨낸 것'을 의미하는 '피皮'와는 구별된다. 변화가 개혁이나 혁신을 동반하기 위해서는 그만큼의 추가 노력이 필요하다. 이 노력은 조직 전체가 동조하여 기울여야 할 것이지만, 주도를 하든 용인을 하든 그 주체는 리더이다. 그러나 변화를 추진하는 방법이 항상 적극적인 개입을 의미하지는 않는다. 자발적으로 유도되는 변화가 오래가고 조직원들 사이에 불만이 없기 때문이다. 타의에 의한 변화는 잠시 효과가 있는 것 같아도 작은 시련이나 위기를 이겨내지 못하고 원상 복귀된다.

변화를 두려워하는 가장 큰 이유는 아무래도 들이는 노력에 비해 그 결과를 장담할 수 없기 때문이다. 과거 우리나라의 성장동력이었던 '빨리빨리' 정신은, 목표가 확실하고 방법이 명확할 때는 발전과 변화에 가장 효율적인 방법이었다. 그러나 이제 경제적으로나 문화적으로도 선진국에 도달한만큼 목표가 될만한 대상이 훨씬 줄어들었고, 어떤 방법으로 목표지점에 도달하여야 하는지 그 방법을 스스로 찾아야 하는 위치에 서있다. 변화의 결과가 불확실하다는 사실이 그동안 큰 실패 없이 성장을 누려온 우리에게는 불안 요소가 된 것이다.

변화에는 두 가지 형태가 있다. 하나는 외부의 변화에 대응하는 수동적인 자세이고 또 다른 하나는 능동적으로 변화를 주도하는 것이다. 하지만 두 가지 모두 정확한 분석과 재빠른 판단이 승부를 좌우한다. 특히 능동적인 변화를 추구할 때는 최적의 시점을 찾는 것이 기업의 사활을 가르는 경우가 많다. 최근 수십 년간 핸드폰의 발전과정에서도 보듯이 스마트폰의 미래를 내다보고 적기에 대응을 한 기업과 그렇지 못한 기업의 차이는 극명하다.

오늘날 전세계 스마트폰 시장은 삼성, 애플, 샤오미 등 3개사가 점유율의 50% 이상을 차지하며 주도하고 있는데, 한때 삼성과 함께 국내 핸드폰 시장을 양분하던 LG가 시대의 흐름을 제대로 파악하지 못해 시장에서 도태되었다는 사실은 많이 알려져 있다. 그러나 이미 1990년대 초에 스마트폰을 처음 개발한 기업은 IBM이고 최초로 양산 수준의 스마트폰을 만들었던 회사가 노키아Nokia라는 사실을 아는 사람은 많지 않다. 변화에 대응하는 것은 너무 늦어도 안 되지만 너무 빨라도 문제가 있다.

이렇듯 기업의 성공은 최적의 시기를 정확히 판단하는 자의 손을 들어주지만, 큰 변화는 역시 오랫동안 지속적으로 준비하는 조직이 만들어낸다. 요즘 자동차 시장에서 가장 수요가 높은 하이브리드 자동차는 스포츠카로 명성이 높은 포르셰Ferdinand Porsche 박사가 1901년에 처음으로 소개하였다. 그러나 이 분야의 미래를 내다보고 가장 끈기 있게 개발을 지속한 회사는 일본의 도요타이다. 1960년대부터 가스 터빈 하이브리드를 연구하기 시작하여 이후 30년 이상 투자를 한 끝에 1997년 세계 최초의 양산형 하이브리드 자동차인 프리우스Prius를 시장에 선보인다. 타이밍이 적절하기도 했지만, 포기하거나 외풍에 흔들리지 않고 개발을 해 온 결과이다. 전기차의 선두 주자인 테슬라 역시 수많은 실패와 만년 적자로 인한 외부의 부정적인 시각을 넘어서는 집념 끝에 오늘날의 위상을 확보하였다.

우리나라의 현대 산업화가 이루어진 지난 60여 년간, 여러 분야에서 괄목할만한 성장을 이루었고, 많은 기술이 세계를 놀라게 한 것은 사실이다. 그러나 내면을 들여다보면 우리의 성장은 선진국과 선진업체를 모방하는 것에 상당 부분 의지해왔다. 큰 변화없이 점진적인 기술 발전이 이루어지던 시기에는 특유의 부지런한 국민성으로 고도성장이 가능했으나, 요즘과 같이 급변하는 환경 가운데서는 무엇을 해야 할지 갈피를 잡지 못하는 모습을 보인다. 외부 변화에 대응은 잘 했지만, 우리가 변화를 주도한 경험이 많지 않았기에 겪는 혼돈이다.

우리의 문제점은, 서울대학교의 이정동 교수가 《축적의 길》에서 서술한 바와 같이, 실행implementation은 잘 하지만 개념 설계concept design가 약하다는 것이다.[49] 선진국의 기술을 모방하다 보니 아무래도 실패의 확률이 적은 데 익숙하고, 이런 문화는 지금도 실수를 용납하지 못하는 폐단으로 남아있다. 변화를 주도하거나 외부 변화에 적절히 대응할 수 있는 능력을 갖춘 사람, 즉 '고수'가 많지 않은 탓이다. 사람이나 조직이 고수의 반열에 오르려면 지난한 인고의 세월이 필요하다. 한술 밥에 배부르지 않듯이, 속성으로 지식을 습득한 사람은 경험을 통해 깊이 있는 노하우를 체득한 사람을 따라가지 못한다.

리더가 갖추어야 하는 중요한 성품 중 하나인 인내는 영어로 patience 혹은 endurance로 번역되지만, 내가 생각하는 endurance의 느낌은 사뭇 다르다. 병으로 인한 고통이나 저항할 수 없는 문제를 침착하게 받아들이는 것을 patience라고 한다면, endurance는 고통이

---

[49] 이정동,《축적의 길》, 지식노마드, 2017.

나 시련을 묵묵히 이겨 나가는 의지적 인내이고 한계에 대한 도전이다. 피할 수 있으나 피하지 않고 버텨내는 끈기나 뚝심, 좀 더 나아가 부하직원들의 실수나 무모함을 그들과 조직의 장래를 위해 마음 졸이며 기다려주는 우직함이 내가 느끼는 endurance이다.

달리기 선수 출신의 물리학자이자 컬럼니스트인 알렉스 허친슨Alex Hutchinson의 저서 《인듀어》는 마라톤과 달리기에 대한 이야기다. 저자는 다양한 과학적 근거를 통해 장거리를 달리는 선수들의 중도포기가 근육의 물리적 피로 때문이 아니라 노력이 최대치에 이르렀다는 뇌의 자각 때문이라고 밝힌다. 운동 중에 한계에 부딪치는 것은 정말 위급한 상태가 오는 것을 막기 위해 뇌가 사전에 명령을 내리기 때문이라는 것이다.[50] 허친슨의 이론을 조금 확대해보면, 뇌가 신체의 위기를 눈치채지 못하도록 해서 몸이 피로를 덜 느끼게 한다든지 혹은 뇌를 설득해서 좀 더 달리게 할 수 있다는 가설이 성립한다. 그의 표현을 빌리면 뇌는 '지구력의 숨겨진 저장고'이기 때문이다.

《인듀어》를 통해 허친슨이 전하고자 하는 메시지는, 인간은 동물과 달리 현재를 넘어 미래를 보기 때문에 지금 당하는 고통을 의지로 이겨낼 수 있고 한계를 증대시킬 수 있다는 것이다. 이런 인내심을 가진 사람이 리더가 되는 조직은 사소한 실패에 연연해하거나 좌절하지 않는다. 인내의 크기가 실패라는 변수를 포용하기 때문이다. 실패는 과거나 현재 시제이지만 인내가 바라보는 시점은 미래이기 때문

---

50 알렉스 허친슨, 서메리 역, 《인듀어》, 다산초당, 2018.

에, 중도에 포기하려는 뇌의 자각을 미래에 대한 기대로 변형시킬 수 있기 때문이기도 하다. ●

미식축구의 승부처는
체격이 아니다

아메리칸 풋볼American football이라고 부르는 미식축구는 풋볼football 혹은 사커soccer라고 부르는 축구와 공통점이 없다고 할 정도로 비슷한 구석을 찾기 힘들다. 공의 모양, 규칙, 점수를 내는 방식, 선수들의 체격에 이르기까지 거의 모든 것이 다르다. 플레이하는 선수는 각 팀당 11명이지만, 공격팀과 수비팀에 공수 교대시 뛰는 '스페셜 팀'까지 따로 있고, 각 포지션에 따라 선수들의 특성도 제각각이다. 체격은 작지만 잘 달리는 사람, 순발력이 뛰어나고 공을 잘 잡는 사람이 있는가 하면 자기 팀의 공격수를 지키는 방패 역할을 하기 위해 힘이 좋아야 하는 사람도 있다. 여기에 워낙 몸싸움이 격렬한 경기이다 보니 부상을 대비한 후보 선수들까지 치면 한 팀은 백 명 가까이나 된다.

미식축구는 의외로 복잡한 규칙에 따라 운영되는데, 간단하게는 세 차례의 기회를 공격팀에 주어 10야드를 전진하면 공격권을 유지하고 그만큼 못 가면 공수가 바뀐다. 10야드는 약 9미터 정도의 길지 않은 거리지만, 대부분의 플레이에서는 세 번에 10야드를 전진하기가 생각같이 쉽지 않다. 공격팀이 세 번의 기회를 쓰고도 10야드를 전진하지 못하면 한 번 더 기회가 있는데, 이 네 번째 플레이를 어떻게 진행할지는 고민을 해야 한다. 네 번째 공격에서 실패하면 그 위치에서 상대방에게 공격권을 넘겨주어야 하기 때문이다. 도달해야 하는 10야드까지 남은 거리가 짧으면 추가 공격을 시도하지만, 성공할 가능성이 적다고 판단하면 공을 멀리 차서 상대방이 자기 진영 깊은 곳에서 공격을 시작하게 한다.

미식축구의 매력은 공수의 작전이 워낙 복잡하고, 공격 방법에 따라 가산되는 점수가 다르다는 데 있다. 상대 편의 가장 최후방인 엔드존end zone에 공격팀이 도달하면 6점이 주어진다. 이를 터치다운touchdown이라고 하며, 추가로 공을 차서 골대로 공을 넣으면 1점이 더해진다. 이와는 별개로 운동장 어느 지역에서든지 공격팀이 공을 차서 넣을 수도 있는데, 골을 성공시키면 3점이다. 이 밖에도 2점이 주어지는 공격이나 자살골에 해당하는 포인트도 있어서 규칙을 잘 알지 못하면 이렇게 복잡하고 재미없는 운동이 또 있을까 싶고, 반대로 규칙을 이해하면 경기를 보는 재미가 짜릿하다.

선수들의 위치를 보면, 앞에는 체중이 150킬로그램에 달하는 육중한 선수들이 버텨 서있고 그 뒤에 팀의 주장 격인 쿼터백quarterback이 서서 작전을 지휘한다. 쿼터백은 상황에 따라 공을 던질 수도 있고, 공을 들고 뛰는 것이 전문인 러닝백running back에게 건네 주기도 한다. 잘 모르는 사람들이 볼 때는 공격의 중심인 쿼터백과 던진 공을 받는 리시버receiver, 혹은 러닝백의 플레이가 전부인 것 같지만, 사실 미식축구는 철저하게 팀워크에 의존하는 스포츠다. 한두 명의 스타플레이어가 경기를 주도하는 농구 경기나 개인기에 의존하는 야구와는 차이가 크다.

간혹 걸출한 쿼터백이나 뛰어난 리시버가 나와 환상적인 패스 플레이를 펼쳐 관중들을 환호하게 하기도 하지만, 그런 플레이도 공격과 수비 라인을 지키는 거구의 선수들이 기회를 만들어주지 못한다면 불가능하다. 공격시에는 쿼터백으로부터 전개되는 작전을 펼 시간을 벌어주는 것이 그들의 역할이고, 수비시에는 상대의 공격을 저지하도록 몸싸움을 벌이는 것이 임무이다. 그리고 그 거구들은 경기 시간 내내 공 한번 만져볼 일이 없는 선수들이기도 하다.

공격시에는 볼을 던지는 플레이를 할지, 뛰는 플레이를 할지에 따라 선수들의 움직임이 달라진다. 한편 수비팀은 이런 상대의 전략을 알 수 없기 때문에 모든 경우의 수에 대비해야 한다. 이런 복잡한 작전이 필요한 까닭에, 미식축구팀에는 공격과 수비를 전담하는 여러 명의 코치들이 따로 있다. 그리고 공수가 전개될 때의 작전은 선수들의 순간적인 판단에서 이루어지는 것이 아니라, 모두 코치들의 머리 속에서 시작된다. 수많은 경우의 수 가운데 기회를 살리는 팀이 승리하는 것이고, 그 기회를 만들어내는 것이 감독과 코치의 일이다.

우리 조직관리도 이런 미식축구의 복잡성을 가지고 있다. 얼핏 보기에는 비슷한 교육 수준과 실력을 가진 선수들로 구성된 조직들이 '경쟁 사회'라는 전쟁터에 나온다. 타사와의 경쟁에서 이기기 위해 때로 탁월한 직원을 고액에 스카우트 해오기도 하지만, 근본적으로는 조직의 힘, 즉 팀워크가 승패를 좌우한다. 좀 더 면밀하게 분석하면, 그 승패를 가르는 것은 조직을 운영하는 리더들의 역량과 비전, 그리고 운동 경기에서 선수에 해당하는 조직원을 움직이는 능력이다. 승리의 향방은 제한된 인력의 역량을 어떻게 최대한 효율적으로 활용하여 경쟁사를 앞서는가에 달려있다. 겉보기에 비슷한 체구를 가진 선수들이 뛰는 경기에서도 코치진의 역량에 따라 이기는 팀은 계속 이긴다.

현대자동차 연구소에서 수소전기차 개발을 주관하던 당시였다. 수소 자동차 분야에서 우리와 경쟁하던 도요타와 비교해볼 때 우리 연구 인력의 수는 1/3도 안 되는 수준이었음에도 세계 최고의 기술을 개발하라는 요구는 끊이지 않았다. 제한된 인력으로 그런 성과를 달성한다는 것은 물리적으로는 불가능했다. 상대방은 엄청난 거구이자 근육질인 라인맨lineman들이 포진해서 철저하게 수비를 하고 있는데, 우리는 평범한 체격에 경험도 없는 선수들이 공격을 하겠다고 나선 격이었다. 쓸만한 쿼터백이나 리시버가 있는 상황도 아니었고, 선수들이 부상을 당할 때 대신 나설 후보층이 두터운 것도 아니었다.

이를 만회하기 위해 연구원들을 달래 가며 목표의식을 심어주어야 했고, 한편으로는 경쟁사가 익숙하지 않은 기술로 그들의 허점을 찔러야 했다. 어찌 보면 우리가 기댈 수 있는 것은 상대방이 예측할 수 없는 작전을 구사하는 방법 외에는 없었다. 당시 수소차 기술의 대세가 미식축구에서 쿼터백이 리시버에게 롱 패스를 해서 점수를 얻는 작전이었다면, 우리는 매 기회당 변칙 플레이를 통해 2~3야드를 전진해서 주어진 세 번의 기회에 10야드를 도달해 공격권을 계속 이어가는 전략이었다. 세 번의 시도에도 목표지점에 도달하지 못할 때는, 남은 거리가 얼마이든 위험을 무릅쓰고 네 번째 공격을 감행해야 하는 입장이기도 했다.

이런 전략은 수소전기차를 오래 개발한 경쟁사에서 보기에는 다소 파격적이었다. 수소를 재사용하는 리사이클 블로워를 구조가 간단한 이젝터라는 부품으로 대체한 것이나, 공기압축기에 볼베어링이 아닌 에어포일 베어링을 사용한 것 등이 그 예이다. 여기에 초박형 스텐레스 스틸을 부식방지용 코팅도 없이 분리판 소재로 사용해 비용을 줄이려는 노력도 더해졌다. 이런 전략들은 마치 쿼터백이 러닝백에게 공을 주는 것처럼 감쪽같이 상대팀 수비들을 속이고, 태연한 척 있다가 자신이 직접 공을 갖고 뛰는, 일종의 트릭 플레이와 같은 것이었다. 성공하면 점수를 낼 수 있지만, 그 가능성이 크지 않은 전략이다.

운동 경기에서의 작전보다 기업의 전략이 더 수립하기 어려운 이유는 수많은 경쟁자를 동시에 상대해야 하기 때문이다. 감독이나 코치에 해당하는 리더들의 머리가 복잡해지는 이유이기도 하다. 우리에게도 도요타가 가장 강력한 경쟁상대이기는 했지만, GM이나 혼다 역시 우리보다 훨씬 먼저 개발을 시작한 기업들이었고, 회사 차원의 지원도 상당한 곳들이었다. 이들과 동시다발적으로 경쟁하기 위해서는 기존에 있는 전략 가운데 우리에게 최적인 방법을 찾는 것도 중요했지만, 전혀 다른 새로운 전략을 구상하는 것 외에 다른 선택지가 없었다. 그래도 다행히 이런 전략들이 맞아 들어가 2013년 2월 도요타를 앞서 세계 최초로 수소전기차 양산에 성공한 것이다.

그러나 이처럼 기술 경쟁이 기업의 미래를 좌우할 상황에서 정작 중요한 일은 전략을 구상하는 단계로 한정되지 않는다. 우선 리더들의 전략이나 전술을 현장에서 구사할 선수들을 키워야 한다. 아무리 작전이 좋아도, 선수들의 피지컬이나 기초 체력이 뒷받침되지 못하면 무용지물이다. 여기에 코치진과 선수들의 호흡이 맞아야 하듯이, 리더와 조직원들 사이에 소통이 되어야 효율적으로 업무가 이루어진다.

구기 종목 중에서 가장 많은 선수들이 동원되고, 선수들의 체격이 가장 큰 종목인 미식축구. 경기의 대부분이 몸싸움인 이 격한 스포츠의 핵심을 바라보면 결국 성공 요인의 첫 단추는 작전이고 호흡이다. 비슷한 체격의 선수들끼리 경쟁을 해도 많이 이기는 팀이 정해져 있다는 것은, 육체적이기만 할 것 같은 이 운동에서도 결국 승리의 열쇠는 머리가 쥐고 있다는 사실을 뒷받침하는 것이 아닐까? ●

6

냉정과 열정
그 사이에서

한때 유행하던 나폴레옹에 관한 우스갯소리가 있다. 나폴레옹이 대군을 이끌고 알프스를 오르던 당시였다. 폭설이 몰아치는 가운데 가는 길이 맞는지 판단이 잘 되지 않았다. 고생해서 정상에 올라 주변을 보니 잘 못 들어선 봉우리였다. 이때 나폴레옹이 한마디 했다.

"이 산이 아닌가보네."

군사들은 다시 황제의 명을 따라 저 멀리 보이는 산으로 발걸음을 이동한다. 고생 끝에 산 꼭대기에 올라 주변을 둘러보고 황제가 다시 한마디를 꺼냈다.

"아까 그 산이 맞는가보다."

현실에서 벌어질 수 없는 농담이긴 하지만, 사실 이와 유사한 일들이 생각보다 많이 일어난다. 목표는 존재하는데, 도달하는 길을 정확히 판단하지 못하는 경우이다. 이런 상황을 피하고 리더가 올바른 판단을 내리기 위해서는 적어도 두 가지 조건 중 하나를 만족해야 한다. 스스로가 내용을 완벽하게 파악하고 있던가, 아니면 전문가인 담당자의 말을 신뢰하는 것이다. 만약 내용을 정확히 파악하지 못하면서도 권위를 세우기 위해 부하직원의 말에 귀를 기울이지 않으면 이 산, 저 산을 헤매며 엉뚱한 길로 조직을 인도하는 경우가 얼마든지 생긴다. 문제는 이런 리더들일수록 열정이 넘치고 발이 빨라서, 사태의 심각성을 파악하고 대책을 세울 때쯤이면 너무 멀리 길을 가 있다는 것이다. 방향 감각은 없고 길 눈 어두운 사람이 부지런하고 발걸음이 빠르면 뒤따라 가는 사람들이 전부 고생을 한다.

이렇게 '무식하면 용감한 사람들'에 대한 재미있는 분석이 있다. 코넬 대학교의 사회심리학 교수 데이비드 더닝David Dunning과 대학원생인 저스틴 크루거Justin Kruger가 학부 학생들을 대상으로 실험한 내용이다.[51] 연구 결과에 따르면, 특정 분야에 대해 잘 모르는 사람은 자신의 능력을 과대평가하는 반면 유능한 사람은 오히려 자신의 능력을 과소평가하는 경향이 있다고 한다. 더닝과 크루거는 자동차 운전, 체스, 문법 지식, 논리력 사고 등에 대해 다양한 테스트를 했는데, 점수가 낮

---

51 저스틴 크루거·데이비드 더닝, 〈Unskilled and Unaware of It: How Difficulties in Recognizing One's Own Incompetence Lead to Inflated Self—Assessments〉, 《Journal of Personality and Social Psychology》, 1999.

은 피시험자의 기대치나 자신감이 오히려 높았다. 능력이 없는 사람의 착오는 자신에 대한 오해에서 기인한다고 하는 이 이론은 리더십이나 조직 관리와 연관 지으면 심각한 결과를 예견하기도 한다. 무능력한 조직장이 잘못된 결론에 도달하더라도, 자신의 실수를 알아차리지 못하고 오히려 과대평가하는 일이 일어날 수 있다.

'무지無知는 지식보다 더 확신을 가지게 한다.'는 찰스 다윈Charles Darwin의 말과 유사한 더닝과 크루거의 연구는 훈련을 통해 능력이 나아지고 난 후에야 이전의 능력 부족을 알아보고 실수를 인정한다는 결론에 도달한다. 그러나 근거 없는 자신감으로 가득 찬 사람이 리더의 위치에까지 올라간 후에 과연 이렇게 자신을 살펴서 개선할 수 있을지는 또다른 문제이다. 이런 사람들을 조직 내에서 필터링하지 못할 경우, 조직의 상위 직급은 무능력한 사람들로 채워지기 마련인데, 컬럼비아 대학교Columbia University의 로렌스 피터Laurence Peter 교수가 1969년도에 발표한 논문에서도 관료제 내의 승진제도 문제점을 지적한 바 있다. 처음에는 유능한 사람이지만 계속 승진시키다 보면 일을 감당할 수 없는 위치에까지 직급이 올라가, 결국 무능한 지경에까지 이르게 된다는 '피터의 법칙Peter Principle'이다.

이런 현상을 피하기 위해서 리더에게 요구되는 자질 중 하나가 바로 균형감각이다. 객관적으로 상황을 보는 시각, 열정을 다스릴 수 있는 냉정함, 급박한 가운데서도 속도를 조절하는 차분함이 이에 속한다. 리더는 열정과 냉정의 밸런스를 잘 갖추어야 한다. 열정은 곧 에너지이고 에너지가 있는 리더는 조직을 '에너자이즈' 시키지만, 반면에 감정에 치우쳐 일을 그르치기도 한다. 냉정을 유지하며 때를 기다려 최적의 타이밍에 전력투구를 하는 능력이 없다면 치열한 경쟁사회에서 승자가 되기 어렵다. 《칼리 피오리나, 힘든 선택들》에서 저자가 지적했듯이, 리더의 위치는 열정과 냉정이 모두 요구되기 때문에 '외로운 자리'이다.[52]

그렇다면 이렇게 극과 극인 열정과 냉정이라는 두 가지 성향을 어떻게 조화시켜야 하는 것일까? 이에 대한 정답을 찾기는 쉽지 않으나, 일반적으로는 결정의 틀에 나 한사람만이 아니고 조직 전체를 넣고 보는 시각이 필요하다. 조직원 대다수가 너무 의욕 없이 식어 있을 때는 에너지를 불어넣어야 하고, 반대로 너무 '업up' 되어있을 때는 가라앉혀야 한다. 조직원들의 상태와 반대로 가야 한다는 말이 아니고, 조화를 맞추라는 것이다.

하지만 때로는 조화를 추구하기보다 열정을 집중시키는 것이 더 필요할 수도 있다. 에너지를 모아야 할 타이밍이다. 어떤 사안에 대해 시급한 결정이 필요하거나 프로젝트를 짧은 기간 내에 완수해야 하는 경우가 이에 속한다. 결정하는 단계까지는 심사숙고하되, 일단 해야 할 일이 결정되면 앞 뒤 볼 새 없이 돌진하는 자세, 바로 그라운드에서 숨을 고르다가도 기회가 포착되면 전력을 다해 질주하는, 최고 수준의 축구선수들이 취하는 방식이다.

52　칼리 피오나리, 공경희 역, 《칼리 피오리나, 힘든 선택들》, 해냄, 2006.

발빠르게 움직이는 것은 운동 경기뿐 아니라 기업을 경영할 때나 조직을 운영할 때도 중요하다. 새로운 분야에 남보다 먼저 들어가서 시장을 선점하는 것도 중요하고, 사업환경이 악화되어 손실을 줄이기 위해 철수할 때도 민첩함이 요구된다. 하지만 신속함은 일을 결정하는 순간의 문제일 뿐, 그런 결정을 이끌어내기 위해서는 사전에 충분한 검토와 심사숙고가 필요하다. 이 과정에서 미래의 성패를 가르는 요소가 바로 균형감각이다. 균형은 욕망과 현실의 타협이고, 과거. 현재와 미래의 조화이다. 이런 의미에서 균형감각은 이성과 인내의 함수이고, 타이밍의 예술이기도 하다.

균형을 맞추기 어려운 또다른 영역은 '해야 하는 일'과 '하지 말아야 할 일' 사이에서의 판단이다. 그러나 현실에서 이보다 더 자주 접하면서도 결정이 어려운 경우는 '급하게 할 일'과 '미리 할 일'을 구별하는 것이다. 우리가 흔히 우선순위라고 하는 '급선무急先務'의 판단은 때로 조직의 장기적인 운명을 결정짓기도 하는데, 리더는 이중에서도 오랜 시간에 거쳐 사전 준비가 필요한 선무를 잘 챙겨야 한다.

우리 역사 가운데 가장 출중한 성군이자 리더인 세종대왕은 《세종실록》 가운데 급무와 선무에 대해 예를 들어 상세한 기록을 남긴 바 있다. 대왕은 저수지가 터졌을 때 보수하는 것과 같은 급무와 민생이나 교화와 같은 선무를 구별하여 수행해야 한다고 했다. 이중에서도 특히 선무를 강조하여, 선무가 잘 되어 있으면 급무가 줄어들고 혹시 발생하더라도 대응이 쉽다고 했다. 선무가 중요한 이유에 대해 실록에서는 '꾸준히 챙겨야 하는 일은 신하들에게 맡겨 두면 하지 않아도 티가 나지 않기에 지나치기 일쑤다.[53]라고 서술한다. 그는 이런 철학을 여러 분야에 적용하였는데, 미래를 대비해 많은 인재를 기르고 나무를 심어 전함 만들 재목을 미리 준비하는 등의 본을 보였다.

위에서 열정과 냉정 사이, 급무와 선무 사이에서의 균형에 대해 생각해 보았다. 하지만, 가장 중요한 균형이 무엇인지 물어본다면 나는 다른 의미의 균형에 대해 강조할 것이다. 바로 조직원 간의 균형이다. 혼자 열 걸음을 가는 것보다 열명이 한 걸음을 걷는 것이 더 큰 변화를 이룬다는 말이 있다. 이런 의미에서, 가장 강조되어야 하는 것은 다름 아닌 사람과 사람 사이의 균형이고 조화이다. 리더 한 사람의 의견을 전적으로 따르기 보다, 합의를 통해 목표 지점에 도달할 때까지 밸런스를 잘 유지할 수 있는 방법을 찾아야 한다. 어떤 의미에서는, 결정권을 가진 리더 자신이 다른 사람의 것과 동일한 무게추를 사용하려는 노력이다. ●

---

53 박현모, 앞의 책.

7

당신이 가장 똑똑하다고
생각한다면

리더들이 말을 많이 하는 이유는 부하직원들을 '가르쳐야 하는 대상'이라고 생각하기 때문이다. 아주 틀린 말은 아니지만 부하직원들에게 배울 점이 있다는 사실 또한 간과해서는 안 된다. 어떤 분야이든 그 분야의 실무 담당자가 더 많은 고민을 한다. 팀원이 8명인 팀장이 있다고 해보자. 담당자는 하루 8시간 내내 자신의 업무에 집중하지만, 팀장은 8명의 업무에 각각 1시간 이상을 할애하기 어렵다. 그래서 전문성을 갖춘 담당자의 의견을 듣는 것이 실수를 줄이는 방법이 된다. 또한 상관이 말을 많이 하면 부하직원들은 말할 기회가 없을뿐더러, 자기 견해를 제대로 표현하지도 못한다.

부하직원이 윗사람에게 느끼는 거리감을 '파워 디스턴스power distance'라고 한다. 권위가 주는 무게이다. 상관이 아무리 친밀하게 대한다고 해도 긴장감은 사라지지 않고 상관의 한마디는 부담스럽게 들린다. 리더가 별 생각없이 한마디를 던져도, 보고를 하러 들어온 사람은 마음에 새기게 되어있다. 그래서 윗사람은 자기 주장을 장황하게 펼치기보다 질문을 던져 말을 이끌어내고 상대방이 주눅 들지 않도록 대화를 유도해야 한다. 설령 실수한 부분이 있다 치더라도 그걸 지적하기보다 잘 한 부분을 칭찬해주는 것이 좋다. 본인도 느끼는 실수를 윗사람이 반복해서 지적하면, 그 후로 그 직원은 자신감을 잃게 된다.

늘 리더가 대화를 주도하는 조직문화는 또 하나 큰 부작용을 낳게 되는데, 바로 리더의 착각이다. 부하직원들이 반대 의견을 내는 경우를 못 보았으니 자신이 항상 옳은 판단을 한다고 믿는다. 혹시 다른 의견을 내는 직원이 있다면, 아무것도 모르는 사람으로 여기고 무시한다. 내가 일하던 직장에서도 흔히 보아온 이런 유형의 사람들은 공통점이 있다. 상당히 똑똑한 반면 사회성이 부족하다. 미국 직장 생활에서도 이런 유형의 리더들을 더러 보는데, 나와 친한 미국인 동료가 '마초 스타일'이었던 과거 상관에 대해 이야기하다가 이런 표현을 사용한 적이 있다.

"He always wants to be the smartest person in the room."

스스로가 너무 잘 나서 다른 사람에게 배울 것이 없다고 생각하는 리더 주변에는 사람들이 모이지 않는다. 자신이 속한 조직에 기여함으로 인정받고 보람을 찾는 것이 모든 직장인들의 본성이다. 늘 야단 치고 가르치려 드는 리더 앞에서 굳이 초라해지는 모습으로 하루하루 살아가기를 원하는 직장인은 없다. 《논어論語》에 등장하는 '불치하문不恥下

問'이라는 표현처럼, 아래 사람에게 물어보는 것을 부끄러워하지 않는 사람이 리더로 있을 때 조직은 활기가 넘친다. 리더가 말을 줄여야 하는 또 다른 이유는 때로 침묵이 더 힘이 있기 때문이다. 간혹 침묵이 결정적으로 힘을 발휘하는 순간이 있는데, 아이러니컬하게도 입을 열어도 전혀 문제가 없는 경우이다.

스포츠 프로그램 중계자는 상황을 생동감 있게 소개하기 위해 긴박한 순간들마다 열정을 다하고, 쉴 틈이 생기면 선수들에 대한 다양한 정보를 전달하거나 해설자와 농담을 주고받으며 시청자들에게 재미를 주기도 한다. 미국의 스포츠 중계는 이런 농담이나 경기 외적인 내용, 가령 선수들의 학창 시절이나 과거의 에피소드들을 특히 많이 소개하는데, 때로 자기들만의 놀이터 같다는 생각이 들 정도로 자연스럽고 시끄럽게 중계를 한다.

그런데 이런 중계진이 정말 아무 말도 하지 않고 수분동안 침묵을 지키는 경우가 있다. 중요한 경기의 결승전에서 승자가 결정되어 선수들과 감독들이 얼싸안고 샴페인을 부으며 축하하는 장면이 나올 때이다. 이런 순간에는 큰 목소리로 떠들던 중계자나 해설자가 침묵으로 현장의 분위기를 전하더라도 보는 사람 모두에게 감동을 생생하게 전달한다. 만약 인위적으로 그 감동을 언어로 구사하려 한다면, 강요당하는 것 같아서 오히려 더 불편하다.

리더의 자세도 때로 이런 면을 갖추어야 한다. 하나부터 열까지 다 내가 챙겨야 한다는 생각은 착각이고 교만이다. 모든 것을 자신이 해결해야 한다고 생각하면 그 조직은 리더의 능력 이상을 발휘하지 못한다. 때로는 부하직원에게 맡기는 것이 필요하다. 방향을 설정하고 상황을 점검하기 위해 필요한 말만 하고, 그것 마저도 장황하지 않게 하는 것이 좋다. 가령 회의에 참석한 최고 책임자가 경청 끝에 이런 말로 끝맺음을 했다고 가정해보자.

"의견 잘 들었습니다. 별다른 이견 없고요, 오늘 여러분들이 논의한 대로 진행하셔도 좋습니다."

이렇게 얘기한 리더를 조직원들은 어떻게 생각할까? 결정을 회피한다거나 무책임하다고 생각할까? 아니면 우리를 믿고 자율적으로 일을 맡겼다고 받아들일까? 내가 회의를 주관할 때 항상 조심하는 것이 있다. 우선은 먼저 결론을 내지 않는 것이고, 또 하나는 최대한 실무진의 의견을 반영하는 것이다. 리더가 어떤 형태로든 섣불리 결론을 내버리면 그 이후의 과정은 요식행위에 불과하다. 또한 질문은 순수한 질문이어야 한다. 즉 몰라서 묻는 것이어야 한다. 숨은 의도를 가지고 하는 질문은 조직을 불필요하게 긴장시키기 때문이다.

이처럼 필요할 때만 여는 리더의 입은 무겁지만 여운이 크다. 그리고 리더는 입 밖으로 나간 말에 대해서는 항상 책임을 질 수 있어야 한다. 이기주 작가는 저서 《말의 품격》에서 리더의 언어가 갖추어야 하는 '격'을 다음처럼 묘사한다.

'리더의 말은 곧고 매서운 직선인 동시에 부드러운 곡선과 같아야 한다. 때로는 능수능란하게 휘둘러서 도려낼 것을 도려내야 하고, 때로는 부드럽게 친친둘러 감아서 껴안을 대상을 껴안아야 한다.'[54]

여기에 덧붙여, 영국의 평론가이자 역사가인 토마스 카알라일 Thomas Carlyle의 말처럼 '침묵은 금, 웅변은 은'인 경우가 우리 주변에는 늘 존재한다. ●

---

54   이기주,《말의 품격》, 황소북스, 2017.

8

믿음이 없다면
기준부터 바꿔라

알버트 아인슈타인Albert Einstein 박사와 운전기사에 관해 전해지는 일화가 있다. 노벨상을 받고 인기가 올라가자 박사는 대중들을 상대로 한 달 동안 강의를 하게 되었다고 한다. 유명 물리학자를 보러 수많은 인파가 몰려들었고, 연일 계속되는 강의에 피곤해진 그는 어느 날 운전기사에게 대신 강의를 하게 했다. 서당개 삼 년에 풍월을 읊는다고, 여러 번 들어 내용을 거의 외우고 있던 기사는 의외로 강의를 잘 진행했는데, 말미에 어느 대학교수가 날카로운 질문을 하는 예기치 못한 상황이 발생했다. 그러자 가짜 박사로 강의를 대신했던 운전 기사는 "이런 쉬운 문제는 내 운전기사도 풀 수 있다."라고 받아넘긴 뒤 실제 아인슈타인 박사가 나가 문제를 풀었다고 한다.

이 일화는 워낙 기이한 행동을 많이 한 것으로 알려진 아인슈타인 박사를 풍자하려고 만들어진 것일 수도 있으나, 이야기에 등장하는 아인슈타인 박사나 그 운전 기사 모두 배짱이 대단한 사람들이다. 특히 위기의 순간에 당황하지 않고 '운전기사'를 불러낸 것은 놀랄만한 재치이다. 이런 행동이 가능했던 근거는 아인슈타인 박사에 대한 믿음이었을 것이다. 자신에게 위기 상황이 발생하면 언제든지 나설 준비가 된 박사가 뒷자리에 느긋하게 앉아있다는 믿음이다.

조직생활을 할 때도 이런 믿음직한 리더가 있다면 든든하다. 부하직원들에게 신뢰를 주려면 리더는 세심하면서도 자상해야 하고, 조직원들을 전면에 내세우더라도 항상 지켜보며 언제 내 도움이 필요할지를 가늠하고 준비해야 한다. 혹시 실수를 하더라도 바로 도움의 손길을 내밀어야 할 뿐 아니라, 부하직원의 실수는 성장의 과정으로 여길 수 있어야 한다. 내 사람은 야단을 쳐서 만드는 것이 아니고 지켜줌으로써 만들어지기 때문이다.

많은 조직의 책임을 맡으면서 늘 되새기고 간직하는 나의 가치관중 하나는 '내 사람을 믿는다'이다. 이렇게 이야기를 자주 하다 보니 가끔 이런 질문을 받는다.

"그러다가 발등 찍히면 어떡하시게요?"

내 대답은 한결같다.

"찍힐 때까지 믿으면 됩니다."

사실 직장생활을 하면서 부하직원들에게 발등을 찍혀본 경험이 별로 없기도 하지만, 설령 조직원의 실수로 내 입장이 난처해진다고 하더라도 그런 가능성 때문에 처음부터 부하직원을 불신하는 것은 어리석다. 항상 감시의 눈을 뜨고 세세한 상황까지 챙긴다고 해서 문제가 안 생기지도 않거니와, 설령 문제가 생긴다 해도 이는 사람을 키우는 과정에서 감수해야 하는 일이다.

물론 도덕성과 관련되거나 고의로 일으킨 문제라면 이야기는 다르다. 철저히 따지고 들어가는 것이 조직 전체의 기강 확립에 도움이 된다. 그러나 불가항력적인 상황 하에서 벌어진 실수나, 처음 시도하는 프로젝트에서 미처 생각하지 못한 변수가 생겨 업무에 차질이 생겼다면 좀 더 여유를 가지고 접근해야 한다. 이처럼 리더와 조직원들 간에 신뢰를 바탕으로 한 인간관계의 형성은 건강한 조직 관리를 위한 근간이 된다.

넷플릭스, 알리바바, 픽사 등 비즈니스의 판을 바꾼 혁신기업들의 성공 요인을 분석한 로버트 브루스 쇼Robert Bruce Shaw의 책《익스트림 팀》에서 저자는 사회학자 로버트 퍼트넘Robert Putnam의 연구결과를 인용하여 '사람과 사람 사이의 유대가 사회의 건강과 그 사회에 포함된 다양한 조직의 성공에 대단히 중요하다.'는 사실을 설명한다. 이밖에도 그는 많은 연구 결과를 인용해 인간관계의 중요성을 예시하는데, 이중 흥미로운 부분은 부부 경제학자 도라 코스타Dora Costa와 매튜 칸Matthew Kahn이 연구한 내용으로 전쟁터에서 끈끈히 이어지는 전우애에 관해 언급된 것이다.

'우리는 사령관에 대한 충성심이 대의명분이나 사기, 리더십 등을 모두 능가한다는 사실을 발견했다.'[55]

충성심이 얼마나 큰 역할을 하는지는 동서고금을 막론하고 많은 예화를 찾을 수 있는데, 《손자》, 《오자》와 더불어 중국의 탁월한 병법서로 알려진 《육도삼략》에도 한 장수의 흥미로운 이야기가 등장한다. 이 장수가 어느 날 탁주를 선물 받았다. 혼자 마시기에는 충분했으나 병사들이 같이 마시기에는 부족했기에 이 장수는 술을 강에 붓고 그 강물을 병사들과 함께 마셨다고 한다. 혼자 누릴 수 있었던 선물을 같이 나누자는 장수의 뜻을 이해한 부하들이 얼마나 충성스럽고 용맹스럽게 전투에 임했을까? 이런 성품은 장수의 조건 중 '인자仁慈'에 해당하며, 요즘 언어로는 군사들에 대한 사랑이다. 리더가 대접받기를 피하고 부하직원을 살필 때 오히려 존경을 받고 조직은 안정되며 성장한다.

여론조사 기관인 갤럽이 '관계'에 대해 연구한 결과도 이와 유사한 내용을 담고 있다. 고용인이 자신이 속한 집단에 헌신하는 정도는 직장 내에 친한 친구가 있다고 생각할 때 더욱 높다는 것이다. 좋은 관계가 조직에 긍정적인 요인이라는 점은 '긍정심리학'의 창시자라고 불리는 마틴 셀리그만Martin Seligman 교수의 연구와도 유사성이 많다. 셀리그만 교수의 행복공식으로 알려진 'PERMA'는 긍정적 정서

---

55 로버트 브러스, 박여진 역, 《익스트림 팀》, 더퀘스트, 2018.

positive emotion, 몰입engagement, 관계relation, 삶의 의미meaning, 성취 achievement의 약자로, 일상생활의 행복 역시 대인관계가 큰 변수임을 말한다. 긍정심리학은 1998년 셀리그만 교수가 미국 심리학 협회 회장으로 임명된 시기에 새롭게 자리잡은 학문으로, 신체적 운동이나 명상, 혹은 주변 사람들과의 네트워크가 긍정심리를 증가시키며, 궁극적으로 행복을 증진시킨다는 이론이다.

리더가 조직원을 바라보는 눈은 다양하다. 믿음의 눈, 의심의 눈, 관리의 눈 등 리더 자신의 성격이나 처한 상황에 따라 다르다. 하지만 우리가 바람직하다고 생각하는 믿음의 눈을 갖기 위해서는 조직과 조직원을 바라보는 기준이 먼저 바뀌어야 한다. 눈높이가 맞추어지지 않으면, 기대치와 성과 간의 괴리는 늘 불안요소로 내재된다.

미래사업을 위해 생긴 신생 조직이라면 쉬운 일부터 자신감을 갖게 하는 조직관리, 작은 성공에도 기뻐하며 그로부터 큰 결과를 이루어 내는 리더십이 필요하다. 건강한 조직문화를 세우거나 리더십을 발휘하기 위해 처음부터 대단한 비전이나 탁월한 계획이 필요한 것은 아니다. 조직원들 간에 관계가 원만하고 상호 존중이 이루어지는 곳이라면 개인의 만족도가 올라가고, 이렇게 이루어진 개인의 행복은 훌륭한 조직문화로 이어진다.

배려와 상호 이해를 통한 협업이 원활하게 이루어질 때 각자가 따로 노력하는 것보다 좋은 성과가 나오는 것은 당연하다. 내가 생각하지 못했던 의견이 다른 사람에게서 나오기도 하고, 타조직의 전문가로부터 협조를 구할 수도 있다. 중요한 것은, 이렇게 거두는 성과가 처음에는 크지 않더라도 시간이 지나면서 연결이 된다는 사실이다. 작은 결과가 오랜 기간 쌓이면, 크고도 확실한 성과의 열매가 맺어진다. 작고 확실한 행복이 쌓여 큰 만족이 되는 이치이다. 기업이라면 예상 외의 매출이나 수익, 연구소라면 대단한 신기술이 그 열매가 될 것이다.

물론 이런 성과를 이루기 위해서는 조직장의 리더십이 무엇보다도 중요하다. 코스타와 칸의 연구결과에서는 충성심이 리더십보다 더 중요하다고 했지만, 현실적으로 리더십이 없는 사령관이 부하들의 자발적인 충성심을 끌어낼 수는 없다. 충성심 또한 리더십의 열매이고 결과이다. 그리고 그런 충성심을 끌어내는 첫걸음은 부하에 대한 장수의 믿음이라는 사실을 기억해야 한다. ●

9

좋은 리더를 확보하는
중인가요?

장하준 케임브리지 대학교 교수가 2002년에 출간한 《사다리 걷어차기》[56]는 현재의 선진국들이 과거 개발도상국 시절에 어떤 방법으로 당시의 선진국들을 따라잡았으며, 이후 후발 주자로 쫓아오는 개발도상국들의 성장을 어떻게 방해했는가를 기술한 책이다. 그러나 제목 자체가 주는 인상이 워낙 강렬하고 여러 부문에서 암시적으로 사용될 수 있는 의미가 크기 때문에 경제학 이외의 분야에서도 자주 인용된다. 한 예로, 리더십과 연계하여 이 책 내용 가운데 언급되는 '선진국'을 조직의 '리더'에, '개발도상국'을 '조직원'에 대입시키면 재미있는 논리가 성립된다. 〈경제발전을 위한 정책의 재인식〉이라는 책의 한 부분을 위에서 언급한 대로 바꾸어 보았다.

---

56   장하준, 형성백 역, 《사다리 걷어차기》, 부키, 2004.

'게다가 흥미롭게도 현재 '바람직하지 않은' 것으로 여겨지는 정책들은 리더 자신이 조직원이었을 때 사용한 정책들과 근본적으로 같은 것이다. 리더들이 현 조직원들에게 소위 바람직한 정책을 권고하는 것은 자신들이 정상에 오르자 사다리 걷어차기를 하는 것과 같다고 결론지을 수 있는 것도 바로 그 때문이다.'

현재의 선진국들이 개발도상국 위치에 있을 때는 경제 개발을 위해 수단 방법을 가리지 않았으나 막상 선진국이 된 후에는 각종 규제와 정책이라는 수단으로 후발주자들이 올라올 수 있는 사다리를 차버린 것처럼, 우리 조직에서도 상사가 부하직원이 올라오는 사다리를 차버리는 경우는 얼마든지 있다. 후배들을 위한 '거인의 어깨'가 되어주어야 할 선배들이 자신의 위치를 고수하기 위해 발길질을 하는 셈이다.

가장 쉬운 방법으로는 인사평가에서 불이익을 주거나 어려운 업무를 맡기고 책임을 추궁하는 것인데, 부하직원은 조직을 옮겨가거나 정도가 심하면 퇴사를 한다. 2인자를 키우는 것은 사실 리더 자신에게도 부담이다. 내 위치가 특별히 견고하지 않은 한 언제 자리를 물려주고 직장을 떠나야 할지 모르는 상황에서 사람을 키운다는 것은 말처럼 쉽지 않다. 특히 임원의 경우, 임기가 확실하게 보장되지 않는 가운데 스스로 경쟁상대를 육성하는 것은 웬만한 강심장을 가진 사람이 아니면 힘들다.

그러나 이제 더 이상 인재 육성을 미룰 수도, 등한시할 수도 없다. 중국은 파격적인 대우로 외국에서 인정받은 자국 출신 인재들을 흡수한다. 향후 성장 동력이 될만한 새로운 사업을 시작할 때는 아낌없이 지원하고, 우수한 청년들은 정부 계획 하에 미래의 리더로 길러진다. 이제 중국은 사람만 많은 나라가 아니다. 우수한 인재가 많고, 자본도 넉넉한 데다, 사람을 키우려는 전략까지 갖춘 나라가 되었다.

　미국이나 유럽 국가들도 인재 채용의 범위를 점차 다각화하고 광범위하게 운영하고 있다. 특히 자동차 분야의 핵심기술인 전동화는 한국을 비롯한 아시아 국가 출신의 인력이 우수하기 때문에, 영입에 각별히 신경을 쓴다. 미래 사업의 또 다른 축인 반도체 역시 타국에서 국내 인재들을 흡수하려는 상황이라, 우리가 내부 단속을 하지 않으면 현재 누리고 있는 우위의 격차가 급속히 줄어들 수 있다. 이런 여건임에도 불구하고 자신이 올라온 사다리를 걷어차는 리더들이 많다면, 우리나라의 미래경쟁력은 현저히 떨어지게 될 것이다.

　'한 명의 천재가 십만 명을 먹여 살린다.'는 이론이 인사 조직의 십계명처럼 여겨졌던 시기가 있었다. 대기업은 국보급 인재를 모시느라 분주히 전세계를 누볐고, 사실 그렇게 영입된 인재들이 지난 20~30년간 우리 경제에 이바지한 면은 작지 않다. 그러나 이제는 기술이 다양화되고 조직이 거대해지면서 천재 한 명이 할 수 있는 일의 범위가 과거처럼 넓지 않다. 오히려 천재에는 못 미치더라도 우수한 인재들을 효율적으로 이끌어갈 수 있는 믿음직한 리더 한 명이 십만 명을 먹여 살리는 시대가 도래하였다. 우수한 인력이 차고 넘쳐도 이들을 이끌 '어른'이 없으면 조직은 성장하지 못한다. '인재 확보 전쟁'을 넘어 '리더 확보 전쟁'을 준비해야 하는 시기가 왔다.

좋은 리더를 찾는 것이 어렵다면, 우선 내부에 있는 '문제 리더'부터 정리하는 것도 방법이다. 다양한 기준이 적용될 수 있겠으나, 이 중 한 가지 예로 중국의 병법서 《육도삼략》을 참고할 만하다.[57] 이 책에는 장수가 갖추어야 하는 5가지 미덕과 피해야 하는 10가지 결점이 기술되어 있는데, '오재십과五材十過'라고 하는 내용 가운데 눈여겨볼만한 항목들이 있다.

> 성급하여 마음이 조급한 자는 지구전으로 곤경에 빠뜨릴 수 있다. (急而心速者, 可久也)
>
> 청렴결백하나 사람을 아끼지 않는 자는 누명을 씌워 모욕을 줄 수 있다. (廉潔而不愛人者 可侮也)
>
> 고집이 세어 자기 의견만 주장하는 자는 추켜세우면 자만에 빠질 수 있다. (剛毅而自用者 可事也)

문제가 많은 리더의 공통점 중 몇 가지는 '성급함'과 '지나친 자신감'이다. 이런 성향은 야망이 크고 능력은 있으나 자신의 세계에 갇혀 사는 사람들에게서 자주 볼 수 있다. 본인이 겪은 세상이나 경험 밖으로 나가지 못하는 사람들이기도 하다. 공자는 '배우기만 하고 생각하지 않는 사람은 얻는 것이 없고 생각만 하고 배우지 않는 사람은 위험

---

57 황석공·태공망, 유동환 역,《육도삼략》, 홍익, 2022.

하다.'고 했다. 배우고 생각하지 않아서 얻는 것이 없다면 본인의 손해로 끝날 수 있지만, 생각만 하고 배우지 않는 사람들은 다른 사람에게 피해를 준다. 리더가 이런 유형일 때의 위험은 조직을 망가뜨리는 최악의 사태로도 이어진다. 모든 것을 자기 판단과 지식에 의존하다 보니 그에 의한 결정이 옳지 않을 경우 피해가 극심해지는 것이다.

독단적인 판단에 의한 피해를 줄이는 가장 좋은 방법은 다른 사람의 의견, 즉 집단지성을 이용하는 것이다. 여러 사람이 의견을 나누면서 정화작용이 일어나고, 서로 간에 조율과 검증이 이루어지면서 혼자 결정할 때보다 실수할 확률이 줄어든다. 이런 조직이 되기 위해서는 부하직원에 대한 신뢰뿐 아니라 권한 이양empowerment이 함께 이루어져야 한다. 사다리를 걷어찰 것이 아니라 더 많은 사다리를 놓아주어 사람을 육성하고 미래를 대비해야 한다. 사실 이렇게 하는 것이 리더로서 자신이 이끄는 조직의 성과를 향상시키는 방법임에도, 성급하고 고집이 센 사람들은 'my way'만을 고집하다 큰 문제를 일으키곤 한다.

권한을 주고 믿고 맡길 때 일어나는 긍정적인 결과를 간단한 예를 들어 설명해 보기로 하자. 부하직원에게 서울에서 부산까지 가는 출장 일정을 잡아보라고 지시하는 경우이다. 만약 '다음주 월요일 오후 4시에 부산 해운대에 있는 ○○빌딩에서 회의가 있으니 일정 좀 잡아봐요.' 라고 하면 팀원은 해당일에 부산으로 가는 모든 비행기, 기차 일정을 살펴보고 공항이나 역에서 회의 장소까지 가는 시간을 알아본 후, 비용을 고려하여 팀장이 불편하지 않은 최적의 일정을 고민할 것이다. 반면 '다음주 월요일 12시에 광명에서 부산까지 가는 KTX 기차표 예약하고 부산에 도착한 후에는 택시 잡아서 해운대 ○○빌딩으로 갈 수 있도록 준비해요.'라고 지시한다면, 그 일정 이외의 다른 선택은 볼 필요도 없고 보아서도 안 되는 상황에 놓인다.

　스스로가 고민할 수 있도록 육성된 직원과 시키는 일만 하도록 키워진 직원 간에는 시간이 흐르면 엄청난 역량의 차이가 생긴다. 어떤 일을 주어도 하나씩 고민해 가면서 답을 찾는 사람과 상세한 지시가 없으면 아무 일도 못하는 직원의 차이는 리더의 믿음에서부터 시작된다. 처음에는 실수가 있을 수 있지만, 누구나 스스로 배우는 과정 속에서 자라는 법이다. 그리고 부하직원에 대한 믿음이 행동으로 옮겨지는 첫 출발은, 그들이 올라올 사다리를 걷어차지 않을 뿐 아니라 더 많은 사람들을 위해 사다리를 놓아주고 올라올 때까지 기다려 주는 것이다. ●

나이 60,
내려놓고
또다시 도전하다

현대자동차 그룹의 몇 조직을 옮겨다니면서 벌어진 일을 엄밀하게 말하면, '내가 새로운 조직을 맡게 되었다'가 아니고 '조직이 새 리더를 맞게 되었다'이다. 현대모비스의 선행연구부를 처음 맡을 때나, 현대자동차의 친환경차 조직을 이끌 때, 그리고 이후 현대모비스의 전동화 BU를 맡게 될 때 역시 기존의 조직이나 구성원에 내가 리더로 부임을 하게 된 것이다. 이런 시각으로 바라본다면 조직의 변화를 시도할 때 누가 어떻게 바뀌어야 하는가에 대한 답이 의외로 쉽게 나온다. 리더 한 사람이 수십, 수백 명의 조직을 바꾸려 하기 전에 먼저 그 조직 안으로 파고들어 융화되어 내가 변하는 것이 순서다. 조직의 변화는 조직원들이 리더를 '우리 편'으로 인정한 후에 시도해도 늦지 않다. 많은 리더들이 변화를 추구하면서 실패하는 이유는 나를 바꾸기 전에 조직을 먼저 바꾸려 하기 때문이다.

문화가 완전히 다른 해외의 글로벌 기업으로 자리를 옮겨오면서는, 달리 선택의 여지가 없었다. 새로운 환경에 내가 적응을 해야 했고, 직원들이 나를 리더로 받아줄지를 늘 신경 쓰면서 살아야 했다. 이렇게 다시 한번 리더십이 무엇인가를 고민할 무렵에 과거에 적어 놓은 원고가 눈에 들어왔다. 《거인의 어깨》를 집필할 때 작성한 원고와 메모 가운데, 책에 사용하지 않은 분량이 꽤 있었다. 이 내용들을 읽어보다가 다시 글을 쓰고 싶은 본능이 살아나면서, 밤에 잠을 설치기 시작했다. 다행히 2023년 가을에 연구개발 쪽으로 보직을 변경하면서 양산 업무를 맡던 시기에 비해 시간 여유가 많아져서, 다섯 번째 책을 쓰기 위한 퍼즐을 조금씩 맞추어 갈 수 있었다.

나에게 글쓰기는 내 안에 있는 생각을 끄집어내고 세상에 돌아다니는 낱말을 찾아서 이어주는 작업이다. 배우고, 깨닫고, 느끼고, 기록해 놓은 것들을 다른 사람들에게 전달하는 수단이자, 알지 못하는 세상 사람들과 대화를 시도해보는 창구이다. 또한 머리 속에 여기저기 흩어져 있던 가치관들이 하나씩 정리되는 과정이며, 이를 통해 나 스스로를 가르치고 설득하는 시간이기도 하다. 글을 쓰는 순간에는 고도의 집중력을 발휘하여 과거의 경험을 불러모으고 다양한 상상력을 동원해서 씨줄 날줄을 엮듯 문장을 짜맞춰간다. 글쓰기를 배운 적도 없어 제대로 된 구성을 갖추고 있는지조차 모르지만, 문학작품이 아닌 만큼 크게 개의치도 않는다. 그냥 내 생각을 충실히, 그러나 명확하게 적어서 조직 관리에 관심있는 누군가가 조금이라도 영감을 받을 수 있다면 그것으로 족하다.

내가 읽어본 리더십이나 조직문화 관련 책만 해도 수십권이다. 어떤 책은 인문학 관점에서 또 어떤 책은 통계적 측면에서 기술한 것들이라 내용도 제각각이고 관점도 많이 다르다. 그러나 모든 책에서 빠지지 않는 요소가 하나 있으니, 바로 '사람'이다. 리더십이 발휘되기 위해 반드시 필요한 존재이자 조직을 구성하는 기본 요소이다. 그리고 그들의 역량을 최대로 발휘할 수 있도록 '마술'을 부려야 하는 사람들이 바로 리더이다. 리더십과 사람이라는 공통 주제에 대해 다양한 각도로 접근한 수많은 서적이 있다는 사실은, 이 어려운 난제의 정답을 찾기도 어렵지만, 접근 방법 역시 다양하다는 방증이다. 자신만의 리더십을 찾아 개발하고 발휘해야 하는 이유이기도 하다.

나에게 리더십의 모양과 효과를 가르쳐 주신 분들 가운데 유독 나를 항상 긴장하게 만드셨던 분이 있다. 여러 해를 모시면서도 업무에 대해 큰 질책을 받은 적이 한 번도 없음에도, 이 분께 갈 때는 항상 긴장이 되었다. 중요한 내용을 놓친 것은 없는지, 혹시 이런 질문을 하시면

뭐라고 대답을 해야 하는지, 또 주어진 시간 내에 명확하게 설명을 드릴 수 있는지를 고민한다. 발표하는 것에는 별로 겁을 먹지 않아 심지어 국가원수 앞에서도 크게 긴장을 하지 않는 내가 이분 앞에 서면 달라지는 데는 이유가 있었다. 나를 믿어 주시는 데 대한 기대를 저버리고 싶지 않고, 그 믿음에 대해 결과로 보답하고 싶은 마음 때문이다.

나는 부하직원을 그렇게 만드는 것이 리더의 힘이라고 믿는다. 부드럽지만 존재 자체가 주는 영향력의 무게 때문에 나 스스로를 돌아보고 더 재촉하게 하는 힘이고. 때로 엄하고 무뚝뚝하지만, 아이의 모든 행동을 세심하게 지켜보고 있는 아버지의 마음이기도 하다. 그런 리더의 믿음과 지지가 있다면, 그리고 리더의 마음을 헤아리는 부하직원의 노력이 어우러지면, 좋은 결과는 나오게 마련이다. 아쉬운 점은 그런 어른 같은 리더가 점점 사라져 간다는 사실이다. 큰 그림을 그리고, 부하직원들을 믿고 일을 맡기는 리더, 힘들 때면 찾아가 기댈 수 있는 넓은 어깨를 가진, 함께 일할 맛 나는 리더들이 점차 보이지 않는다.

작은 수첩에 메모를 시작한지 30년이 지나면서 이제 또 한권의 책이 나왔다. 내가 가진 지식과 경험으로는 더 이상 리더십에 대한 글을 쓸 수 없다는 생각에, 쓴 글을 읽고 또 읽으면서 내가 겪은 많은 선배 리더들을 떠올려 보았다. 그분들의 발자취를 느껴보며, 내가 후배들에게 남기게 될 영향력 또한 생각해보았다. 과연 마지막으로 후배들 앞에 서서 말할 자리가 생긴다면 어떤 말을 해야 할지 고민을 하던 중, 내가 좋아하는 성경 구절인 디모데후서의 한 부분이 떠올랐다. 사도 바울이 그의 제자이자 아들과 같은 존재인 디모데에게 보낸 서신서에서 자신의 죽음에 대해 예견하면서 유언과 같이 남긴 구절이다.

> '그러나 너는 모든 일에 신중하여 고난을 받으며 전도자의 일을 하며 네 직무를 다하라. 전제와 같이 내가 벌써 부어지고 나의 떠날 시각이 가까웠도다. 나는 선한 싸움을 싸우고 나의 달려갈 길을 마치고 믿음을 지켰으니 이제 후로는 나를 위하여 의의 면류관이 예비되었으므로… (디모데후서 4:5-7)'

이 내용을 여러 차례 읽으며, 문장을 바꿔 은퇴사로 후배들에게 남겨주면 어떨까 하는 생각을 해보았다.

'그러나 후배 여러분들은 모든 일에 최선을 다하고 힘든 것을 견디며 직무를 다하십시오. 이제 저도 나이가 들어 은퇴할 날이 가까웠습니다. 옳다고 판단되는 일에 최선을 다했고 저의 일과 직장과 여러분에 대한 믿음을 지켰습니다. 이제 저에게 남은 것은 옳은 일을 했기에 받는 상급이 있을 것입니다…'

 이 글처럼, 옳다고 생각하는 일에 최선을 다한 선배, 후배들에 대한 믿음을 지키고 담대하게 그들을 권면할 수 있는 선배로 남고 싶다. 여기에 더해 훗날 그들이 나를 떠올릴 때 '신뢰'와 '사랑'이라는 흔적을 남긴 선배로 기억해 준다면 더 이상 바랄 것이 없을 것만 같다. 나에게 주어질 상급은 이미 그들로부터 넘치도록 받았다.

감사의 글

부족한 지식과 경험으로 다섯 번째 책을 엮어내는 일은 나를 아끼고 사랑하는 주변의 많은 분들이 아니면 불가능했을 것입니다. 가장 먼저, 지난 30년간 늘 내 곁에서 힘이 되어준 사랑하는 아내 민재원 집사에게 진심으로 고맙다는 말을 전하고자 합니다. 그리고 이제는 어엿한 청년으로 자라난 하나님의 선물, 혜인, 지인, 태균과 큰 사위 경수민 군에게도 인사를 전합니다. 또한 집안의 어른으로 자손들을 위해 기도하시는 장모님과 이제는 천국에서 함께 하고 계실 존경하는 아버지, 어머니와 장인어른께도 감사의 말씀을 올립니다.

오랜 기간 직장생활을 하면서 선한 영향력을 물려주신 수많은 선배님들이 계시지만, 몇 분께는 특별히 감사의 말씀을 드리고자 합니다. 현대자동차 그룹에서 상관이자 리더로, 진정한 리더십이 무엇인지 관심을 갖도록 이끌어 주신 최정식 전 현대모비스 부사장님, 이현순 전 현대자동차 부회장님, 권문식 전 현대자동차 부회장님, 박정국 전 현대모비스 대표이사님이 아니었으면 저 자신이 후배들에게 전해줄 열매도 없었을 것이기에 물려받은 모든 기억들이 지금도 소중합니다.

이와 더불어 현대자동차 그룹에서 다양한 영역의 전동화 사업에 관여할 당시 많은 도움을 주신 협력사 대표님들께도 감사의 말씀을 올립니다. 자동차 산업의 미래를 위해 어려운 결단과 과감한 투자를 아끼지 않으신 동희그룹의 이동호 회장님과 이태희 사장님, NVH코리아 구자겸 회장님, 경창산업 손일호 회장님, 주식회사 인팩의 최웅선 부회장님, 유라 코퍼레이션 엄대열 대표님께 지면을 빌어 특별한 감사의 말씀을 드립니다.

이번 책에서는 저에게 리더십이라는 어려운 숙제를 늘 고민하게 해주었던 후배들에게도 고맙다는 인사를 남기고자 합니다. 제가 리더로 섬겼던 조직들의 많은 인원 가운데 재직 당시 팀장과 실장으로 근무했던 분들을 들어, 부족한 리더를 이해해주고 함께 많은 업적을 남길 수 있었음에 감사하고 행복했다는 말을 전하고자 합니다.

2015년 당시 현대자동차 연료전지개발실의 김세훈, 박용선, 황인철 팀장, 2016년 현대자동차 환경기술시험개발실 김용석, 양채모, 원동훈, 임성엽, 최우석 팀장, 2022년 현대모비스 전동화BU의 금영범, 김재준, 김정욱, 문동호, 박성국, 송병수, 신용우, 이영국, 정인보, 최수호 실장과 강희경, 권태석, 박용준, 박형근 섹터장. 여러분들의 리더로 섬길 수 있었던 것이 저에게는 보람이고 영광이었음을 이 자리를 통해 다시 한 번 말씀드립니다.

　부족한 원고를 멋진 책으로 엮어주신 플랜비디자인의 최익성 대표님과 정대망 에디터님, 송준기 편집장님께도 고맙다는 인사를 전하며, 끝으로 이 책의 주제인 '사랑'의 근본이 되시는 나의 주 예수 그리스도께 모든 찬양과 감사와 영광을 올려드립니다.